LA VRAIE HISTOIRE DE LA SÉRIE
LES LAVIGUEUR

Les carnets de l'auteur et le scénario

Du même auteur

L'Anti-livre (coll.), Éditions de l'Étoile magannée, 1972.
Raconte-moi Massabielle, Éditions d'Acadie, 1979.
Le Récif du Prince, Boréal, 1986 ; coll. «Boréal compact», 1988.
Les Portes tournantes, Boréal, 1988 ; coll. «Boréal compact», 1990.
Une histoire de cœur, Boréal, 1988 ; coll. «Boréal compact», 1992.
Les Ruelles de Caresso, La Courte Échelle, 1997.
Un train de glace, La Courte Échelle, 1998.
Le Cirque bleu, La Courte Échelle, 2001.
Les Soupes célestes, Fides, 2005.

JACQUES SAVOIE

LA VRAIE HISTOIRE
DE LA SÉRIE
LES LAVIGUEUR

Les carnets de l'auteur et le scénario

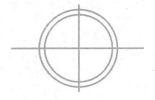

Une compagnie de Quebecor Media

Catalogage avant publication de Bibliothèque et Archives nationales du Québec
et Bibliothèque et Archives Canada
Savoie, Jacques, 1951-

La vraie histoire de la série Les Lavigueur: les carnets de l'auteur et le scénario

ISBN 978-2-7604-1066-4

1. Lavigueur, la vraie histoire (Émission de télévision). 2. Télévision – Émission – Textes.
I. Titre.

PN1992.77.L38S28 2008   791.45'72   C2008-941763-1

Édition: Martin Bélanger
Correction d'épreuves: Denis Desjardins
Couverture: Hamid Aittouares
Grille graphique intérieure: Louise Durocher
Mise en pages: Éditscript
Photos intérieures et de couverture: Bertrand Calmeau
Photo de l'auteur: Groupe Librex

Yve Lavigueur a vu son nom modifié dans la fiction, puisque l'auteur a privilégié l'orthographe traditionnelle: Yves.

Remerciements

Les Éditions internationales Alain Stanké reconnaissent l'aide financière du gouvernement du Canada par l'entremise du Programme d'aide au développement de l'industrie de l'édition (PADIÉ) pour ses activités d'édition. Nous remercions le Conseil des Arts du Canada et la Société de développement des entreprises culturelles du Québec (SODEC) du soutien accordé à notre programme de publication. Gouvernement du Québec – Programme de crédit d'impôt pour l'édition de livres – gestion SODEC.

Les Éditions internationales Alain Stanké
Groupe Librex inc.
Une compagnie de Quebecor Media
La Tourelle
1055, boul. René-Lévesque Est
Bureau 800
Montréal (Québec) H2L 4S5
Tél.: 514 849-5259
Téléc.: 514 849-1388

Dépôt légal – Bibliothèque et Archives nationales du Québec
et Bibliothèque et Archives Canada, 2008

ISBN 978-2-7604-1066-4

Distribution au Canada
Messageries ADP
2315, rue de la Province
Longueuil (Québec) J4G 1G4
Téléphone: 450 640-1234
Sans frais: 1 800 771-3022

Diffusion hors Canada
Interforum

AVANT-PROPOS

En janvier 1988, j'ai publié un roman qui a pour titre *Une histoire de cœur*. Le récit est construit autour de deux axes. D'abord, l'histoire d'un scénariste, qui se rend à New York pour rencontrer le producteur qui tournera le scénario qu'il vient d'écrire. Puis le scénario lui-même. L'histoire d'un physicien célèbre qui, après avoir reçu une transplantation cardiaque, découvre que son donneur a en fait été assassiné pour lui permettre de continuer à vivre.

Mais voilà que le producteur new-yorkais se révèle être un fou authentique et certifié. En cherchant à modifier la fin de l'histoire que lui propose le scénariste, il entraîne celui-ci dans une aventure qui les mène dans une île perdue au bout du monde. Le scénario et l'histoire qui se déploie autour de la mise au monde du film ne deviennent plus qu'un. Le scénariste sera-t-il avalé par sa création ? Le dérapage inquiétant dans lequel il est engagé finira en tout cas par mettre sa vie en danger. Mais qu'on se rassure, le pire sera évité !

Il y avait certainement quelque chose de prémonitoire dans cette histoire inventée. Vingt ans plus tard – presque jour pour jour – débutait la diffusion de *Les Lavigueur, la vraie histoire* sur les ondes de Radio-Canada. L'accueil réservé à cette série télévisée et l'explosion médiatique qui l'a accompagnée ont en quelque sorte mis la table pour un *remake* de *Une histoire de cœur*. Dans la tourmente, un scénariste et ses amis allaient être confrontés à leur invention, à leur créature. Soumise aux grands vents, la fiction a une curieuse tendance à s'écrouler comme les châteaux de cartes. Allais-je être emporté moi aussi ?

La similitude entre les deux « affaires » constituait en tout cas une belle occasion de me parodier. En m'inspirant du scénariste éprouvé de *Une histoire de cœur*, l'idée m'est venue de proposer un carnet, sorte de compte rendu s'étalant sur les six semaines de diffusion de la série *Les Lavigueur, la vraie histoire*. Les scénarios accompagneraient évidemment ces textes, dans une publication hybride où le point de vue et l'histoire racontée finiraient une fois de plus par se rejoindre.

J. S.

PRISE 1

Comme un million de gens

Je lisais un roman de Henning Menkell, suggestion de lecture de Pierre Verville, lorsque j'ai entendu parler de *Les Lavigueur, leur véritable histoire* pour la première fois. C'était en octobre 2002. Le producteur Denis Martel me proposait d'écrire un scénario en m'inspirant de cette histoire. Sauf que *Le Guerrier solitaire* me passionnait, et j'ai laissé traîner le livre d'Yve Lavigueur sur mon bureau pendant un moment. J'avais de toute façon l'impression de connaître cette histoire. Elle s'était déroulée – elle avait explosé, serait-il plus juste de dire – l'année où je me suis installé au Québec. Après mes études en France (littérature à Aix-en-Provence) et une longue bohème avec le groupe Beausoleil Broussard (musique traditionnelle), je me suis éloigné de mon Acadie natale pour me rapprocher de l'écriture. C'était en 1986. C'est donc en néo-Québécois que j'ai vu la saga des Lavigueur se déployer dans les journaux et devant les tribunaux. Je connaissais bien Montréal pour y avoir séjourné à plusieurs reprises. Mais l'idée que ces Lavigueur soient mes concitoyens, mes voisins même, m'avait, je l'avoue, laissé une drôle d'impression à l'époque. Il se passait de bien drôles choses dans cette ville, que je venais de choisir pour me rapprocher de mon métier!

Quelques semaines s'écoulèrent avant que le sujet Lavigueur ne refasse surface. On est toujours à l'automne 2002. Au terme d'un souper bien arrosé entre amis, quelqu'un me demanda à quoi je travaillais à ce moment. Un peu comme on va à la pêche, je lançai le nom des Lavigueur. Sans le savoir, je venais d'ouvrir une boîte de Pandore, de lever le voile sur un recoin gênant de notre mémoire collective. Dans l'heure qui suivit, les anecdotes, plaisanteries et légendes urbaines liées à cette «famille de B.S.» ayant fait fortune à la loterie se multiplièrent. Une surenchère de bêtises qui, sur le moment, me fit beaucoup rire. En sortant de ce souper toutefois, j'ai ressenti un malaise. Il y avait quelque chose de faux dans ce qui venait de se passer. Tout ce qu'on avait attribué à ces gens, à ces Lavigueur prétendument attardés, en vidant une dernière bouteille, ne pouvait s'être réellement passé ainsi. C'était trop gros!

Le lendemain, en refermant le livre que j'avais boudé pendant des semaines, j'étais sceptique. Sceptique mais ému. Si Daniel Bertrand, celui qui a recueilli les propos d'Yve Lavigueur, disait vrai, il y avait un gouffre entre les rumeurs concernant les faits et gestes de cette famille et leur véritable histoire. Un fossé tel que je passai des jours à m'interroger sur ce qui avait bien pu se passer. Comment un tel mélange des genres avait-il pu se produire?

Loin d'être une histoire drôle, le destin de la famille de Jean-Guy Lavigueur dérange. Une maladie cardiaque congénitale afflige la famille. Deux enfants meurent en bas âge avant que Micheline, la mère, ne soit emportée à son tour à trente-sept ans. Jean-Guy Lavigueur est donc veuf lorsqu'il remporte avec les membres de sa famille quelque 7,5 millions de dollars. Un conte de fées! Mais il était écrit dans le ciel que ce n'était pas là la fin de l'histoire. L'homme était illettré, démuni, et une de ses filles, Louise, en pleine crise d'adolescence. Il y avait là tous les ingrédients pour un désastre.

Mais avant d'écrire, avant de scénariser, il me fallait chercher, fouiller, vérifier. Je connaissais la version d'Yve Lavigueur. Son livre était on ne peut plus clair. Je ne sentais pas le besoin de le rencontrer pour l'instant. Je voulais explorer le jardin autour de lui, retourner toutes les pierres. Un exercice pas très sexy, qui consiste à lire de la documentation, des articles de journaux et des analyses s'il y en a. Non seulement la version d'Yve Lavigueur tenait la route, mais elle nous permettait de découvrir le principal protagoniste de l'histoire, Jean-Guy Lavigueur, dans un autre rôle que celui du *loser*.

J'ai une façon bien personnelle d'adapter un livre ou un roman en scénario. Après quelques lectures, je découpe littéralement le livre concerné avec un Exacto! Je laisse de côté tout ce qui n'est pas pertinent à l'adaptation que je veux faire et je réunis ce qui m'intéresse par thèmes, par scènes s'il y en a, par groupes de personnages et par lieux, dans un autre ordre que celui établi par la pagination originale. *Ces enfants d'ailleurs II*, le roman de mon amie Arlette Cousture, est passé à la moulinette de cette façon. Et d'autres encore. À la fin de cet exercice de déconstruction, où les pages ainsi découpées sont annotées et surlignées en trente-six couleurs, il ne reste souvent que l'essentiel. Pour le livre d'Yve Lavigueur, par exemple, tous les faits entourant le fameux gain de 7,5 millions et les déchirements subséquents au sein de la famille sont rassemblés dans la première partie du livre. La seconde est consacrée à la réhabilitation d'Yve, à la suite de ses années de consommation de drogue.

Mais voilà, depuis vingt ans, on aimait se souvenir de Jean-Guy Lavigueur en *loser*. Changer la perception de 7 millions de Québécois vis-à-vis de cette famille représentait un pari presque insensé, mais qui valait la peine d'être tenu.

Entre le mois de novembre 2002 et le 8 janvier 2008, six longues années se sont écoulées. J'ai eu le temps d'écrire un roman, le livret d'un ballet avec mon ami François Dompierre, pendant que l'histoire de Jean-Guy Lavigueur, de sa femme, Micheline, et de leurs enfants dormait toujours dans les cartons. Comme un rêve auquel on ne parvient pas à s'arracher toutefois, leur triste destin n'avait cessé de me revenir en mémoire. En ce soir du 8 janvier 2008 toutefois, cela faisait maintenant partie du passé. On verrait *Les Lavigueur, la vraie histoire* sur les ondes de Radio-Canada!

LUNDI 8 JANVIER 2008

Le Québec croule sous la neige en ce début d'hiver, qui nous rappelle une autre époque. Je m'encourage en me disant que beaucoup de gens resteront chez eux en ce soir de première, ce qui ne peut être mauvais pour l'audimètre. Les commentaires précédant la série ont été bons, le battage publicitaire, énorme. Quelques voix se sont élevées, toutefois. On s'est interrogé sur le titre de la série et plus particulièrement sur la mention «la vraie histoire». Avec raison sans doute. Qui peut se targuer de raconter la vraie histoire, quelle qu'elle soit?

Un coup de fil passé au réalisateur de la série, Sylvain Archambault, à la première heure le 8 janvier, me fait oublier ce détail. «La vraie histoire.» Qu'est-ce qu'un titre après tout? Sylvain invite des membres de l'équipe à boire un verre chez lui, afin de marquer la diffusion du premier épisode. Ça sent déjà la fête. Je promets d'y être, bien sûr, mais avant de raccrocher, il me demande si j'ai lu le papier de Pierre Foglia dans *La Presse*. L'escogriffe se serait prononcé sur «notre» série en admettant ne pas en avoir vu une seule image. Je promets d'y jeter un œil. Pour l'instant, j'ai une rencontre de scénarisation. Je dois courir!

Quinze minutes plus part, immobilisé sur le pont Jacques-Cartier, je m'abandonnais à la rêverie. Victoria Abril chantant une bossa nova au-dessus du fleuve Saint-Laurent à vingt sous zéro, ça peut donner envie d'être ailleurs! Mais je n'étais pas loin. Je pensais à Sylvain Archambault, justement. À notre rencontre inusitée quelques mois plus tôt. La mini-série *La Famille Lavigueur* était morte et enterrée depuis trois ans lorsque j'ai reçu un coup de fil stupéfiant. Le réalisateur du *Négociateur*, la série à succès de TVA, m'annonçait, sérieux comme un pape, que le tournage des Lavigueur allait débuter en août 2007. Il avait convaincu Mario Clément, patron de la programmation à Radio-Canada, lequel était apparemment vendu au scénario. Le tournage s'étalerait sur une quarantaine de jours entre la mi-août et la mi-octobre.

C'était exactement comme en ce premier jour d'avril 1986, lorsqu'un parfait inconnu était venu frapper à la porte du modeste logement des Lavigueur, pour leur remettre le billet gagnant qu'ils avaient perdu. Le scénario de *Les Lavigueur, la vraie histoire* s'était perdu dans des méandres administratifs innommables, avant de refaire surface comme le billet gagnant!

L'annonce de ce tournage n'était pas le seul événement heureux dans cette affaire. Ma rencontre avec Sylvain Archambault allait être tout aussi réjouissante. Très vite, j'ai compris que c'était un conteur. Un conteur d'histoires, qui utilise la caméra plutôt que le traitement de texte. Lorsqu'il m'a raconté l'histoire que j'avais écrite, je n'ai pas eu besoin d'en savoir davantage. Il avait lu entre les lignes du scénario et avait décodé ce qui s'y cachait. Tout allait bien.

Le scénario est dans une certaine mesure un plan d'ingénierie. Un *blue print*, comme disent les architectes qui s'adressent à plusieurs corps de métiers. Les premiers qui nous viennent à l'esprit sont les comédiens, bien sûr. Mais un scénario s'adresse aussi à un directeur photo, qui cherchera tout de suite des lumières et des éclairages pour soutenir le récit. Il doit y avoir des indications pour le directeur artistique, pour la musique, pour les artistes du costume et du maquillage. Si le scénario donne quelque chose « à mâcher » à chacun de ces groupes, il est à parier que le cumul des talents, bien harnachés par un réalisateur qui sait ce qu'il raconte, donnera des résultats. Dit simplement, lorsque tout le monde est sur la même page et qu'il y a sur cette page quelque chose pour tout le monde, les choses ont tendance à bien aller.

Pour en arriver à ce *blue print* parfait, donc, il y a généralement beaucoup d'écriture et de réunions de scénarisation. Autour du projet *La Famille Lavigueur* – titre de travail –, il y en a probablement eu trente, quarante, peut-être même cinquante entre l'automne 2002 et ce matin enneigé du 8 janvier 2008. Le scénario a d'abord été écrit en quatre épisodes, pour être ensuite « refait » en six. Incapable de se rendre jusqu'en production, le projet *La Famille Lavigueur* est alors devenu un long métrage – *Le Millionnaire* –, qui à son tour s'est buté à d'insurmontables problèmes de financement. Une chaîne de télévision canadienne, mise au parfum de l'affaire, a pour sa part commandé une version anglaise – *A Lucky Man* –, qui n'a pas été tournée non plus. Avec le temps, j'en étais venu à croire que ce projet était lui-même une loterie. Un jeu de hasard, où l'on espère gagner à force d'acheter des billets ! Après avoir tout essayé, il devenait évident que ce lapin-là ne sortirait jamais du chapeau !

* * *

Il était 16 heures lorsque je suis sorti de cette rencontre de scénarisation, le 8 janvier. Depuis quelques semaines, je travaillais en compagnie de Marc S. Grenier à définir les personnages d'une comédie.
Les rencontres étaient informelles. Autour d'un lunch, entre deux
portes. L'exercice faisait en réalité contrepoids aux Lavigueur. Après
avoir été habité par la tragédie, je faisais une cure de rire. Le travail
restait pourtant le même. Que l'on écrive pour faire rire ou pleurer,
il faut faire de ses personnages des amis intimes – voilà pourquoi
il faut en parler beaucoup – et surtout les inscrire dans un axe dramatique. Tel personnage cherchera-t-il à résoudre une énigme ou à
venger un crime? Sera-t-il jaloux? Peut-être sera-t-il un être traqué.
Dans une comédie, peut-être pas. Notre homme peut être un simple d'esprit «enfargé» dans une erreur administrative impliquant le
transport d'un cercueil. La dépouille de la morte, ex-amoureuse du
simple d'esprit, peut avoir été égarée.

Autant de constructions dans l'air du temps, de plans d'archi-
tecte des travers de la nature humaine, d'«images imaginées», qui
ne seront pas tournées avant des mois, voire des années, si elles
ne sombrent pas tout simplement dans l'oubli. Travailler au fu-
tur – comme d'autres écrivent au présent – en parlant de gens qui
n'existent pas ou en réincarnant ceux qui ont existé, voilà comment
j'occupe mes journées. Mais je ne sème pas à tout vent. Je raconte
toujours la même histoire. Façon de parler. S'il y a une valeur qui
se cache quelque part, s'il y a un personnage qui se lève pour dire,
par exemple: «Moi je partage!» ou encore «J'ai donné ma parole et
je n'en ai qu'une!», ou plus simplement encore «Il y a de l'espoir,
même si tout laisse croire le contraire», voilà tout ce que j'écris!
Au lieu de mettre en scène des gens qui s'entretuent avec des fusils
de plus en plus gros et à un rythme de plus en plus affolant, j'écris
pour dire qu'on peut parler d'autre chose.

L'histoire de Jean-Guy Lavigueur nous fait découvrir l'homme
qui se terrait derrière le mythe, tout en mettant en évidence certaine valeurs: la solidarité familiale, l'honnêteté et le pardon. Pas de
coups de fusil, mais des morts quand même. C'était le destin des
Lavigueur et je l'ai raconté, parce que je croyais que nous avions
collectivement quelque chose à retenir de tout cela.

Entre l'écriture au quotidien et ces rencontres de scénarisation, il arrive parfois que je touche terre et que la vie me rattrape. Une collaboratrice bien intentionnée avait déposé une copie de *La Presse* sur ma mallette au terme de cette rencontre du 8 janvier. J'ai pris le tout et suis monté dans ma voiture en claquant des dents. La circulation agonisait, le temps était changeant. Entre deux feux, j'ai repensé à Sylvain, qui nous recevait ce soir-là. Verville serait présent. Laurence Lebœuf aussi, l'émouvante interprète de Louise, l'adolescente rebelle de la famille Lavigueur. Sa sœur en fiction, Sophie Cadieux, se joindrait à nous. J'y étais déjà en pensée.

Pour faire revivre l'histoire de cette famille, nous en avons en quelque sorte créé une autre. À force de travailler ensemble dans un même but, des liens finissent par se tisser. Les scénaristes ne font pas toujours partie de la gang des plateaux de tournage. Notre travail est terminé lorsque celui des autres commence. Du moins le devrait-il. Cette fois pourtant, j'avais l'impression que l'équipe m'avait adopté. La façon très particulière de tourner de Sylvain Archambault m'a attiré sur son plateau. Généralement, je n'y vais jamais. En y mettant les pieds, on a une impression de chaos. Plus on s'approche des comédiens et de la caméra toutefois, plus on a le sentiment d'être dans les paddocks, tout près d'une équipe de Formule 1 s'acharnant autour d'un bolide. La traditionnelle claquette servant à marquer le début et la fin d'une prise est devenue presque anecdotique. On tourne en numérique. Le prix de la précieuse pellicule de jadis ne conditionne plus le nombre de prises que l'on fait pour chaque scène. À ce prix-là, autant reprendre la scène une ou deux fois en continu. Maître d'orchestre de cette chorégraphie, dont l'œil averti sait voir toute la finesse, c'est un Archambault à la voix forte qui règle la scène à mesure qu'elle se déroule. C'est un artiste et son art consiste à parler, à convaincre et à obtenir. Doit-il parler pendant une scène pour obtenir une émotion ? Qu'à cela ne tienne, on effacera ses mots par la suite. Dans la hiérarchie de ces équipes, le réalisateur est au sommet de la pyramide. Le passage du scénario à la scène tournée, c'est aussi cela. C'est le capitaine qui communique à son équipe la direction à suivre. Les amiraux portent des gants blancs, ce qui n'est pas nécessairement le cas des capitaines de fiction! Avec quatre-vingts personnes sur le pont, il faut communiquer, mais surtout ne pas oublier de communiquer son enthousiasme. La scène n'en sera que meilleure. Imaginez douze heures d'enthousiasme dans une seule journée... parce que c'est ce que dure une journée de tournage.

Cette façon de faire de Sylvain Archambault est à des années-lumière de l'approche plus formelle, qui consiste à découper et redécouper une scène en si petits morceaux que les comédiens n'ont plus l'impression de jouer. Ici, c'est le contraire. On a tout l'espace pour le faire... bien qu'il arrive parfois qu'on se marche sur les pieds. C'est au milieu de ce maelström que Jérôme Sabourin, le vieux complice de Sylvain, déplace ses lourdes caméras. La scène est éclairée à 360 degrés. On peut tourner dans tous les sens. Tout peut arriver. Et aussi paradoxal que cela puisse paraître, cette dangerosité favorise le jeu. Les émotions deviennent plus vraies.

Lorsqu'on quitte le plateau de Sylvain Archambault, on n'a que de l'admiration pour les risques qui s'y prennent, pour ceux qui se lèvent très tôt et les autres qui plient l'échine, parce que c'est très lourd parfois de raconter une histoire.

* * *

À 18 heures, le mercure plongea subitement. Un froid sec, qui vida les rues de la ville et força les plus récalcitrants à se mettre au chaud. Je sortis de la douche en me disant qu'il ne fallait surtout pas être en retard, lorsque mon regard tomba sur le journal *La Presse*. Encore ce journal! Dégoulinant et mal fagoté dans une robe de chambre trop grande, je tournai les pages, les questions de « vrai ou faux », de « véritable histoire » ou de légende urbaine me traversant l'esprit. Du coup, je revis cette soirée passée avec des amis il y avait de ça longtemps. Nous avions ri des Lavigueur et de leur bêtise. En lisant le livre d'Yve Lavigueur le lendemain, j'avais hésité moi aussi... avant de changer de camp. Avant de défendre la version d'Yve, essentiellement. Mais si c'était une erreur? Si je n'avais pas assez vérifié et revérifié? Le doute fait partie intégrante du processus de création. Il s'exprime de plusieurs façons. Le trac en est une manifestation. Et quand on a le trac, c'est généralement qu'il est trop tard.

Le doute pointait donc son canon sur moi, lorsque je lus en diagonale le brûlot de l'intello cycliste. À mi-chemin, j'étais convaincu que jamais le Québec ne nous croirait. Jamais les téléspectateurs ne nous suivraient dans cette version de l'histoire. Ils préféreraient se cantonner dans la légende urbaine qu'ils connaissaient et bouderaient la série, l'ultime punition dans le merveilleux monde de la télévision. Foglia donnait le ton des choses à venir en terminant ainsi son billet: «Trêve de persiflage, permettez que je vous envoie chier, messieurs les auteurs de cette vérité vraie.»

Les mots me glacent parfois. Surtout lorsque je les lis en sortant de la douche. Ceux-là étaient de loin les plus glacials de la journée. Heureusement, il y avait les amis de la production, que je reverrais dans une heure. J'aime les fêtes, même lorsqu'elles sont risquées. Et celle-ci l'était. Nous pouvions en ressortir vainqueurs ou vaincus. Entre-temps, cela n'avait pas d'importance. Le brouhaha, les chuchotements et les éclats de rire des humains lorsqu'ils sympathisent et se montrent sans défense, me rassurent par rapport à la vie. J'ignorais à ce moment si j'étais le seul à douter de ce que nous avions fait. S'il n'y avait que moi qui avais l'impression de danser à la corde sur le bord d'un ravin. Avec toute la publicité investie, les attentes étaient énormes. Si le public ne vibrait pas à l'émotion de nos personnages, nous étions cuits. C'est le Québec tout entier qui nous mettrait au régime alimentaire proposé par Foglia.

En me rendant à la fête, je suis tombé sur une chanson de Claude Dubois à la radio. Un vieux succès. Je l'ai écoutée jusqu'à la dernière note devant la maison de Sylvain. Les amis étaient déjà là, mais il fallait que je l'écoute jusqu'au bout. Superstition sans doute! Le premier épisode de la série s'ouvrait justement sur une chanson de Claude Dubois. Je voyais dans ce hasard une tape dans le dos, un signe d'encouragement du chanteur. Sa voix me semblait plus calme, plus envoûtante même.

À 21 heures ce soir-là, en entendant *Comme un million de gens*, la chanson d'ouverture de Dubois sur de magnifiques images de

Jérôme Sabourin, je me suis pris à rêver que nous étions un million à regarder ces scènes de la vie quotidienne dans le Faubourg à m'lasse.

ÉPISODE 1

À la manière d'un vidéoclip, on se faufile dans le quartier du Faubourg à m'lasse. La lumière et les couleurs vives animent la chanson de Claude Dubois.

DUBOIS *(chanté)*

Il est né un jour de printemps,
Il était le septième enfant
D'une famille d'ouvriers
N'ayant pas peur de travailler.
Comme un million de gens,
Ils ont grandi dans un quartier
Où il fallait, pour subsister,
Serrer les dents, les poings fermés.
Autour de lui, y avait plus petits et plus grands.
Des hommes semblables en dedans.

Scènes de la vie quotidienne dans l'est de Montréal. Les images se succèdent rapidement. Des travailleurs partent pour l'usine, leur boîte à lunch sous le bras. Des enfants s'en vont à l'école et leurs mères étendent des vêtements sur les cordes, dans les ruelles.

DUBOIS *(chanté)*

En mangeant un morceau de pain,
Il avait vu que le voisin
Avait quelque chose sur le sien
Qu'il aurait bien aimé goûter.
Comme un million de gens,
Il a cessé d'étudier,
Car il fallait, pour mieux manger,
Serrer les dents et travailler.
Autour de lui, y avait plus petits et plus grands.
Des hommes semblables en dedans.

Le jour passe. La lumière change. Devant l'épicerie du quartier, on s'attarde sur d'autres détails de la vie du quartier. Les étals se vident et se remplissent. Les vélos de livraison vont et viennent.

DUBOIS *(chanté)*

Puis un jour, il a rencontré
Une femme qu'il a mariée
Sans pour cela se demander
Si, du moins, il pouvait l'aimer.
Comme un million de gens,
Ils ont vieilli dans leur quartier
Et leurs enfants, pour subsister,
Serrent les dents, les poings fermés.
Mais autour d'eux, y aura plus petits et plus grands
Des hommes semblables en dedans

Par petites touches, on délimite le territoire et les habitudes des gens autour de la rue LOGAN. La journée continue de passer. Dans une lumière déclinante, on se retrouve au milieu d'une ruelle. Les enfants jouent à la marelle. Leur boîte à lunch sous le bras, les hommes rentrent de l'usine.

DUBOIS *(chanté)*
Comme un million de gens
Qui pourraient se rassembler
Pour être beaucoup moins exploités
Et beaucoup plus communiquer,
Se distinguer,
Se raisonner,
S'émanciper,
Se libérer…

La nuit est maintenant tombée sur les cours arrière de la rue Logan. Les lumières s'éteignent dans les logements voisins. On s'approche de celui des Lavigueur, au deuxième, où la lumière de la cuisine reste obstinément allumée.

INTÉRIEUR / NUIT   CORRIDOR, LOGEMENT LAVIGUEUR

Jean-Guy Lavigueur s'avance dans le corridor faiblement éclairé par la lumière de la cuisine. Il entrouvre une porte et jette un œil dans la chambre. Il y a des lits jumeaux. Quelqu'un dort dans le premier, mais le second est inoccupé. Déçu, Jean-Guy referme la porte et s'éloigne.

INT. / NUIT   CUISINE, LOGEMENT LAVIGUEUR

D'une main nerveuse, Jean-Guy Lavigueur fouille dans une boîte à cigarettes, un contenant de métal dans lequel se trouvent une machine à rouler, du tabac et ce qu'il cherche : une cigarette toute roulée. Attrapant un briquet, il l'allume et remet le tout en place.

EXT. / NUIT   BALCON ARRIÈRE, LOGEMENT LAVIGUEUR

Assis dans les marches de l'escalier, Jean-Guy tire sur sa cigarette, lorsque des rires retentissent dans la ruelle. Il tend l'oreille. Les voix se taisent et Louise (16 ans) apparaît. Mignonne, sexy même, elle monte vers le logement familial. Elle ricane et à sa démarche, on devine qu'elle a bu.

JEAN-GUY
Qu'est-ce qui te fait rire de même ?

LOUISE

Rien, rien…

JEAN-GUY

As-tu vu l'heure?

LOUISE

Non, non. J'l'ai pas rencontrée, à soir… Pourquoi? J'aurais dû?
Elle se trouve drôle. Jean-Guy se lève.

JEAN-GUY

As-tu bu, toi, cou'donc?

LOUISE *(rebelle)*

J'ai pas le droit de sortir avec mes chums?

JEAN-GUY

T'as seize ans, Louise! Pis à seize ans, on fait pas ce qu'on veut.

LOUISE *(avec défi)*

Pourquoi pas?
Elle tente de contourner son père et d'entrer dans la maison. Il la retient:

JEAN-GUY

Veux-tu me dire qu'est-ce qu'on a fait pour que tu sois de même? Les autres…

LOUISE *(se libérant)*

Les autres, les autres…
Il la retient par les épaules sur le seuil de la porte. Elle a le regard brouillé et toujours ce sourire de défi sur les lèvres.

JEAN-GUY

Tu vas faire mourir ta mère, toi! (*Quelque chose change dans l'expression de Louise. Rebelle, elle cherche à se dégager. Mais il la retient.*) Entends-tu c'que j'dis, là?!

LOUISE (*élevant la voix*)

Lâche-moi!

Jean-Guy se raidit. Mais il lâche prise. Toujours avec défi, Louise s'attarde un moment devant lui. Avec un petit geste de la tête, il murmure :

JEAN-GUY

Va te coucher!

INT. / NUIT	CHAMBRE DES PARENTS, LOGEMENT LAVIGUEUR

Dans la chambre, Jean-Guy se glisse sous les couvertures. Micheline, qu'il croit endormie, se retourne doucement.

MICHELINE

Où est-ce qu'elle était?

JEAN-GUY

Ah, euh… elle a manqué son autobus. Ils sont revenus à pied.

Dubitative, Micheline cherche son regard dans le noir. Il lui tourne le dos en tirant la couverture.

MICHELINE

T'as cru ça, toi?

Jean-Guy réprime un sourire. Elle ne le voit pas.

JEAN-GUY

Bonne nuit, Micheline.

EXT. / JOUR   RUELLES DU QUARTIER

Yves, 17 ans, et Michel, 14 ans, sont lancés dans une course folle. Sur leurs bicyclettes de livraison, ils foncent à travers les ruelles du quartier. Il y a quelque chose de joyeux dans l'image. Michel, le plus petit des deux frères, a du mal à suivre. Yves regarde par-dessus son épaule, redouble d'effort et tourne le coin de la rue Logan en faisant dangereusement pencher sa monture.

EXT. / JOUR   DEVANT L'ÉPICERIE RICHARD, RUE LOGAN

C'est Yves qui arrive le premier à l'épicerie Richard. Le propriétaire, devant ses présentoirs de fruits et légumes, lui lance :

MONSIEUR RICHARD
Il reste une dernière livraison. Madame Jacob.
Yves est à déposer la commande dans son panier lorsque Michel arrive. À bout de souffle, il a du mal à mettre sa bicyclette de livraison sur sa béquille.

YVES
Qu'est-ce que t'avais à niaiser, dans la ruelle ?
Michel fait la moue et s'assoit dans les marches du petit commerce. P'tit coq, Yves saute sur son vélo et s'éloigne.

GAÉTAN RICHARD *(sourire)*
Elle donne des bons pourboires, madame Jacob.
C'est ça ?
Michel acquiesce. La silhouette de madame Richard apparaît derrière lui. Elle a un cornet de crème glacée dans chaque main et lance, amusée :

MADAME RICHARD
Il est parti bien vite, Yves !
Michel se lève. Gaétan Richard tend la main :

GAÉTAN RICHARD
J'vais le prendre, moi, son cornet !

Madame Richard est affectueuse avec Michel. Gaétan, son mari, est ratou-
reux et la crème glacée a l'air bien bonne. Le fils Lavigueur et le propriétaire
de l'épicerie se régalent.

INT. / NUIT   HANGAR / SALON, LOGEMENT LAVIGUEUR

Cigarette au bec, Jean-Guy quitte son hangar et se dirige vers la maison en tenant un drôle de boulier dans les mains. C'est une reproduction miniature de celui utilisé à la télé pour tirer les numéros du
Lotto 6/49. Au premier coup d'œil, on voit qu'il est de «fabrication
maison». Dans une boîte qui l'accompagne, on peut voir des petites
billes numérotées.
Jean-Guy se dirige vers le salon en prenant beaucoup de précautions.
Micheline, l'oncle Souris, Yves, Michel et Sylvie sont rassemblés
autour de la table basse où le paternel dépose sa création.

LʼONCLE SOURIS

Regarde-moi la patente, chose! Pis tu penses qu'on a
plus de chances de gagner avec ça!

JEAN-GUY

Pourquoi pas? C'est comme à la t.v.!
Yves et Michel s'approchent, touchent à la manivelle. Sylvie, qui tient les
cartons de présélection des numéros, semble plus réticente:

SYLVIE

C'était correct, la manière qu'on choisissait nos numéros, avant.

JEAN-GUY *(à Sylvie)*

Ça change rien. Toi, tu remplis les cartes, comme d'ha-
bitude. Tu vas voir…
Jean-Guy verse fièrement les billes dans le tambour et croise le regard de
Micheline. On sent bien que c'est un jeu.

MICHELINE

O.K.! On y va!

Yves tourne la manivelle. Tout à coup, quelqu'un siffle dans la rue ; une note stridente suivie de deux petits sifflements. Jean-Guy relève instantanément la tête :

JEAN-GUY LAVIGUEUR

Louise !

L'ONCLE SOURIS

Laisse faire Louise ! On sort les numéros.

La porte s'ouvre. Louise, portant short sexy et T-shirt moulant, jette un œil au salon.

LOUISE

Qu'est-ce que vous faites ?

JEAN-GUY

Hey, princesse ! Viens !

LOUISE

Appelle-moi pas de même, O.K. papa !

Elle s'appuie contre l'embrasure de la porte.

MICHEL

On essaie la patente à papa… pour le tirage de samedi !

JEAN-GUY *(faussement vexé)*

C'est pas une patente !

Louise sourit en regardant l'étrange boulier. Jean-Guy est content. Son invention rassemble.

JEAN-GUY

Mets-tu ton deux piastres ?

LOUISE

Ben oui !

Toute la famille est autour de la table basse, maintenant. Et ça marche. Jean-Guy annonce fièrement :

JEAN-GUY

O.K.! Le premier numéro c'est le…
Une bille numérotée sort du tambour et roule sur la rampe.

L'ONCLE SOURIS *(tout étonné)*

Le six!
Sylvie note. Tout le monde rigole. Micheline passe affectueusement une main sur la tête de son mari.

MICHELINE

T'es pas mal *smart*!

EXT. / JOUR   COUR ARRIÈRE, LOGEMENT LAVIGUEUR

Yves, Michel et Louise remplissent le coffre de la vieille Chrysler. Équipement de pêche, pique-nique, gants de baseball et bâton. Le nez dans un livre, Sylvie sort de la maison. C'est elle qu'on attendait. Micheline et Jean-Guy s'apprêtent à monter devant. Alors que Yves et Michel ajoutent une canne à pêche dans le coffre, Louise se faufile entre son père et sa mère sur la banquette avant de la voiture.

INT. / JOUR   AUTOROUTE DE CAMPAGNE

Cigarette au bec, Jean-Guy roule sur une route de campagne en sifflotant l'air d'une chanson de Patrick Norman, qu'on entend à la radio. Derrière, Yves et Michel déconnent. Sylvie a posé son livre sur ses genoux et regarde le paysage. Louise, assise entre son père et sa mère, semble nettement moins délinquante. Elle se met spontanément à chanter :

LOUISE

Le cœur devient moins lourd…
Quand on est en amour…
Jean-Guy rigole en regardant du côté de Micheline. Il répète le refrain en faussant :

JEAN-GUY

Quand on est en amour… *(Brusquement, la voiture dérape. Jean-Guy donne un coup de volant et la ramène en lançant:)* Wo! Wo!

Plus personne ne chante. Tout le monde est crispé dans la voiture, alors que le paternel reprend le contrôle et s'arrête doucement sur le bord de la route.

EXT. / JOUR	BORD DE L'AUTOROUTE

Un des pneus de la voiture est à plat. Entouré de ses deux fils, Jean-Guy examine la situation.

JEAN-GUY

Vous avez jamais changé ça, un *flat*? *(Les deux garçons se regardent.)* Ben, c'est le temps d'apprendre!

Sylvie et Louise, toujours dans l'auto, font la conversation. Micheline est descendue et s'est éloignée le long de la route en regardant à travers les arbres. Jean-Guy ouvre le coffre de la voiture.

JEAN-GUY

Le plus dur, c'est de trouver la roue de secours!

Michel et Yves se mettent au travail. Ils vident le coffre. Jean-Guy rejoint sa femme.

EXT. / JOUR	BAS-CÔTÉ DE LA ROUTE

Micheline admire un grand domaine situé entre la route et un cours d'eau. Une grande maison avec un toit normand. Jean-Guy lui souffle à l'oreille:

JEAN-GUY

Ouais! T'as du goût.

MICHELINE

Y'en a qui sont chanceux, quand même! Vivre dans un château pareil!

JEAN-GUY

Mmm…

Jean-Guy ne voit que Micheline. Et Micheline ne voit que le château. Derrière, Yves et Michel se mettent à crier :

YVES

Hey! Vous pourriez pas aller jaser ailleurs?!

MICHEL

C'est déjà assez pesant comme ça!

Yves et Michel s'acharnent sur le cric. Sylvie et Louise descendent.

LOUISE

C'est pas parce qu'on est assises dans l'char! C'est parce que vous avez pas de bras!

YVES

Viens donc essayer, voir!

Louise l'envoie promener! Micheline ne s'intéresse plus à la maison.

MICHELINE

Tu devrais aller les aider.

Jean-Guy continue de lui donner des petits becs dans le cou :

JEAN-GUY

Ils vont s'arranger!

LOUISE *(à ses deux frères)*

Femmelettes!

Cette fois, Jean-Guy se retourne. Michel s'échine sur un boulon tandis que Louise se moque de lui.

JEAN-GUY

Y'en a toujours un qui est plus *tough* que les autres! *(Le regard du père croise celui de sa fille rebelle. Elle arrête immédiatement son cirque.)* J'vais aller la changer, la roue.

Jean-Guy se dirige vers la voiture.

INT. / JOUR	AUTO

Coupe franche. Les quatre portes de la voiture se referment en même temps. Le moteur démarre. Une main ouvre la radio, la musique reprend. On se rend compte que Micheline est assise près de Jean-Guy, maintenant. Amoureuse, elle penche même la tête vers lui. Coincée contre la portière du passager, Louise regarde dans l'autre direction. Sylvie s'est remise à sa lecture sur la banquette arrière. Yves et Michel se donnent du coude.

EXT. / JOUR	PARC À LA CAMPAGNE

Yves, Michel, Sylvie et Jean-Guy pêchent le long d'un petit cours d'eau. Un peu à l'écart, Louise est assise dans l'herbe et regarde ses frères et sa sœur en lançant à répétition une balle de baseball dans le fond de son gant. Penchée au-dessus du coffre de la voiture, Micheline tente de soulever le lourd panier de pique-nique. Louise l'aperçoit.

LOUISE

Attends, m'man! *(Elle se lève et s'approche spontanément.)*
Donne! C'est lourd.

Micheline est touchée. Serviable malgré sa nature rebelle, Louise remet son gant de baseball à sa mère et attrape le panier. Elle le transporte jusqu'à la table de pique-nique. Micheline suit:

MICHELINE

Pourquoi tu vas pas pêcher avec les autres?

LOUISE

Ça me tanne! J'aime mieux pitcher au baseball, moi.

Joueuse, Micheline regarde le gant et la balle qu'elle a toujours dans les mains.

MICHELINE

J'pourrais pitcher avec toi, moi.

Louise la regarde, incrédule.

LOUISE

Ben voyons, m'man ! T'es pas sérieuse !

Micheline la regarde avec insistance, comme si elle avait envie de relever le défi. Déloyale, Louise se défile.

LOUISE

De toute façon, on va manger, là. Pis à part ça, j'ai mal au cœur.

MICHELINE *(du tac au tac)*

Tu te sens pas bien ?

LOUISE

C'est rien. Quand on va en auto, des fois ça me fait ça.

MICHELINE

Manon, ta petite sœur… c'est comme ça que ç'a commencé. Elle avait toujours mal au cœur en auto.

Louise est prise à son piège. Elle n'a pas du tout l'air malade.

LOUISE

Maman, arrête ! On peut pas avoir mal au cœur… tu te mets à nous parler de Manon pis de Nancy ! C'est fatigant après un boutte !

Louise ouvre le panier de pique-nique et vide son contenu. Micheline l'aide. Les deux s'activent un moment en silence… mais la mère revient à la charge :

MICHELINE

Pour l'école, euh… j'ai reçu la lettre. Ils vont te reprendre en septembre.

LOUISE

J'le sais, je l'ai vue.

MICHELINE

Il va falloir que tu te décides, Louise! Tu m'as dit que c'était correct. Que tu ferais un effort et que tu y retournerais.

LOUISE *(d'une voix lasse)*

J'vas le finir, mon secondaire, maman!

MICHELINE

Pis un jour…

LOUISE *(la devançant)*

… tu me remercieras! Tu dis toujours la même chose, m'man!

MICHELINE *(rigolant)*

Ça prouve que j'ai de la suite dans les idées.

Louise rigole elle aussi. La tension de tout à l'heure a disparu. Il y a quelque chose d'apaisant dans l'image. Au bord de l'eau, quelqu'un vient d'attraper une truite. C'est Jean-Guy. Il fait tout un numéro. Michel, Sylvie et Yves l'entourent.

MICHELINE

J'pense que Jean-Guy vient d'attraper le souper!

INT. / JOUR	CUISINE, LOGEMENT LAVIGUEUR

Sylvie est penchée sur le cahier de comptabilité de la famille et y fait des inscriptions, sous le regard attentif de Micheline. Tout en lui apprenant les secrets des finances familiales, celle-ci fait des cigarettes à l'aide de la machine aperçue dans les images d'ouverture.

MICHELINE

Quand ton père m'a demandée en mariage, on a fait un *bargain*… *(Un temps.)* Il me donnerait tout l'argent de sa paie, sauf de quoi s'acheter une caisse de bière par semaine. *(Sylvie sourit.)* Ça fait vingt ans. Il m'a jamais demandé d'augmentation.

La complicité remplit l'image.

SYLVIE

Pis toi… qu'est-ce que tu lui as donné en retour?

MICHELINE

Vous autres! *(Sylvie n'est pas étonnée de la réponse. Ni de ce qui suit. Micheline a un chat dans la gorge.)* Le bon Dieu nous a repris Nancy pis Manon… j'espère qu'il va s'arrêter là…

SYLVIE

Maman…

Sujet tabou. Micheline ne va pas plus loin :

MICHELINE *(en tapotant le livre)*

Quand ça marche là-dedans, ça marche dans la famille. *(Elle s'arrête sur une colonne de chiffres.)* Je refais mes calculs toutes les deux semaines. *(Montrant du doigt :)* La paye de Jean-Guy, l'argent que les garçons apportent, les petits à-côtés… *(Sylvie écoute attentivement. Les derniers mots de la scène se perdent.)* Les comptables font pas ça de même… mais moi, c'est ma manière.

SYLVIE

Mais là, pourquoi tu me montres ça?

MICHELINE

On ne sera pas trop de deux à savoir.

Au même moment, Louise entre dans la maison. Le regard fuyant, elle se dirige vers le corridor sans s'arrêter. Sa mère lance :

MICHELINE

J'ai reçu un téléphone de l'école cet après-midi…

LOUISE *(voix hors champ)*
Parle-moi pas de l'école, O.K. ?!

INT. / JOUR	CHAMBRE DES FILLES, LOGEMENT LAVIGUEUR

Coupe franche. Micheline est debout sur le seuil de la porte. Sur son lit, comme une adolescente boudeuse, Louise tranche :

LOUISE

Ça me tente pas d'être pauvre toute ma vie, moi ! C'est trop long…

MICHELINE

On n'est pas pauvres, on est honnêtes ! C'est pas pareil.

LOUISE

J'y retourne pas, à l'école !

MICHELINE

Louise, on reviendra pas là-dessus. T'as dit que tu finirais ton secondaire. Tu changes d'idée comme tu changes de chemise !

LOUISE

R'commence pas, O.K. ?!

MICHELINE

Tu peux être sûre que je vais recommencer ! Tu retournes à l'école ! Un point c'est tout !

Louise soupire. Mais n'oppose plus de résistance.

EXT. / JOUR	RUE LOGAN, PRÈS DE L'ÉPICERIE RICHARD

Jean-Guy et l'oncle Souris descendent un frigo d'une remorque bringuebalante, accrochée à la vieille Chrysler. Munis d'un diable et forçant comme des bons, ils parviennent à poser le lourd appareil au sol. La voisine, à qui est destiné le frigo, est bavarde :

MADAME MICHAUD

… vous êtes vraiment fins! J'sais pas c'que j'aurais fait sans vous autres.

L'ONCLE SOURIS

Y'a rien là!

MADAME MICHAUD

C'est Maurice qui s'occupait de ça avant. Tout ce qui brisait dans la maison… c'est lui qui le réparait. Il avait le tour… Mais depuis qu'il est parti… on dirait que tout casse. Les affaires lâchent toutes, les unes après les autres.

Madame Michaud est tout à coup émue. Laissant parler son grand cœur, l'oncle Souris cesse de forcer et tente de la consoler :

L'ONCLE SOURIS

Écoute Diane, tu peux nous appeler n'importe quand, tu sais. On va venir t'aider nous autres. Y'a pas de problème.

Accroché au diable, Jean-Guy force tout seul maintenant. Il est rouge comme une tomate :

JEAN-GUY

Jean-Marie, ostie! Prends ton boutte. Tu parleras après.

Souris se ressaisit, attrape le gros appareil et le tire sur le trottoir.

MADAME MICHAUD

S'cusez-moi. J'parle, j'parle… mais j'vous aide pas pan-toute, moi là, hein!

Sans échanger un mot, Jean-Guy et l'oncle Souris roulent le frigo jusqu'aux marches du perron. Il ne reste que trois marches à monter avant d'arriver au logement. Pendant que les deux hommes se frottent les mains pour le dernier effort, madame Michaud s'interpose :

MADAME MICHAUD

Non, mais attendez! Attendez!

Elle contourne le frigo et passe à l'intérieur. Intrigué, l'oncle Souris la suit du regard sans comprendre.

L'ONCLE SOURIS

Est fine quand même… si elle parlait pas tant!

JEAN-GUY

Dis pas ça. On est chanceux d'avoir des voisins de même.

L'ONCLE SOURIS *(cabotin)*

T'es chanceux, toi, Jean-Guy Lavigueur?

JEAN-GUY

Tu peux être sûr que j'suis chanceux! Mais c'est pas juste les voisins. J'ai Micheline pis les enfants. Y'en a des ben plus mal amanchés que nous autres.

L'ONCLE SOURIS

Tant qu'à ça, oui!

Madame Michaud revient avec deux bouteilles de bière. Elle les offre fièrement:

MADAME MICHAUD

Prenez ça, au moins! Ça va vous donner du cœur au ventre.

Les deux hommes regardent les bières sans les prendre. Souris hausse les épaules.

L'ONCLE SOURIS

C'est parce que moi, j'en bois pas. *(Un temps.)* D'la bière d'épinette des fois… ou ben un verre de lait.

MADAME MICHAUD
Ben un verre de lait, d'abord!

JEAN-GUY *(faisant le geste)*
Pis moi, j'aime mieux ça dans un verre.

MADAME MICHAUD *(s'éloignant aussitôt)*
Pas de problème! Maurice aussi, il buvait toujours sa
bière dans un verre…
*Sans plus, madame Michaud retourne dans le logement chercher ce qu'on lui
demande. Jean-Guy se tourne vers l'oncle Souris.*

JEAN-GUY
C'est pas chanceux, ça?

EXT. / FIN DE JOURNÉE	RUE LOGAN / RUELLE

Une autre chaude journée d'été. Les bicyclettes tournent au ralenti
dans les ruelles. Des travailleurs rentrent à la maison, leur boîte à
lunch sous le bras. Devant l'épicerie Richard, Michel et Yves aident le
propriétaire à rentrer les derniers cageots de fruits. On ferme. Même
le panneau publicitaire du Lotto 6/49 est replié et rangé. Avant que
les garçons ne montent sur leurs vélos de livraison, Gaétan Richard
enfonce la main dans sa poche, en sort un gros rouleau de billets et
leur donne chacun cinq dollars. Ils s'en vont contents.

EXT. / NUIT	CUISINE / COUR ARRIÈRE, LOGEMENT LAVIGUEUR

Micheline verse méticuleusement une bière dans un grand verre de
Coca-Cola, tout en écoutant d'une oreille les nouvelles à la radio. Elle
semble fascinée par ce qu'elle entend.

ANNONCEUR RADIO-CANADA
… rappelons que les sœurs Micheline et Laurence
Lévesque ont été arrêtées le 7 janvier dernier à l'aéroport de Rome, en possession de six kilos d'héroïne. La
drogue, dissimulée dans des valises rouges…

Micheline sort de la cuisine avec le verre de bière qu'elle vient de verser pour Jean-Guy. La voix du lecteur de nouvelles s'estompe.

JEAN-GUY

Ç'a-tu de l'allure c't'affaire-là! C'est pas eux autres qui ont mis la drogue dans les valises, voyons!

MICHELINE

Mais peut-être que oui, aussi. Elles font les innocentes. Elles pensaient que ça passerait. *(Jean-Guy hausse les épaules en prenant une première gorgée de bière. Micheline s'assoit sur sa chaise berçante et jette un œil à sa montre.)* Elle fait exprès, ma foi…

JEAN-GUY

Ben non! Elle a dû rencontrer quelqu'un.

MICHELINE

Y'a quelque chose qui a changé… *(Jean-Guy boit en silence.)* Madame Richard l'a vue l'autre jour à l'épicerie… elle était avec un gars qui faisait au moins deux fois son âge.
Cette fois, il est piqué. La jalousie se manifeste.

JEAN-GUY

C'est qui, ce gars-là?
Évasive, Micheline se contente de marmonner:

MICHELINE

On va perdre le contrôle!
Yves surgit de la ruelle. Les mains dans les poches, il s'avance dans la cour.

YVES

Bonsoir…

Comme d'habitude, Yves sort un cinq dollars, grimpe les trois marches, passe devant sa mère et entre dans la cuisine pour déposer son salaire dans la caisse familiale.

MICHELINE

Bonne nuit!

Jean-Guy le suit dans la cuisine, son verre de bière à la main.

JEAN-GUY

Tu saurais pas où elle est, toi, Louise?

Yves se retourne. On devine qu'il le sait. Mais il hésite à parler.

EXT. / NUIT	DEVANT L'APPARTEMENT DE JOHNNY, RUE FRONTENAC

Jean-Guy et Yves sont dans la Chrysler. De la musique rock «boome» d'une fenêtre ouverte au deuxième étage du logement d'en face. Deux motos sont stationnées dans la rue. Le fils Lavigueur ne veut pas s'attarder.

YVES

Si ça te dérange pas, j'aime mieux m'en retourner à pied.

JEAN-GUY

C'est correct.

Jean-Guy descend de la voiture sans quitter la fenêtre en question des yeux. Yves disparaît dans la nuit.

INT. / NUIT	APPARTEMENT DE JOHNNY, RUE FRONTENAC

La musique est forte mais il n'y a pas beaucoup de monde chez Johnny. Trois gars qui boivent une bière autour de la table. Une ou deux personnes dans la cuisine peut-être. Jean-Guy entre dans le logement comme on entre dans un moulin.

JEAN-GUY

Où est-ce qu'elle est?

Johnny et ses deux copains se redressent à la table, alors que Jean-Guy s'avance. Louise sort de la cuisine.

LOUISE

Papa!

JEAN-GUY

Envoye, *let's go*! On s'en va.

LOUISE

Non, mais attends, là!

Moment de flottement. Louise croise le regard de Johnny. Jean-Guy regarde autour de lui. Il y a des affiches de groupes rock, des appareils électroniques, des gadgets, une guitare et un immense téléviseur. C'est l'opulence, comparé au modeste logement de la rue Logan.

JEAN-GUY

Let's go, j'ai dit!

Sans insister, Louise rassemble ses affaires et devance son père à la sortie. Celui-ci s'attarde un moment et assassine Johnny du regard. Il a bien compris que c'est lui le copain de sa fille.

INT. / JOUR	HANGAR, LOGEMENT LAVIGUEUR

Jean-Guy s'adonne à un curieux passe-temps. Il dénude de vieux fils électriques pour en récupérer le cuivre. Concentré, il forme des boules de métal qu'il aligne le long de son établi. C'est à peine s'il voit Sylvie s'approcher.

SYLVIE

Allô!

Hochement de tête. Il continue de travailler mais voit bien l'enveloppe que sa fille tient dans les mains.

JEAN-GUY

C'est quoi ça?

Elle sort un prospectus.

SYLVIE

Un cours qui se donne au cégep Maisonneuve.

JEAN-GUY *(il fronce les sourcils)*

T'en suis déjà plein, des cours!

SYLVIE

C'est pas pour moi. C'est pour toi. Pour apprendre à
lire. *(Jean-Guy s'arrête de travailler. Regard suspicieux.)*
Sérieux! Ça coûte rien, pis au bout de deux ans, tu sais
lire et écrire. *(Jean-Guy est ému. Il délaisse ses fils et prend
le dépliant.)* Faut que tu le fasses, papa!

JEAN-GUY

J'ai pas envie de faire rire de moi!

SYLVIE

Les autres non plus sauront pas lire! *(Ces mots le rassurent. Jean-Guy regarde les photos du prospectus. Son visage
s'ouvre quelque peu.)* T'es capable! J'le sais, moi! Il faut
que tu le fasses!

INT. / JOUR	CUISINE, LOGEMENT LAVIGUEUR

Micheline est debout dans la porte donnant sur l'extérieur et regarde
en direction du hangar, comme si elle épiait Sylvie et Jean-Guy. Louise
arrive par derrière et la surprend.

LOUISE

Qu'est-ce que tu fais là?

Micheline se retourne, embêtée.

MICHELINE

Ah, euh… Rien. C'est Sylvie. Elle parle avec ton père.
*(Micheline se rend compte que Louise porte une minijupe.
Contraste avec son image de rockeuse jusqu'ici.)* Où est-ce
que t'as pris ça, cette…

LOUISE

Je l'ai achetée. Comment tu la trouves?

MICHELINE

Avec quel argent?

LOUISE

J'me suis trouvé une job.

MICHELINE

Ah bon! T'as une job astheur! Qu'est-ce que tu fais?

LOUISE

Dans un petit magasin… à temps partiel.

MICHELINE

Où ça?

LOUISE

Tu sais, au coin d'Ontario pis de Joliette. Le petit dépanneur qu'y a là.
*Jean-Guy quitte le hangar et s'approche en montrant le prospectus d'alpha-
bétisation.*

JEAN-GUY

Micheline! As-tu vu ça?
Dans la cuisine, il se retrouve nez à nez avec Louise, en jupette.

JEAN-GUY

Hey! T'es ben belle, princesse! *(Micheline continue de
regarder sa fille d'un air suspicieux.)* Ça lui fait bien, tu
trouves pas?
Sylvie les a rejoints. Micheline prend le prospectus.

MICHELINE

C'est intéressant, tu trouves pas?

Jean-Guy esquisse un sourire.

> JEAN-GUY
>
> Ouais. Je pourrais essayer ça.

EXT. / JOUR   **COUR ARRIÈRE, LOGEMENT LAVIGUEUR**

Jean-Guy et Louise se lancent la balle dans la cour arrière, sous le regard de Micheline sur sa chaise berçante. Le paternel a un gant de receveur. Louise joue l'apprentie lanceuse. Elle a du bras ! Au deuxième lancer, il la taquine :

> JEAN-GUY
>
> On va t'envoyer avec les Expos ! *(Lui renvoyant la balle.)*
> Il y a un couvre-feu pour les joueurs ! *(Il rigole.)* Ils les
> envoient se coucher à dix heures. Ça serait bon pour
> toi, ça !

Pas du tout amusée, Louise défie son père à distance, avant de s'élancer de toutes ses forces. La vitesse du tir surprend Jean-Guy. La balle ricoche sur son gant et roule dans la ruelle.

> JEAN-GUY
>
> Wo, wo !!!

Louise se précipite pour la récupérer.

> LOUISE
>
> J'y vas…

Heureux, Jean-Guy se tourne vers Micheline. Échange de regard. L'image est tentée de ralentir pour prolonger le moment. Jean-Guy se tourne vers la ruelle, d'où Louise ne revient toujours pas.

EXT. / JOUR   **RUELLE**

Jean-Guy s'avance dans la ruelle. Il n'y a personne. Il regarde à gauche, regarde à droite et tente :

> JEAN-GUY
>
> Louise !?

Pas de réponse. Jean-Guy a le sourire aux lèvres. Il sait que c'est un jeu. Il regarde ailleurs… mais se fait surprendre par quelqu'un qui siffle. Un long sifflement strident suivi de deux plus courts. Il se retourne. Louise est là, deux doigts dans la bouche, la balle de baseball dans l'autre main.
Jean-Guy lui passe un bras autour du cou. Ensemble, ils reviennent dans la cour, où Micheline se berce toujours sur la galerie.

INT. / JOUR	DEVANT L'USINE, UNITED BEDDING

Jean-Guy sort de l'usine après son quart de travail. Boîte à lunch sous le bras, il est attendu par deux syndicalistes devant une table à l'entrée du stationnement. Jean-Guy fait signe que non lorsqu'un des deux hommes lui tend une pétition à signer.

JEAN-GUY

J'te l'ai déjà dit, Jérôme. Y'a des choses que j'peux pas me permettre…

JÉRÔME LACHANCE

C'est pas parce que le syndicat va rentrer dans l'usine que tu vas perdre ta job !

JEAN-GUY

Moi, j'pense que oui. *(Il s'éloigne.)* Pis j'ai encore quatre enfants à la maison.

JÉRÔME LACHANCE

Tu t'en sortiras pas toujours comme ça, Lavigueur ! *(Jean-Guy continue de s'éloigner alors que l'autre agite sa pétition. Jérôme Lachance se fait insistant :)* De quoi t'as peur ?!!
Arrivé à sa voiture, Jean-Guy déverrouille la portière et fusille le syndicaliste du regard :

JEAN-GUY

Pis toi, qu'est-ce que ça va te donner d'être le chef du syndicat… quand l'usine va être fermée ?

Il lance sa boîte à lunch sur la banquette, se glisse derrière le volant et démarre.

INT. / JOUR	CUISINE, LOGEMENT LAVIGUEUR

Sylvie prend le livre de comptabilité dans un tiroir de la cuisine et le dépose sur la table à manger.

YVES

Elle s'est trouvé une job ?

SYLVIE

Ben oui, dans un dépanneur. Elle me l'a dit.

Yves se lave les mains dans le lavabo de la cuisine. Sylvie compte l'argent dans la caisse familiale. Elle inscrit le résultat dans le livre.

YVES

Est-ce qu'elle met de l'argent dans la caisse, au moins ?

SYLVIE

Pas encore. Mais elle m'a dit qu'elle le ferait.

On sent l'agacement chez Yves. Sylvie s'en rend compte et glisse un billet de cinq dollars dans sa direction sur la table.

SYLVIE *(complice)*

Tiens, prends ça. On sait jamais, ça peut être utile.

Large sourire sur le visage du jeune homme. Il empoche l'argent et disparaît. Sylvie joue à la mère.

EXT. / JOUR	COUR D'ÉCOLE

Vêtue de sa petite jupe, Louise se fond dans ce décor de cour d'école. Elle passe inaperçue. Pourtant, dans un coin discret près d'un mur de brique, elle vend quatre joints roulés à la sauvette. Regard circulaire après l'échange pour s'assurer que personne ne l'a vue. Elle fait disparaître les billets dans son cartable et reprend son rôle d'ado qui va à l'école à reculons. On s'agglutine devant les portes. La cloche vient de sonner.

Micheline finit de ranger la cuisine après le souper. Sur le comptoir, la radio est allumée. On entend la voix énervée d'un humoriste:

LUC PAQUETTE *(voix hors champ)*

… elles nous prennent-tu pour des valises, les sœurs Lévesque? Elles se promènent avec six kilos d'héroïne… y a un double fond dans leurs valises, pis elles voudraient nous faire croire que c'est pas eux autres qui ont mis la drogue là-dedans…

MICHELINE *(pour elle-même)*

Ah, ah, ah! Qu'ils leurs donnent donc une chance!

Descendant de chez lui, Souris entre dans la cuisine.

L'ONCLE SOURIS

Tu parles toute seule, maintenant?

Micheline éteint le poste.

MICHELINE

Non, non, c'est la radio. *(Laconique.)* Les valises rouges… ils les ont déjà condamnées. Ça lâche pas!

Sans chercher à comprendre, l'oncle Souris agite les cartons de sélection des numéros du Lotto 6/49. Vantard, il lance:

L'ONCLE SOURIS

J'ai fait choisir les numéros par la machine de Loto-Québec, c'te fois-ci.

MICHELINE

T'es pas sérieux?

L'ONCLE SOURIS

On a autant de chances de gagner, j'suis sûr!

MICHELINE

Mais Jean-Guy ?

L'oncle Souris rigole en passant un bras autour de l'épaule de sa sœur. Il n'est jamais sérieux.

L'ONCLE SOURIS

Tu sais ben que j'lui ferais pas ça ! *(Micheline laisse son torchon sur le coin de la table. Ensemble ils passent au salon, où Jean-Guy, Sylvie, Yves et Michel font cercle autour du boulier.)* Si on est pour gagner, c'est avec sa machine qu'on va gagner !

SYLVIE

C'est certain, ça !

Le beau-frère remet les cartons de la 6/49 à Sylvie. Michel et Yves glissent les billes numérotées dans le tambour.

JEAN-GUY

Tu peux ben rire, toi ! *(Il y a de l'excitation dans le salon. Jean-Guy tourne la manivelle. On entend des pas dans le corridor voisin. Des talons hauts sur le sol. Tous les yeux se tournent vers Louise, debout dans l'entrée. Jean-Guy lui adresse un grand sourire :)* Mets-tu ton deux piastres ?

Un sourire apparaît instantanément sur le visage de Louise.

LOUISE

Pourquoi pas ? *(Alors que les yeux reviennent vers la machine et que les premiers numéros tombent, Louise sort une poignée de cinq dollars de sa poche.)* J'ai juste des cinq. *(Micheline est étonnée de voir autant d'argent dans les mains de sa fille. Espiègle, celle-ci rempoche tout et se ravise :)* Non, non, c'est correct. J'en ai un, un deux dollars.

Elle dépose un billet près du boulier. Micheline la regarde toujours. Louise s'en rend compte mais fait mine de rien :

LOUISE *(enthousiaste)*
C'est à soir qu'on sort les numéros chanceux!

EXT. / NUIT   COUR ARRIÈRE, LOGEMENT LAVIGUEUR

Jean-Guy boit sa bière dans un verre, assis dans les marches de l'escalier. Le beau-frère est moqueur.

L'ONCLE SOURIS
T'as pas vu tout l'argent qu'elle avait dans ses poches!

JEAN-GUY
Non…

L'ONCLE SOURIS
Pour moi, elle l'a déjà gagné, le gros lot. Mais elle nous a rien dit! *(Jean-Guy ne la trouve pas drôle.)* Non, mais tu te vois pas, Jean-Guy! Elle entre dans le salon, c'est comme si le bon Dieu en personne venait d'arriver!

JEAN-GUY
Arrête, Jean-Marie! Tu comprends rien.

L'ONCLE SOURIS *(en écho)*
J'comprends rien, moi?
Jean-Guy agite sa bouteille de bière d'un air agacé.

JEAN-GUY
Son problème, c'est Johnny! Il est trop vieux pour elle. Il lui met toutes sortes d'idées dans la tête.

L'ONCLE SOURIS
Mais elle, elle fait jamais rien!

JEAN-GUY
Elle va à l'école. C'est toujours ben ça! Faut l'encourager… *(Jean-Guy est à court d'idées et d'arguments.)*

J'sais pas pourquoi t'es négatif de même. T'es toujours
en train de la caler, Louise!

L'oncle Souris hausse les épaules.

J'pense qu'a rit de toi! Mais ça, tu veux pas le savoir!

JEAN-GUY *(piqué)*

Si t'es si fin que ça, pourquoi t'en as pas eu d'enfants,
toi?

L'ONCLE SOURIS *(sèchement)*

J'ai pas rencontré la femme de ma vie. C'est tout! C'est-
tu grave, ça?

JEAN-GUY

Non! Mais laisse Louise tranquille, O.K.!?

La voix de Micheline s'élève derrière eux:

MICHELINE

Voyons! Qu'est-ce qui se passe?

*Debout dans la porte de la cuisine, elle les interroge du regard dans la pénom-
bre. Jean-Guy écrase sa cigarette.*

JEAN-GUY

Rien! Rien! On parlait!

Jean-Guy entre, laissant le beau-frère en plan.

INT./NUIT	CHAMBRE DES PARENTS, LOGEMENT LAVIGUEUR

Jean-Guy et Micheline sont couchés. Il lui tourne le dos, fait mine
de dormir. Les yeux grands ouverts dans la pénombre, elle a envie de
parler.

MICHELINE

Qu'est-ce que vous aviez à vous chicaner, tout à l'heure?

Jean-Guy ne répond pas.

MICHELINE

C'est Louise, encore?

JEAN-GUY *(soupirant)*

Vous êtes toujours en train de lui chercher des poux!

Micheline ne répond pas. Jean-Guy se retourne.

MICHELINE

Sais-tu, j'pense qu'elle vend d'la drogue!

JEAN-GUY *(incrédule)*

Ben voyons donc!

MICHELINE

J'suis pas certaine, mais...

Jean-Guy se redresse dans le lit. Après l'échange avec le beau-frère, cela fait beaucoup.

JEAN-GUY

Ben voyons, Micheline! Qu'est-ce qui t'arrive? T'accuses pas le monde à tort et à travers comme ça d'habitude!

MICHELINE

Ouvre-toi les yeux, Jean-Guy!

JEAN-GUY

Donne-lui une chance!

MICHELINE

Écoute-moi bien, là! Ta princesse, elle travaille pas dans un dépanneur au coin d'Ontario pis de Joliette. J'suis allée voir ! (*Jean-Guy est tout à coup sérieux.*) On sait pas où elle prend son argent. J'aime pas ça.

JEAN-GUY

T'es sûre de ce que tu dis là ?
Micheline hoche lentement la tête... et précise :

MICHELINE

Et dis-moi pas que c'est pas de sa faute. Que c'est Johnny...

INT. / JOUR   APPARTEMENT DE JOHNNY, RUE FRONTENAC

La vieille veste en cuir de Johnny sur les épaules, Louise compte de l'argent. Des billets de deux et de cinq dollars, qu'elle empile et attache avec des élastiques avant de les aligner sur la table de la cuisine. On remarque une fois encore l'imposante chaîne stéréo, la grosse télé et les autres gadgets dans l'appartement.

Johnny ouvre la garde-robe et en sort un manteau en cuir tout neuf. Il s'approche de Louise, qui inscrit le montant de ses ventes sur une feuille de papier. Elle attache consciencieusement le dernier paquet de cinq dollars et s'émerveille.

LOUISE

C'est pour moi ça ?
Johnny grogne.

JOHNNY

Essaye-la... (*Louise se lève et enfile la veste.*) J'te trouve vraiment correcte. Tu fais une bonne job. (*La zieutant.*) T'es pas mal à ton affaire !
Louise fait signe que oui en tournant sur elle-même, puis en s'arrêtant devant la petite glace de l'entrée pour s'admirer.

LOUISE

Hey ! Merci Johnny ! (*Elle plonge les mains dans les poches et tourne encore.*) Je l'aime vraiment !

Johnny est plutôt fier de son cadeau. Surtout lorsque Louise lui saute au cou pour l'embrasser.

INT. / JOUR	TAVERNE DU QUARTIER

Jean-Guy est assis avec ses collègues de travail de la United Bedding. Triomphant, Jérôme Lachance lève son verre.

JÉRÔME LACHANCE

À notre syndicat!!!
Tous, sauf Jean-Guy, lèvent leur verre et répondent:

TRAVAILLEURS D'USINE *(en chœur)*
AU SYNDICAT!!!

Jean-Guy n'a toujours pas bronché. Jérôme se montre plutôt sympathique, cette fois:

JÉRÔME LACHANCE

Envoye Jean-Guy! Mets de l'eau dans ton vin!

JEAN-GUY

Moi, c'est de la bière que j'bois! J'suis un travailleur.
Lachance grimace. Au même moment, l'oncle Souris entre dans la taverne et s'assoit dans le petit coin qui lui est réservé. À peine a-t-il levé le doigt que le serveur sait ce qu'il veut. S'efforçant de sourire aux uns et aux autres, Jean-Guy se lève, prend son verre de bière et vient rejoindre son beau-frère.

JEAN-GUY

La United Bedding va fermer! Je leur donne pas trois mois, on perd notre job!

L'ONCLE SOURIS

Niaise pas!
Jean-Guy s'assoit.

JEAN-GUY

Les Miller… ils endureront pas ça, d'avoir un syndicat dans l'usine. Ça va péter. Tu le sais aussi bien que moi.

L'ONCLE SOURIS

Peut-être que oui, peut-être que non. Les usines sont syndiquées astheur. Va falloir qu'ils s'y fassent.

JEAN-GUY

Ça fait trente-quatre ans que je travaille pour eux autres ! L'usine est vieille ! Ils ont fait leur argent. Ils vont fermer. Un point c'est tout !

Comme si c'était une évidence, Jean-Guy vide son verre et le dépose sur la table. Taquin, l'oncle Souris le coince :

L'ONCLE SOURIS

C'est parce que tu retournes à l'école que tu penses de même ?

JEAN-GUY

J'retourne pas à l'école !!! J'vais peut-être apprendre à lire… c'est pas pareil !

Sans écouter la suite, l'oncle Souris lève la main en direction du serveur :

L'ONCLE SOURIS

Ti-Paul ! Amène-lui donc une bière ! Y'en a besoin.

JEAN-GUY

J'en prends jamais plus qu'une, à la taverne.

L'ONCLE SOURIS

Mais aujourd'hui, c'est spécial. *(Moqueur :)* Tu viens de perdre ta job !

Les collègues d'usine de Jean-Guy discutent de plus en plus fort dans leur coin de la taverne. Les verres s'entrechoquent, Jean-Guy baisse les bras alors que Ti-Paul dépose une bière devant lui.

Louise avale un morceau de sandwich au bout de la table. S'essuyant la bouche du revers de la main, elle se lève sans ramasser ni nettoyer. Fouillant dans son sac, elle ouvre son miroir pliant et se maquille avec son doigt. Yves, qui passe par là, s'attarde devant la table encombrée.

YVES

Tu pourrais pas te ramasser un peu?!

LOUISE

J'me mêle-tu de tes affaires, moi?
Ils se regardent comme des chiens de faïence.

YVES

Pourquoi tu mets pas d'argent dans le *pot*, toi aussi?

LOUISE

Y'est-tu fatigant!

YVES

On fait chacun notre part! Même Michel! Il paye depuis deux ans!

LOUISE

Ouais, ouais! Pis Sylvie est première de classe! *(Mesquine.)* Pis vous me faites tous chier!

YVES

Tu penses juste à toi!

LOUISE

Pis toi, tu penses à rien! *(Elle jette son miroir pliant dans son sac, glisse la courroie sur son épaule et s'arrête sur le seuil de la porte:)* On a juste une vie à vivre… pis moi, ça me tente d'avoir un peu mieux que ce qu'il y a icitte!

YVES

J'pense pas que c'est avec ta gang de bums que...

LOUISE

Tu sais pas de quoi tu parles! *(Elle ouvre la porte pour sortir mais revient sur ses pas:)* Si c'est assez pour toi, ici... tant mieux! *(Mesurant son effet.)* Moi, j'ai d'autres projets!

YVES

J'sais pas c'que tu t'imagines, mais t'es prise ici avec nous autres jusqu'à ce que t'aies dix-huit ans. *(Méchant.)* C'est au moins ça que ça va te prendre pour finir ton secondaire!

LOUISE

Pas sûre de ça, moi!
Louise défie son frère du regard avant de s'éloigner.

INT. JOUR   **CUISINE, APPARTEMENT DE JOHNNY**

Vêtue d'un T-shirt, Louise est assise à la table et roule des joints. Il y a une liasse de cinq dollars posée nonchalamment sur la veste en cuir qu'elle a reçue en cadeau. Johnny est à la fenêtre de la cuisine et regarde vers la ruelle, comme s'il attendait quelqu'un.

LOUISE

Si on le vendait à l'once, le pot, j'suis sûre que j'en vendrais plus. *(Levant les yeux vers lui:)* Pis j'aurais pas le trouble de les rouler.

JOHNNY

Mais ça serait moins payant!

LOUISE

Ah!
Johnny délaisse la fenêtre et revient vers Louise.

EXT. / JOUR   RUELLE

Sur son vélo de livraison, Michel s'avance lentement dans une ruelle. Sur sa plate-forme, une caisse de vingt-quatre bières. Il cherche un logement mais ne semble pas familier avec le coin.

INT. / JOUR   CUISINE, APPARTEMENT DE JOHNNY

Johnny est penché au-dessus de Louise, maintenant. Elle ne roule plus de joints. Le motard a quelque chose d'à la fois séduisant et inquiétant.

> JOHNNY
> Y a pas mal de joints dans une once!

> LOUISE
> Ouais, tant qu'à ça…

> JOHNNY
> Vois-tu, bébé… *(Il sourit.)* Toi tu roules, pis moi j'pense, O.K.?

> LOUISE *(intimidée)*
> Pas de problème. J'disais rien que ça de même.

Johnny se redresse et tourne les yeux vers la fenêtre.

> JOHNNY
> Voyons! Qu'est-ce qu'ils font, christ!

EXT. / JOUR   RUELLE

Michel a rangé son vélo de livraison tout près d'une rutilante Harley Davidson. Il attrape la caisse de 24 et lève les yeux vers le deuxième. Au même moment, Johnny sort sur le balcon.

> JOHNNY
> Monte! C'est icitte!

Michel s'engage dans l'escalier en colimaçon, plus ou moins rassuré.

INT. / JOUR   CUISINE, APPARTEMENT DE JOHNNY

Johnny s'est approché de la table pour prendre deux billets de cinq dollars. Il ne voit pas la réaction de Louise lorsque celle-ci voit apparaître son frère sur le seuil de la porte.

> JOHNNY *(à Michel)*
>
> Mets-la à côté du frigidaire! *(Michel est impressionné par l'imposante chaîne stéréo, le gros téléviseur, la guitare et son amplificateur… mais surtout par la présence de sa sœur dans cet endroit. Johnny voit bien qu'il est hébété.)* À côté du frigidaire, j'ai dit! *(Michel sort de sa torpeur alors que Johnny lui met les deux billets devant les yeux. Dans un réflexe, il les attrape, pivote sur ses talons et déguerpit. On l'entend dévaler l'escalier de métal à l'extérieur.)* Hey! Mon change! *(Johnny le poursuit sur le balcon.)* Qu'est-ce qui lui prend, lui?! *(Louise ne bronche pas devant la table. Tout s'est passé si vite!)* HEY TOÉ! R'MONTE ICITTE! J'TE L'AI PAS DONNÉ, C'T'ARGENT-LÀ!!!

On est sur le visage de Louise, alors que Johnny continue de gueuler sur le balcon. La scène s'éteint.

INT. / FIN DE JOURNÉE   CUISINE,
LOGEMENT LAVIGUEUR

Jean-Guy entre dans la cuisine et dépose sa boîte à lunch. Les bras croisés, Micheline le regarde d'un drôle d'air.

> JEAN-GUY
>
> Qu'est-ce qu'il y a? *(Elle réprime un sourire.)* Ben voyons! J'ai-tu fait quelque chose?

Micheline se retourne, ouvre le tiroir où elle garde son livre de comptabilité et en sort un sac en plastique de chez Zellers.

> MICHELINE
>
> J'suis tombée sur une vente, cet après-midi. *(Jean-Guy se prend à sourire, comme s'il cherchait à deviner. Micheline sort un porte-documents en cuirette.)* Ça va te prendre ça

pour tes cours. *(Elle ouvre le porte-documents et en sort des crayons, des stylos, du papier et des cahiers. Elle étale le tout sur la table et ajoute, en sortant une enveloppe de la poche de son tablier:)* Y'a ça aussi. C'est arrivé par la poste. *(Elle ouvre l'enveloppe et en sort une lettre.)* Ça dit que t'es accepté. *(Un temps.)* Les cours commencent en septembre. *(Jean-Guy est ému. Micheline lui prend la tête à deux mains. Elle l'embrasse sur le bout des lèvres.)* Ça va bien aller, tu vas voir! Je vais t'aider. *(Il regarde la lettre, incapable de la lire.)* Pis si tu «toughes» jusqu'à la fin... *(Elle se laisse désirer.)* Tu vas pouvoir m'écrire une lettre d'amour. Ça fait longtemps que je l'attends, celle-là!

Jean-Guy enlace et embrasse sa femme. L'étreinte dure, puis il murmure en enfouissant son visage dans ses cheveux:

JEAN-GUY

C'est le plus beau cadeau que tu m'as jamais fait!

EXT. / NUIT   COUR ARRIÈRE, LOGEMENT LAVIGUEUR

Louise arrive dans la cour arrière, monte les marches du perron sans faire de bruit et se glisse à l'intérieur. C'est la pénombre. Tout le monde dort.

INT. / NUIT   CUISINE / CHAMBRE DS GARÇONS, LOGEMENT LAVIGUEUR

Louise s'avance doucement dans le corridor. À travers les minces cloisons, on entend Jean-Guy et Micheline faire l'amour. Louise s'arrête devant la porte de la chambre des garçons, l'entrouvre et regarde à l'intérieur. On peut voir Michel, les yeux grands ouverts, regardant le plafond.

MICHEL

J't'attendais...

LOUISE

Écoute-moi ben, là. Moi, je fais ma vie. Pis j'aime ça quand les autres font pareil!

MICHEL

C'est correct. J'dirai rien. *(Louise se détend quelque peu. Michel n'a rien de menaçant.)* … mais t'aurais pu m'en parler, quand même!

Elle est presque gênée, cette fois.

LOUISE

J'fais juste ça en attendant.

MICHEL

Si p'pa savait ça!

LOUISE

Y'a pas à le savoir. Pis à part ça, y'a rien de gratuit dans la vie. Tu sais pas ça, toi, mais si tu veux quelque chose, faut que t'ailles le chercher!

Michel reste impassible. Louise serre les dents en se retirant:

LOUISE

J'ferai pas des ménages pour gagner ma vie, moi. Tu peux être sûr de ça!

Le silence gagne la maison.

| EXT / JOUR | RUELLES / RUES DU QUARTIER / ÉPICERIE RICHARD |

Une musique plane sur les images qui suivent, rappelant les plans d'ouverture de l'épisode. Des enfants jouent au hockey bottine et des femmes étendent du linge sur les cordes. Le vent dans les draps blancs soulève des tentes éphémères. En dessous, les fillettes jouent à la marelle et plus loin, des ouvriers rentrent de l'usine, leur boîte à lunch sous le bras. Yves et Michel partent dans des directions opposées pour faire leurs livraisons. Gaétan Richard est devant son étalage de fruits et légumes alors qu'on s'amène devant son épicerie.

| INT. / JOUR | COMPTOIR, ÉPICERIE RICHARD |

Micheline est devant l'étal de journaux et de magazines à potins, près du comptoir de l'épicerie. *Le Quotidien de Montréal* propose en première page une photo de deux valises rouges et en gros titre : LES SŒURS LÉVESQUE TOUJOURS EMPRISONNÉES À ROME. Colette Richard finit de mettre les achats de Micheline dans des sacs. Micheline délaisse les journaux et paie ses emplettes.

MICHELINE

C'est pas croyable quand même, tout ce qu'ils ont pu dire sur ces deux femmes-là !

COLETTE RICHARD *(remettant la monnaie)*

Des fois, on se demande s'ils en inventent pas la moitié.

Micheline hausse les épaules, comme si elle se le demandait elle aussi. Colette Richard rassemble les quatre sacs d'épicerie sur le comptoir.

COLETTE RICHARD

J'vais demander à un de tes gars de te livrer ça, quand ils vont revenir.

MICHELINE

Tu sais bien que non ! J'ai pas les moyens de leur donner un pourboire !

GAÉTAN RICHARD

Tu veux pas que je t'aide ?

MICHELINE

C'est correct. J'ai l'habitude.

COLETTE RICHARD

Bon ben… bonne journée !

Elle s'éloigne avec ses sacs. Scène de la vie quotidienne. La musique est toujours là. Ce même air qu'on a l'impression de connaître.

INT. / JOUR	CHAMBRE, APPARTEMENT DE JOHNNY

La musique devient une pulsion. Notre petit tour du quartier se poursuit dans la chambre de Johnny, où le petit *pusher* est en train de faire l'amour avec Louise. Passion.

EXT. / JOUR	RUELLE / DEVANT L'ÉPICERIE RICHARD

Michel revient vers l'épicerie à toute allure sur sa bicyclette de livraison. La pulsion est devenue un rythme. Quelque chose ne va pas. On le voit dans ses yeux. Dans sa façon de s'agripper à son guidon. Lorsqu'il débouche sur la rue Logan, coup de frein brusque ! Une ambulance, gyrophares allumés, est en travers de la rue devant l'épicerie. Apercevant Sylvie, il descend de son vélo. On peut voir quatre sacs d'épicerie renversés par terre sur le trottoir. Les ambulanciers hissent une civière. L'oncle Souris monte dans l'ambulance avec eux. Sylvie vient vers Michel en criant :

SYLVIE

C'est maman ! *(La main sur la bouche.)* … elle a fait une
crise cardiaque !

Michel est sonné. Gaétan Richard, qui l'a vu arriver, s'approche à son tour. En lui tapotant l'épaule, il cherche le regard de Sylvie.

GAÉTAN RICHARD

Il va falloir aller chercher ton père !

Panique chez Sylvie. Elle se tourne vers Michel :

SYLVIE

Tu vas aller chercher papa. À l'usine. Vas-y !!!

La sirène de l'ambulance retentit, la faisant sursauter. Michel ne bronche pas. Il est paralysé.

SYLVIE

MICHEL!!!

Il sursaute… à retardement.

INT./JOUR	URGENCE, HÔPITAL

L'oncle Souris est au chevet de sa sœur. Sous perfusion, Micheline est branchée à des moniteurs cardiaques. Sa voix n'est plus qu'un souffle:

MICHELINE

Jean-Marie?

L'ONCLE SOURIS *(lui prenant la main)*

Jean-Guy s'en vient, là. Fatigue-toi pas…

MICHELINE *(elle agite le doigt)*

C'est à toi que je veux parler…

Surpris, l'oncle Souris tend l'oreille.

MICHELINE

Tu vas faire quelque chose pour moi. O.K.?

Il hoche la tête sans hésiter.

MICHELINE

Tu vas aider Jean-Guy… quand je serai plus là.

L'ONCLE SOURIS

Ben voyons… qu'est-ce que tu dis là! *(Il bafouille.)* Ils vont te guérir ça dans le temps de le dire! Ils font des miracles, astheur!

Micheline fait signe que non. L'oncle Souris feint de rigoler.

MICHELINE

Tu le sais qu'on est pris du cœur dans la famille. Y'a eu Manon… pis Nancy… là, c'est moi.

L'oncle Souris rit jaune.

L'ONCLE SOURIS

Parle pas de même…

MICHELINE

J'te demande pas grand-chose. Tu lui donnes un coup de main, quand tu peux. C'est tout. *(Ému, l'oncle Souris hoche la tête.)* Tu prévois pas déménager ? Tu t'en vas pas nulle part ?

L'ONCLE SOURIS *(la lèvre tremblante)*

Toi non plus !

INT. / JOUR	CUISINE, LOGEMENT LAVIGUEUR

Par la fenêtre de la cuisine, on voit Louise s'avancer dans la cour. Elle porte son veston en cuir, cadeau de Johnny, et un jeans ajusté. Nonchalante, elle se glisse à l'intérieur, s'approche du frigo et l'ouvre sans voir la note qui lui est adressée, collée sur l'appareil. Elle croque dans une pomme, boit du lait à même le contenant puis remarque enfin le mot. Dès qu'elle se met à lire, elle fronce les sourcils. Réalisant ce qui se passe, elle laisse tout tomber et se précipite à l'extérieur.

INT. / JOUR	CORRIDOR, HÔPITAL

Jean-Guy, Sylvie, Yves et Michel foncent dans un corridor d'hôpital. Sylvie semble connaître le chemin. Elle les dirige en montrant du doigt. Plus loin, on voit l'oncle Souris sortir d'une chambre et leur faire signe. Jean-Guy accélère le pas, passe devant le beau-frère qui tient la porte ouverte et disparaît à l'intérieur. On reste avec les autres dans le corridor. À la tête que fait l'oncle Souris, on devine que le pire est à craindre. L'inquiétude s'est inscrite sur tous les regards.

EXT. / JOUR	RUE EN VILLE

Louise est affolée. Elle court dans la rue en fouillant dans ses poches. Elle sort de l'argent, quelques billets de cinq dollars, mais échappe tout par terre. Elle s'arrête pour les ramasser, abandonne un cinq dollars qui part au vent et se remet à courir.

Jean-Guy est anéanti. Seul au chevet de Micheline, il lui tient la main :

JEAN-GUY

C'était pas ça, notre *bargain*! On s'était dit qu'on resterait toujours ensemble…

MICHELINE *(dans un souffle)*

Tu seras pas tout seul.

JEAN-GUY

Si t'es pas là, moi, j'appelle ça être tout seul !
Sourire d'impuissance. Mais elle insiste :

MICHELINE

J'm'en vais pas loin. *(Jean-Guy a du mal à le prendre. Les yeux humides, il fait signe que non.)* Tu vas voir… ça va aller, mon amour. *(Elle sourit.)* T'es chanceux, toi, au moins… tu restes. On a une belle famille. *(Jean-Guy ne parvient pas à dire le moindre mot. De sa voix éteinte, Micheline continue :)* Ils sont vaillants, les enfants. Ils vont t'aider !

JEAN-GUY

J't'aime Micheline! J't'aime!

MICHELINE

Y'a juste Louise. Si tu peux la garder à la maison. Qu'elle finisse son école.
Jean-Guy est comme un garçon appliqué.

JEAN-GUY

J'vais le faire… c'est sûr. J'vais faire ça.

INT. / NUIT	CHAMBRE, HÔPITAL

Jean-Guy, l'oncle Souris, Sylvie, Yves et Michel font cercle autour du lit de Micheline. Un prêtre est au chevet de la malade et lui administre les derniers sacrements. Comme si c'était trop pour lui, Jean-Guy se tourne légèrement, semble chercher de l'air, puis quitte la chambre.

INT. / NUIT	CORRIDOR, HÔPITAL

Jean-Guy est adossé au mur dans le corridor voisin de la chambre de sa femme. Tête baissée, défait, les mains dans les poches, il n'entend pas venir Louise.

LOUISE

P'pa!

Il relève la tête. Elle est devant lui. Il ouvre la bouche. Les mots viennent difficilement:

JEAN-GUY

Maman est…

Elle le coupe:

LOUISE

Quand j'ai vu le papier sur le frigidaire… j'suis v'nue tout de suite!

D'une voix monocorde, Jean-Guy murmure:

JEAN-GUY

Elle est partie, Louise. *(Un temps.)* Maman est déjà partie.

Louise s'abandonne dans les bras de son père. Au même moment, l'oncle Souris sort de la chambre de Micheline. Il croise le regard de Jean-Guy. Louise ne le voit pas.

LOUISE

J'te jure… j'voulais être là. J'ai tout fait pour arriver à temps… je l'ai manquée.

Jean-Guy continue de serrer Louise dans ses bras sous le regard de l'oncle Souris. L'adolescente pleure à chaudes larmes.

PRISE 2

Comme 2,3 millions de gens

MERCREDI 9 JANVIER

La mort de Micheline Lavigueur à la fin du premier épisode, alors que sa fille Louise tombe dans les filets et dans le lit de Johnny, a quelque chose d'insupportable, dramatiquement parlant. Micheline, magnifiquement interprétée par Amélie Grenier, était l'âme, le cœur et la force de cette famille au destin impitoyable. Voilà que notre héroïne mourait, laissant en quelque sorte triompher le mal.

Au lendemain de la diffusion du premier épisode, Francine Allaire, la patronne des dramatiques à Radio-Canada, n'en revenait pas. Et nous non plus d'ailleurs. On estimait à 2,3 millions le nombre de spectateurs ayant regardé l'épisode. Le site Internet de l'émission avait littéralement été pris d'assaut. C'était un bonheur que de partager cela avec Francine, une productrice qui avait été très *successfull* dans le privé avant de se joindre à la société d'État. Elle comprenait de l'intérieur tout le temps, les efforts et l'espoir que nous avions mis dans ce projet.

En une petite heure de télévision donc, 2,3 millions de personnes avaient peut-être changé d'opinion par rapport à cette famille de millionnaires qui, dans l'histoire que nous racontions, n'avait encore rien gagné. Ce n'était ni par le scandale ni par le coup d'éclat que nous avions réussi. Mais plutôt en mettant en scène des êtres humains dans leur vulnérabilité et leur dignité.

Croire que nous avions fait changer d'idée à 2,3 millions de personnes était peut-être présomptueux. Mais curieusement, le personnage de Johnny, le vil copain de Louise, nous permettait de l'espérer. Dans le grand public, on a immédiatement aimé le détester. Comme on aimait haïr Séraphin ou encore JR, le personnage central de l'interminable série *Dallas*. Le dégoût qu'on avait pour lui n'avait d'égal que la sympathie qu'on se surprenait à éprouver pour Jean-Guy Lavigueur. Une semaine plus tôt, le chef du clan était encore considéré comme le porte-étendard de la quétainerie! L'incarnation du jugement très sévère porté sur la classe ouvrière par une classe moyenne bien pensante.

Faut-il le souligner, depuis 1986, il n'y avait pas que les Lavigueur à être des Lavigueur. Par association, d'autres portaient aussi le chapeau. C'était du moins ce qui ressortait des émissions de tribunes téléphoniques, des blogues et du site Internet consacré à la série. D'une certaine manière, nous avions anéanti une image et il s'en trouvait plusieurs pour applaudir. Ceux qui avaient eux-mêmes été blessés par cette moquerie. Des dommages collatéraux, comme diraient les Américains.

Pour fuir ce bruit et prendre un peu d'air après une soirée pour le moins animée, je roulais sur l'autoroute des Cantons-de-l'Est. Florence K était du voyage. Sa bossa nova me propulsait littéralement vers les pentes de ski. Trois heures d'exercice et je serais comme neuf pour reprendre le travail, en fin d'après-midi. J'écrivais une comédie qui était à des années-lumière de l'univers des Lavigueur. Je riais beaucoup en y travaillant et je me rendais compte qu'il y a dans la vie de tous les jours des choses très drôles… qu'on ne voit pas parce qu'on est trop occupé à être sérieux. Ainsi ce jour-là, lors de ma deuxième remontée en télésiège, je me suis retrouvé sur une banquette avec trois personnes discutant âprement… des Lavigueur. Elles étaient deux femmes à avoir vu l'épisode la veille. Ce qui n'était pas le cas de la troisième personne, le mari d'une d'entre elles. Par contre, ce dernier connaissait les « Lavigueur B.S. » et ne pouvait concevoir qu'il s'agissait des mêmes personnes. Et les deux femmes de chercher à convaincre le récalcitrant qu'il s'agissait bien des Lavigueur Lavigueur ! Enthousiastes – avec preuves à l'appui –, elles disaient que « la vraie histoire » n'avait rien à voir avec ce qu'on avait raconté à l'époque. Coincé sur cette banquette suspendue au-dessus des sapins et des érables, j'hésitais à me manifester. Le type qui n'avait pas vu l'épisode parlait fort et refusait de croire ce que les femmes racontaient. Frustrées, celles-ci manquaient d'arguments. Normal. Elles n'avaient vu que le premier épisode. Derrière mes lunettes de ski, ma cagoule et mon casque protecteur, j'aurais pu leur souffler quelques réponses ou même confronter celui qui croyait détenir la vérité, mais l'observation sociologique me semblait beaucoup plus intéressante. Je constatais, entre autres, que mes deux alliées skieuses s'étaient identifiées à Micheline, la mère. Elles avaient été touchées par ce film – ce sont leurs mots – où l'on voyait un homme et une femme cherchant à élever leurs enfants dans des conditions difficiles. Leur compagnon skieur était irrité lorsque le télésiège, au bout de sa course, nous déposa enfin. Le pauvre aurait appris que les farces sur les blondes n'étaient plus drôles parce que les blondes étaient en fait intelligentes qu'il n'aurait pas été plus déçu ! Se quittant sur une note sèche, le skieur et les deux skieuses se sont tourné le dos et sont partis dans des directions différentes. Si j'avais parlé, si je m'étais mêlé à la conversation, je n'aurais peut-être pas remarqué ce détail qui donnait la mesure des choses à venir. Ce premier épisode avait peut-être changé l'opinion de certains, mais sûrement pas de tous !

* * *

Un mois plus tôt, le 12 décembre 2007, avait eu lieu la présentation de *Les Lavigueur, la vraie histoire* à la presse. À ce moment, une opération promotionnelle s'était engagée sous la direction d'Hélène Faubert, l'inénarrable et brillante attachée de presse. Les têtes de proue de cette entreprise étaient Pierre Verville et Yve Lavigueur, l'auteur du livre. Bientôt, Laurence Lebœuf, Patrice Bélanger, Sophie Cadieux et Dhanaé Audet-Beaulieu mettraient l'épaule à la roue. Il avait été convenu que Sylvain et moi ferions surtout des entrevues de contenu. Celles où il faudrait défendre la réalisation ou le scénario. On se doutait bien que cela serait nécessaire, mais pour l'instant l'attention devait rester le plus longtemps possible sur les comédiens et leur remarquable prestation. Pierre Verville n'était plus le même homme depuis que cette « parade » avait débuté. Non pas qu'il ait changé. Il était toujours aussi authentique. Mais sa vie en était bouleversée. Il était devenu Jean-Guy Lavigueur, l'homme qu'on aimait dorénavant aimer. Et tout le monde voulait le lui dire.

Voilà la différence entre un métier de représentation et un métier de contenu, comme on dit vulgairement. Le comédien n'a pas le choix d'être en représentation. C'est lui-même et son talent d'acteur qu'il cherche à mettre en évidence. Un scénariste, en revanche, est rarement amené à faire de la représentation... à moins, bien sûr, d'avoir un grand besoin d'attention. Cette discrétion volontaire est d'ailleurs un des aspects du métier que j'aime. Lorsque je publie un roman, je dois occuper la scène, prendre la parole et je m'y prête volontiers. Lorsque je suis *scénariste*, par contre, je m'évite toute cette attention, ce qui est un avantage considérable. Pour moi, l'écriture et l'observation sont indissociables. L'une ne va pas sans l'autre. Observer, c'est un peu recharger ses batteries. Dans les restaurants, sur les places publiques, dans les commerces, en marchant, si on est celui qui observe et non celui qui est observé, on augmente ses chances de revenir à la maison – de revenir à son texte surtout – avec de la matière humaine à distiller. Avec des histoires à conter.

* * *

Jusqu'à la diffusion du premier épisode, le 8 janvier, l'équipe de promotion avait en quelque sorte été les « demandeurs », face à une presse qui, il ne faut pas se le cacher, nous était essentielle. Pour faire parler de nous, il fallait frapper à leur porte. Mais ils ne pouvaient pas nous ignorer. Les commentaires concernant la série étaient bons... mais la glace sur laquelle nous marchions était mince. Les journalistes, ceux d'une certaine presse écrite, étaient en partie responsables de l'image erronée des Lavigueur, celle que nous avions entrepris de démolir. Cela ne se voyait pas encore dans les premiers épisodes, mais ça viendrait bien assez vite! La solidarité journalistique est une zone grise qui ne cessera jamais de m'étonner. C'est un *no man's land* où les professionnels de la critique perdent toute tolérance… face à la critique. Un réflexe de survie sans doute, mais pour le moins paradoxal compte tenu de la nature de la profession.

C'est au cours de la deuxième semaine de janvier que le vent a tourné. Au propre comme au figuré. Les nuits étaient très froides, l'hiver s'était installé. Dans les salons, devant le poste de télé, il y avait de quoi discuter. La vague de sympathie soulevée par ces Lavigueur revisités ne laissait personne indifférent. Les demandes d'entrevues se multipliaient. Bientôt, tous les comédiens furent mis à contribution. L'opération était telle que seule Hélène Faubert parvenait à avoir un portrait global de la tourmente.

Face à l'accélération des événements, nous avons mis en place une chaîne de téléphone informelle réunissant Mme Faubert… et les trois S: Marc S., S. Archambault et Jacques S. Nous nous parlions – ou nous « e-mailions » – en début et en fin de journée. Ces conversations avaient pour but de comprendre ce qui se produisait, de donner un sens à la démesure de l'affaire et surtout de voir venir les coups. L'unanimité n'existe pas. Avec le succès viennent les détracteurs. C'est comme l'homme et son ombre. Mieux vaut le savoir… pour ne pas un jour être effrayé par son ombre, justement. Mais nous ne savions rien du tout! Même en essayant de l'imaginer, ce qui allait venir nous surprendrait tous.

* * *

À la fin du premier épisode, nous avions quitté Louise, l'adolescente rebelle, en pleurs dans les bras de son père Jean-Guy. Sa mère venait de mourir. Contrairement à ses frères et à sa sœur, elle n'était pas présente dans la chambre. C'est pourtant dans ses bras que Jean-Guy épanchait sa peine et non dans ceux de ses autres enfants. Les deux scènes sont d'une grande intensité dramatique et pourtant, il se dit très peu de choses, très peu de mots. Le passage du scénario à la scène tournée mérite qu'on s'attarde un peu, ici. Le tournage d'une scène de mort représente toujours un moment délicat. Pour celle-ci – la dernière scène entre mari et femme –, Micheline est au lit et elle respire difficilement. Il est question de Louise, bien sûr. L'enfant rebelle. Micheline fait promettre à Jean-Guy de lui prêter une attention toute particulière et surtout de s'assurer qu'elle termine son secondaire. Le scénario ne prévoyait pas qu'on assiste à la mort de Micheline à l'écran. Mais voilà qu'au bout de quelques prises, Sylvain Archambault ressent le besoin de pousser plus loin dans l'émotion. Sans arrêter la caméra et surtout sans prévenir Amélie Grenier, il lui souffle : « Meurs ! » Elle s'exécute – le mot est faible – et meurt sur-le-champ. Disons dans son lit. Surpris, son partenaire, Pierre Verville, n'en devient que plus émouvant. La mort de Micheline l'a pris par surprise, comme c'est souvent le cas dans la vie. Cette improvisation confère une authenticité accrue à la scène, ce qui fait évidemment grimper les enchères pour la suivante.

L'arrivée « en retard » de Louise se produit alors que le spectateur est aussi vulnérable que Jean-Guy, qui vient de se faire « surprendre » par la mort de sa femme. Laurence Lebœuf aurait balbutié ses répliques en chinois que la scène n'aurait pas été moins touchante. L'enchaînement dramatique nous avait conduits jusqu'à ce plateau. On ne pouvait pas aller plus haut ni plus loin.

* * *

Bien avant que les comédiens n'aient de quoi se mettre sous la dent et le réalisateur de quoi diriger, le scénario en développement est passé par un certain nombre de phases dont la plus importante, à mon avis, consiste à déterminer un axe dramatique. L'écriture d'un scénario exige en effet qu'on mette en place cette colonne vertébrale, autour de laquelle se fabriquera un « destin fictif ». Si l'axe dramatique est porteur, l'histoire trouvera tout naturellement ses ailes. L'absence d'une structure à laquelle on peut s'accrocher donne ce que j'appelle des textes invertébrés. C'est un piège. On aboutit souvent avec une coquille vide.

On pourrait comparer ces axes dramatiques aux lignes de la main. Elles viennent de directions opposées, se croisent, se côtoient et se confrontent avant de se séparer. Est-ce la *rivalité* qui les anime lorsqu'elles se mesurent ? Ou la *jalousie* ? *L'amour de l'interdit*, peut-être. Ou encore la *vengeance*. Les axes dramatiques, c'est le feu qui anime les personnages, qui les amène à se révéler et parfois à se consumer. Et tout ça est dans la vie. Autour de nous.

En fiction pure, on met parfois des jours et des semaines à trouver, à élaborer ces axes dramatiques et à développer des personnages autour d'eux. Dans le cas de la famille Lavigueur, un de ces axes dramatiques était déjà présent. Incrusté dans la vie. Une relation amour/haine entre Jean-Guy Lavigueur et sa fille Louise, qui allait se déployer sur toute la série pour finalement s'apaiser au dernier épisode avec la mort de cette dernière. Voyons la mécanique de cet axe dramatique amour/haine : Louise avait des « chums » que son père Jean-Guy n'aimait pas. Mais Louise était celle que son père aimait le plus. Ce qui n'a pas empêché Louise de choisir son chum pour se sortir plus rapidement de la misère, s'éloignant par le fait même de son père et de la pauvreté qu'il représentait. Scènes de la vie quotidienne. Les lignes de la main se sont croisées puis se sont éloignées. Sauf qu'il s'est produit un événement extraordinaire, comme au théâtre. Jean-Guy et ses enfants ont gagné des millions. Louise, elle, est restée dans la misère. C'est en développant cet axe dramatique amour/haine que le récit a trouvé sa forme finale, et que cette histoire est devenue ce qu'elle était depuis le début : une tragédie.

ÉPISODE 2

INT. / NUIT	CHAMBRE DE JEAN GUY, LOGEMENT LAVIGUEUR

Jean-Guy a le sommeil agité. Il transpire, se tourne et se retourne. À un moment, on l'entend marmonner :

JEAN-GUY

Micheline…

Il fait d'autres bruits avec sa bouche, repousse la couverture puis semble se calmer quelque peu.

INT. / NUIT	CHAMBRE DES GARÇONS, LOGEMENT LAVIGUEUR

Michel aussi a le sommeil agité. Il a un bras et une jambe qui dépassent de son lit étroit. Tout à coup, un cri retentit de l'autre côté de la cloison.

JEAN-GUY *(voix hors champ)*
MICHELINE !!!

Michel est réveillé, maintenant. Il regarde autour. Cherche à comprendre ce qui s'est passé. On le sent plus anxieux que son frère Yves, qui dort à poings fermés.

INT. / PETIT MATIN   LOGEMENT LAVIGUEUR

Jean-Guy tourne en rond dans le petit logement de la rue Logan. La barbe longue, le haut du pyjama froissé, il aboutit dans la cuisine où il ouvre la boîte à cigarettes. Mais il a beau chercher, il n'y en a aucune qui soit déjà roulée. Abattu, il attrape la machine à rouler le tabac et tente de s'en faire une. Mais il est maladroit. Sa première cigarette est aussi mal en point que lui.

INT. / JOUR   AUTO DE JEAN-GUY

Jean-Guy est au volant de sa vieille Chrysler. Il passe devant l'édifice de la United Bedding. L'usine est fermée, maintenant. En ralenti, on voit le gros cadenas sur la chaîne de la grille d'entrée et des placards «À VENDRE» sur la clôture. Image désolante. Jean-Guy accélère. La vieille Chrysler s'éloigne.

INT. / JOUR   CUISINE, LOGEMENT LAVIGUEUR

La mort rôde dans l'image. Une carte mortuaire à la mémoire de Micheline sert de signet pour le livre des comptes. Sylvie, qui refait méticuleusement ses calculs, est contrariée :

> SYLVIE
> Ça balance pas! *(Jean-Guy déambule dans la pièce, cigarette à la main. Il se poste devant la porte donnant sur la cour.)* Ça va, papa?

Il la regarde, l'air insulté.

> JEAN-GUY
> Pourquoi tu me demandes ça? Tu la sais, la réponse!

> SYLVIE
> Pour que tu dises quelque chose. On t'entend plus. On sait pas ce que tu penses.

Il l'ignore. Elle insiste :

SYLVIE

Ça fait six mois, papa! La vie continue. *(Il tire sur sa cigarette.)* Faut que tu te ramasses! Ç'a pas de bon sens!

JEAN-GUY

Ça, c'est vrai! Ça pas de bon sens!

Il continue de regarder dehors, du côté de la ruelle. Sylvie soupire en repoussant le livre de comptabilité sur la table.

EXT. / JOUR   COUR ARRIÈRE, APPARTEMENT DE JOHNNY

Johnny bricole sa Harley sous l'escalier en colimaçon, dans la cour arrière de son logement. Les mains pleines de graisse, il relève les yeux et murmure, manipulateur:

JOHNNY

C'est le temps de faire ton *move*. J'suis sûr qu'il va être ben content d'en voir partir une, ton père.

LOUISE

Ça marche pas comme ça chez nous. Surtout depuis que ma mère est morte.

JOHNNY

T'es pas une enfant! *(Johnny sait qu'il l'a déstabilisée. Il se remet à bricoler son moteur et précise, presque avec désintérêt:)* Si tu veux pas v'nir rester avec moi, faut le dire. J'vais regarder ailleurs!

Louise est coincée.

LOUISE

Mon père me laissera jamais partir! Faut que j'finisse mon école. *(Johnny l'ignore et se débat plutôt avec un boulon.)* J'peux ben aller le voir… essayer de lui parler.

JOHNNY *(la coupant)*

C'est toi qui dis que tu veux pas vivre avec une gang de *losers*. Faut que tu te décides!

Louise ne trouve rien à répondre.

INT. / JOUR	HANGAR, LOGEMENT LAVIGUEUR

Le visage noirci et les vêtements sales, Jean-Guy s'adonne à son curieux passe-temps, qui consiste à dénuder de vieux fils électriques pour en récupérer le cuivre. Cinq boules jaunâtres sont alignées sur son établi. Les gaines de plastique continuent de s'accumuler au sol. Jean-Guy est habile dans ce travail fastidieux.

INT. / JOUR	CUISINE, LOGEMENT LAVIGUEUR

Coupe franche. Jean-Guy est assis au bout de la table, bien lavé, bien peigné. Il porte une chemise blanche, un jeans propre et il a le regard grave. Devant lui, Yves, Sylvie et Michel mangent leur pâté chinois avec appétit.

JEAN-GUY

Louise? Elle venait pas souper?

MICHEL

Si t'attends après Louise, on saura jamais c'que t'as à nous dire.

Jean-Guy regarde le plus jeune, habituellement si discret, et se décide:

JEAN-GUY

Là euh… j'ai plus le choix… *(Ils le regardent, intrigués. Silence.)* J'vais être obligé de me mettre sur le bien-être… *(Sylvie a un soupir de soulagement. Son père la regarde sans comprendre.)* Je fais pas ça de gaieté de cœur… mais j'trouve pas de job, pis mon chômage est fini.

SYLVIE

C'est juste ça que tu veux vous dire!? *(Elle croise le regard de ses frères.)* Pas la peine de t'énerver comme ça!

YVES

Mon oncle Souris est là-dessus, lui!

JEAN-GUY

Laisse faire ton oncle Souris!

SYLVIE

De toute façon, ça peut pas continuer, p'pa. J'ai rien
pour payer le loyer, ce mois-ci!

Jean-Guy baisse les yeux. Émue, Sylvie n'ose pas aller plus loin. La gorge serrée, le paternel enchaîne :

JEAN-GUY

Je voulais vous le dire... parce que le premier chèque va
arriver d'un jour à l'autre. *(Un temps.)* ... j'ai ben de la
misère avec ça!

L'oncle Souris dévale l'escalier en colimaçon extérieur. Il entre dans la cuisine comme s'il était chez lui.

L'ONCLE SOURIS *(brandissant le journal)*

Le gros lot est rendu à sept millions et demi!

Jean-Guy s'étire le cou au bout de la table. Sylvie, Yves et Michel voient dans l'arrivée de leur oncle une bouffée d'air frais.

L'ONCLE SOURIS *(ouvrant le journal)*

Check ça! Sept millions quatre cent cinquante mille...

YVES

C'est le temps de sortir ta machine, p'pa!

L'ONCLE SOURIS *(boute-en-train)*

Le tirage est après-demain soir!!!

JEAN-GUY *(bougon)*

Là vraiment, Souris, tu tombes mal! Tu tombes ben
mal!

L'ONCLE SOURIS

Voyons donc!

Yves et Michel se lèvent déjà. Sylvie ramasse les assiettes.

INT. / JOUR	SALON, LOGEMENT LAVIGUEUR

L'oncle Souris verse délicatement les billes numérotées dans le tambour de « la machine ». Il prend son rôle au sérieux. Plus loin, au bout du divan, Jean-Guy a les bras croisés, regarde les choses de loin et ne s'amuse pas du tout. Même l'apparition de Louise, dans l'entrée du salon, ne parvient pas à le sortir de sa torpeur. Provocante, elle lance:

LOUISE

J'sais pas c'que vous avez à niaiser avec c'te machine-là.
C'est pas ça qui va vous faire gagner!

Les yeux se tournent vers la nouvelle venue.

L'ONCLE SOURIS

On peut toujours espérer!

LOUISE

Ben oui! C'est ça… espère!

Jean-Guy, qui ne l'a pas quittée des yeux, murmure d'une voix neutre:

JEAN-GUY

La question c'est: le mets-tu ton deux piastres ou tu le mets pas?

LOUISE *(sourire en coin)*

Jamais de la vie! J'trouve ça assez niaiseux!!!

YVES

Hey! Louise… fais-tu exprès, là?

LOUISE

De toute façon, j'vous achalerai pas longtemps. J'vas déménager avec Johnny.

Tout s'arrête net dans le salon. Plus personne ne s'intéresse à la machine, maintenant. Tous les regards vont de Jean-Guy à Louise. Le paternel finit par laisser tomber :

JEAN-GUY

Louise, tu sais que tu déménages nulle part! Tu restes icitte!

Louise tente de protester. Il la devance :

JEAN-GUY *(élevant la voix)*

On s'est entendus avec ta mère pis c'est de même!!!

Incapable de soutenir son regard, Louise pivote sur ses talons, passe à la cuisine et sort en claquant la porte. Le petit rituel autour du boulier reprend dans le salon.

INT. / NUIT   **CUISINE, LOGEMENT LAVIGUEUR**

Sylvie est à la table de la cuisine en train de faire des cigarettes pour son père avec la machine. Assis sur la chaise berçante de Micheline, Jean-Guy boit une bière dans un verre de Coke. Il se parle à lui-même, ce qui intrigue Sylvie.

SYLVIE

Qu'est-ce que tu dis, papa?

JEAN-GUY *(surpris)*

Ah? euh… rien.

Jean-Guy s'est retourné. Il croise le regard insistant de sa fille, aperçoit les cigarettes qu'elle a faites et se lève :

JEAN-GUY

Je disais que de l'argent, j'peux pas en inventer.

SYLVIE

Ça va s'arranger. Tu vas voir.

Jean-Guy pose son verre vide sur la table et prend une des cigarettes de Sylvie. En la palpant du bout des doigts, le sourire lui revient :

JEAN-GUY

Hey, sais-tu que t'es aussi bonne que ta mère, toi !

Sylvie le gratifie d'un sourire.

INT./NUIT   APPARTEMENT DE JOHNNY, RUE FRONTENAC

Johnny et Louise sont étendus sur le lit. Ils ont fait l'amour. Elle flotte dans un T-shirt trois fois trop grand pour elle et minaude en l'embrassant dans le cou :

LOUISE

… on peut continuer à sortir ensemble. Je couche ici de temps en temps. Mais je garde ma place à la maison. Ça change rien. *(Johnny ne réagit pas.)* T'sais, mon père… c'est *rough* pour lui de ce temps-là. *(Un temps.)* Si je m'en vais en plus… il va capoter. *(Johnny se redresse brusquement dans le lit. Les traits fermés, il enfile un jeans et sort de la chambre.)* Ben voyons ! Énerve-toi pas !

Bondissant hors du lit, elle le rattrape dans la cuisine. Debout devant la porte ouverte du frigo, il gueule en cherchant une bière :

JOHNNY

T'as toujours des bonnes raisons ! Là, c'est ton père qui « freake »…

LOUISE

Prends-le pas de même !

Avec une lassitude exagérée, Johnny se tourne vers elle :

JOHNNY

Fais de l'air ! J't'ai assez vue !

LOUISE

C'est parce que…

JOHNNY

Es-tu sourde ?! Décrisse, j'te dis ! J't'ai assez vue !

L'oncle Souris s'avance en sifflant dans la ruelle. Il bifurque dans la cour arrière des Lavigueur et aperçoit Jean-Guy, assis dans l'escalier. Il brandit cinq billets de 6/49.

2

L'ONCLE SOURIS

Je les ai!

Jean-Guy a un verre de bière dans une main et une cigarette dans l'autre. Il sort son porte-monnaie, prend les billets de l'oncle Souris et les glisse dans le portefeuille. Le beau-frère s'installe sur la chaise berçante de Micheline.

JEAN-GUY

C'est pas ça que j'aurais dû lui dire.

L'ONCLE SOURIS *(agitant la main)*

Ahhh! On fait tous ça! Sur le coup, on bredouille quelque chose. Après, on se dit: j'aurais dû dire ça ou ça… *(Jean-Guy se referme.)* Mais t'as ben fait de lui dire, à Louise. J'pense qu'elle a compris, cette fois-ci. *(Jean-Guy en est moins sûr.)* Micheline aurait fait exactement pareil. *(À force de se faire amadouer, Jean-Guy finit par être flatté.)* Mais c'est pas une raison pour prendre une brosse!

JEAN-GUY

J'suis pas soûl!

L'oncle Souris tend la main pour lui prendre sa bière. L'autre se renfrogne et refuse de la donner.

L'ONCLE SOURIS

Envoye! Donne-moi ta bière! *(Frustré, Jean-Guy se lève en la vidant d'un seul trait.)* Où est-ce que tu vas de même?

JEAN-GUY

Faire un tour de char.

L'ONCLE SOURIS
Ben non! Pas emmanché comme t'es là!

JEAN-GUY *(s'énervant)*
Cou'donc! Te prends-tu pour Micheline, toi? *(Avec défi.)* J't'ai pas marié!

Il passe dans la cuisine. Sylvie, faisant ses devoirs à la table, s'inquiète:

SYLVIE
P'pa! Où est-ce que tu t'en vas, là?

JEAN-GUY *(exaspéré)*
Au cimetière! Faut-tu que j'demande la permission astheur pour aller voir ma femme?

Jean-Guy enfile le corridor d'un pas mal assuré et sort en claquant la porte. Échange de regard entre Sylvie et l'oncle Souris. Michel se faufile dans le corridor lui aussi.

EXT. / NUIT	DEVANT LE LOGEMENT LAVIGUEUR, RUE LOGAN

La démarche nettement moins assurée, Jean-Guy se dirige vers la vieille Chrysler en fouillant dans ses poches. Il trouve le trousseau de clefs dans sa poche arrière. En le retirant, son porte-monnaie tombe dans le caniveau. C'est de peine et de misère que Jean-Guy monte dans la voiture. Aussitôt le moteur lancé, il s'en va.

EXT. / PETIT MATIN	RUE LOGAN

Deux livreurs distribuent des circulaires rue Logan. Ils déposent des imprimés devant chaque porte. Non loin du logement des Lavigueur, un des livreurs trouve le porte-monnaie de Jean-Guy dans le caniveau. Il jette un coup d'œil à l'intérieur puis regarde autour, comme s'il se demandait à qui il appartient. Après une courte hésitation, le livreur glisse le portefeuille dans sa poche et continue son travail.

Louise et Sylvie sont assises côte à côte sur un des lits. L'aînée a peur. Un mélange de deuil et de frayeur plane sur son visage.

SYLVIE

Ça m'a frappée tout d'un coup. Je faisais le ménage dans les affaires de maman… J'regardais les photos… *(Elle cherche le regard de sa sœur.)* C'est juste les femmes qui meurent dans la famille. Maman… les deux p'tites. Les gars meurent pas.

LOUISE

Ah Sylvie, t'es déprimante! C'est pour ça que j'veux m'en aller aussi! C'est tellement *loser* ici!

SYLVIE

Penses-tu que ça va être mieux avec un gars de bicycle?

LOUISE *(la larme à l'œil)*

Mais je l'aime, Johnny!

Sylvie lui caresse les cheveux.

SYLVIE

Il y en aura d'autres. *(Pendant que sa cadette renifle, Sylvie enfonce le clou:)* C'est pas si pire que ça! Il te reste un an à faire à l'école. Il peut arriver plein d'affaires dans un an. Tu peux rencontrer plein de monde.

Jean-Guy entre dans la chambre sans frapper, l'air complètement perdu.

JEAN-GUY

Sylvie, t'aurais pas vu mon porte-monnaie? *(Les deux filles se retournent, surprises. L'œil sévère, Jean-Guy dévisage Louise.)* T'as couché ici, toi, hier soir?

SYLVIE

Ben oui, p'pa! C'est toi qui es rentré tard.

JEAN-GUY *(balbutiant)*

Ah oui, euh… *(Il évite le regard de Louise.)* J'sais pas où
j'ai laissé traîner ça.

*Il sort de la chambre de la même façon qu'il est entré. Laissant le silence
derrière lui.*

INT. / NUIT	TAVERNE

**La taverne est vide. Là où se rassemblaient les travailleurs syndiqués,
il y a maintenant des machines à sous. Jean-Guy a le moral dans les
talons. Il y a trois verres vides devant lui et il tète une quatrième bière,
alors que l'oncle Souris boit son habituel verre de lait.**

JEAN-GUY

J'avais tous mes papiers là- dedans, moi! Mon permis de
conduire, toute… *(Découragé:)* J'peux pas voir où est-ce
que j'ai mis ça.

L'ONCLE SOURIS *(cabotin)*

C'était pas toi, le gars chanceux?!

JEAN-GUY

Hey! Ris pas. C'est pas drôle. Va falloir remplir des for-
mules, des papiers… *(Il avale un gorgée.)* C'est Micheline
qui s'occupait de ça.

L'ONCLE SOURIS

C'est pas la fin du monde. Sylvie va le faire à sa place.
(Un temps.) J'irai au bureau des licences avec toi. J'vais
t'aider!

JEAN-GUY *(sec)*

J'en ai pas besoin, de ton aide! *(Jean-Guy est plus ivre
qu'à l'habitude Il a du mal à articuler.)* Tout le monde

veut m'aider… mais y'a personne qui fait rien! J'veux une job, moi! J'veux pas d'aide sociale… pis j'en veux pas, de ton aide… *(Il fait un grand geste.)* J'ai jamais eu besoin d'aide!

L'ONCLE SOURIS

T'es trop fier, mon Jean-Guy! Tu vas avoir ton premier chèque de B.S., pis tu le prends pas. C'est ça, ton problème. Mais ç'est pas la fin du monde, ça.

JEAN-GUY

Hey christ! J't'ai-tu demandé ton opinion, toi!!! Si ça te dérange pas, toi, d'être là-dessus…

L'oncle Souris fait un geste de la main, comme s'il savait déjà ce que Jean-Guy allait dire.

JEAN-GUY *(marmonnant)*

J'veux juste que ça revienne comme avant, c'est toute.
(Un temps.) Pis que Louise…

Souris l'interrompt:

L'ONCLE SOURIS

J'SAVAIS!!! J'étais certain que t'allais parler de Louise! Ton chèque de B. S, ça te fatigue, mais c'est rien à côté d'elle. *(Insistant.)* C'est ça? C'est-tu ça? Tu voudrais qu'elle prenne son trou la p'tite maudite, au lieu de se tenir avec un gars de bicycle…

Jean-Guy regarde le beau-frère, incrédule.

JEAN-GUY

Hey! Jean-Marie! Arrête, là! Mêle-toi de tes affaires pour un boutte. Ça, ça m'aiderait!

L'oncle Souris fait mine d'être vexé. Jean-Guy respire bruyamment. Et le beau-frère revient à la charge:

L'ONCLE SOURIS

Tu veux pas le voir, mais Louise, elle finira pas son école!
(Il mesure son effet.) Pis t'auras beau faire ce que tu veux,
tu pourras pas la garder à la maison non plus. *(La colère
remonte aussitôt chez Jean-Guy. Souris tente d'atténuer:)*
Mais c'est correct. C'est correct. C'est pas plus grave que
ça!

JEAN-GUY

Oui, c'est grave! J'ai donné ma parole à Micheline.
Souris essaie toujours de le contenir:

L'ONCLE SOURIS

La vie continue, Jean-Guy! C'est juste que l'histoire est
rendue plus loin. Louise, elle est déjà partie! Que tu le
veuilles ou non!

JEAN-GUY

Te vois-tu, là? Te vois-tu faire? C'est rendu que tu
penses à ma place. Tu penses pour moi!!!
*Tout en faisant signe que non, Souris lève le bras et lance en direction du
serveur:*

L'ONCLE SOURIS

Ti-Paul! Amène-lui-en une autre, s'il te plaît!
*C'est la goutte qui fait déborder le verre. Jean-Guy se lève. Chancelant, il
avise le beau-frère droit dans les yeux:*

JEAN-GUY

Tu l'as encore fait, là!
Il regarde le serveur remplir un verre au bar.

JEAN-GUY

Tu l'as commandée. T'a boiras!

L'ONCLE SOURIS
Non, mais va-t'en pas! On jase!

Jean-Guy quitte la taverne d'une démarche plus ou moins assurée, alors que Ti-Paul, le serveur, arrive avec son verre de bière.

INT. / NUIT	CHAMBRE DES GARÇONS / CORRIDOR, LOGEMENT LAVIGUEUR

Yves et Michel dorment dans la minuscule chambre qu'ils partagent, quand tout à coup quelqu'un se met à frapper à la porte. Michel se réveille en sursaut.

MICHEL
C'est quoi?

Yves se lève lui aussi. Avec Michel, il sort dans le corridor. On frappe encore plus fort à la porte maintenant et on entend quelqu'un crier en anglais.

UN INCONNU *(voix hors champ)*
Anybody there? I got to talk to you!!! It's important!

Craintifs, les deux garçons s'avancent vers la porte. Sylvie sort elle aussi de sa chambre.

SYLVIE
Qu'est-ce qui se passe?

YVES
J'sais pas. C'est peut-être Johnny.

LOUISE *(du tac au tac)*
Ben voyons! Johnny parle pas anglais!

On se rend compte que Louise s'est aussi levée. Ils sont tous les quatre dans le corridor et les coups sont de plus en plus insistants à la porte. Yves attrape un bâton de baseball et s'approche. Sans ouvrir, il hurle :

YVES

Y'a du monde qui dort, icitte! *(Le bruit cesse immédiatement de l'autre côté. Encouragé, il crie encore plus fort :)*
Sacre ton camp ou bien on appelle la police!

Prenant son courage à deux mains, il ouvre la porte en brandissant le bâton. Mais il n'y a personne. Il regarde prudemment à l'extérieur et ne voyant rien, il referme la porte.

INT. / PETIT MATIN   CUISINE, LOGEMENT LAVIGUEUR

Jean-Guy apostrophe Louise dans la cuisine :

JEAN-GUY

C'est quoi, cette histoire-là!? Johnny qui vient varger dans la porte en pleine nuit!

LOUISE

J'te dis que c'est pas Johnny!
Le regard de Jean-Guy va de Yves à Sylvie, debout dans l'entrée de la cuisine

SYLVIE

C'est peut-être juste quelqu'un qui s'est trompé de porte.

JEAN-GUY

Ben voyons donc!!!
Louise se pompe.

LOUISE

C'est complètement «fucké»! On dirait que tu nous prends encore pour des enfants de dix ans! *(Elle se prend la tête.)* Là, c'est à savoir qui est-ce qui t'a conté une menterie! Réveille, p'pa! On est rendus ailleurs!!!
Jean-Guy l'avale de travers.

JEAN-GUY

Regarde, tu vas te mettre une chose dans la tête, toi!
Tant que tu restes ici, tu fais ce que je dis, O.K.? *(Un
temps.)* Et si ça fait pas ton affaire, t'es pas obligée de
rester!

Louise est combative. Sylvie et Yves ne savent plus où se mettre.

LOUISE

Un jour, tu me dis que j'suis pognée ici jusqu'à dix-huit
ans. Pis le lendemain, tu me dis de partir! C'est quoi
l'affaire?

Jean-Guy explose:

JEAN-GUY

R'garde! Prends-la donc, la porte, qu'on ait la maudite
paix!

*L'image s'interrompt sur le visage de Louise, qui hoche la tête. Le message ne
peut être plus clair.*

INT. / JOUR   **SALON, LOGEMENT LAVIGUEUR**

**Jean-Guy est écrasé sur le divan. Un quiz américain passe à la télé. Le
décor tourne autour d'une immense roue de fortune. Un animateur
souriant distribue ses prix clinquants à la télé. Une date apparaît à
l'écran: LE 1ᵉʳ AVRIL 1986. On croit que le paternel écoute cette
émission... mais en fait, il dort. Ses traits sont détendus. Mais voilà
que quelqu'un frappe à la porte. Il se réveille en sursaut.**

JEAN-GUY

Hey!?

*Papillonnant des yeux, il regarde autour, se redresse péniblement... et se di-
rige vers l'entrée.*

INT. / JOUR   **ENTRÉE, LOGEMENT LAVIGUEUR**

Jean-Guy est d'humeur massacrante.

JEAN-GUY

Ouais, ouais, j'arrive!

Il ouvre la porte et se retrouve nez à nez avec Bill McIntyre, le livreur de circulaires, maintenant coiffé d'un chapeau à la Indiana Jones. Il pleut. L'homme, qui dégouline, tend timidement la main.

BILL McINTYRE

Hello! I'm Bill…

JEAN-GUY *(sans le laisser finir)*

T'es qui, toi?

BILL McINTYRE

I've got something for you!

JEAN-GUY

Pas un témoin de Jéhovah?

Jean-Guy tente de refermer la porte. Bill McIntyre insiste :

BILL McINTYRE

No, no!!! (Cherchant ses mots.) I'm, I'm… (Son regard s'éclaire dans la lumière grise et pluvieuse.) I'm… la Père Noël!!!

JEAN-GUY

Non, non! Le poisson d'avril, ils me l'ont déjà fait, à matin. *(Énervé, Jean-Guy tente d'en finir.)* J'ai pas de temps à perdre, là! Va les faire ailleurs, tes niaiseries! *(Dans un réflexe, Bill McIntyre sort le portefeuille de Jean-Guy et le brandit devant ses yeux. Le paternel change immédiatement d'attitude :)* Ah ben maudit… c'est pas vrai! T'as trouvé mon porte-monnaie! *(Il le lui prend des mains et l'ouvre. Tout y est : le permis de conduire, les quelques dollars, le carton mortuaire de Micheline…)* Hey… tu peux pas savoir comment tu me fais plaisir, toi, là! *(Dehors, la pluie s'intensifie. Lorsque Jean-Guy lève les yeux, il se rend compte que Bill McIntyre tient un billet de 6/49 dans ses mains.)* Ah! T'as même les billets!

D'un geste mesuré, McIntyre retourne le billet en question pour le mettre bien à la vue de Jean-Guy. On peut y voir une signature.

JEAN-GUY *(sourire figé)*

Ah… tu l'as déjà signé?

Bill McIntyre acquiesce… et précise:

BILL McINTYRE

It's the winning ticket!

Il agite le billet avec enthousiasme cette fois:

BILL McINTYRE

LA PÈRE NOËL… LA PÈRE NOËL!

On a l'impression que Jean-Guy va défaillir. Un éclair déchire l'image.

JEAN-GUY

T'es pas sérieux, toi!?

BILL McINTYRE

You can check the number if you want… (Il remet le billet à Jean-Guy.) La gagnant! La gagnant!!!

Le paternel n'en revient tout simplement pas. Lorsqu'un coup de tonnerre retentit, il se ressaisit et tend la main à McIntyre.

JEAN-GUY

Envoye! Entre… entre sacrament! Reste pas planté de même à la pluie. *(Jean-Guy ne parvient pas à s'arracher les yeux du billet, tandis que McIntyre entre et se met à l'abri. Du coup le paternel se met à crier:)* SYLVIE!!! YVES… MICHEL!!!…

À l'extérieur, un nouvel éclair déchire le ciel et nous sert de transition.

Les flashes des photographes crépitent. Devant une meute de journalistes, Jean-Guy, ses trois enfants, l'oncle Souris et Bill McIntyre, avec son chapeau à la Indiana Jones, tiennent une immense reproduction du chèque de sept millions six cent cinquante mille deux cent soixante-sept dollars. D'une seule voix, les Lavigueur crient :

TOUS ENSEMBLE
YÉ !!! ON EST MILLIONNAIRES !

Jean-Guy passe un bras autour du cou de Bill McIntyre et le presse contre lui. Le livreur de circulaires est un bon bougre, encore tout ébahi par ce qui lui arrive.

On est devant une journaliste de la télé, micro à la main, faisant son intro en direct :

ANIMATRICE
Sept millions six cent cinquante mille deux cent soixante-sept dollars… c'est le montant que vient de remporter monsieur Jean-Guy Lavigueur, un père de famille de l'est de Montréal, veuf et vivant d'aide sociale depuis de nombreuses années.

Jean-Guy se tient en retrait sur le plateau improvisé, en compagnie de Pascal Grandbois, un représentant de Loto-Québec. L'oncle Souris, Sylvie, Yves et Michel leur tournent autour. McIntyre, une bière à la main, se tient un peu plus loin.

JEAN-GUY
Hey, qu'est-ce qu'elle a dit, elle, là !? Je suis pas sur le bien-être, moi !

PASCAL GRANDBOIS
Ah non… ? *(Franchement désolé.)* Écoutez, c'est ce qu'on m'avait dit.

JEAN-GUY *(irrité)*

C'est pas vrai, ça! J'ai travaillé toute ma vie!

Pascal Grandbois regarde du côté de l'animatrice, qui parle toujours à la caméra. Puis il tente de se faire rassurant :

PASCAL GRANDBOIS

On va arranger ça. On va arranger ça. Je vais lui parler.

INT./JOUR   APPARTEMENT DE JOHNNY, RUE FRONTENAC

Louise ramasse les vestiges du *party* de la veille. Au nombre de bouteilles vides qu'elle entasse dans les caisses, ça a fêté fort! L'appartement est sens dessus dessous et Johnny gît à moitié comateux sur le divan. Une fois les caisses de bouteilles vides bien empilées, Louise s'attaque à la vaisselle qui recouvre littéralement le comptoir. Moment de découragement. Alors qu'elle entreprend de vider l'évier, le gros téléviseur du salon s'allume. La commande à distance à la main, Johnny vient d'ouvrir un œil :

JOHNNY *(la bouche pâteuse)*

Hey bébé! J'ai soif…

Il change de poste en dirigeant la télécommande vers la télé :

JOHNNY

Tu m'apporterais pas un verre d'eau?

Louise s'essuie le front du revers de la main.

INT./JOUR   SALON DES MILLIONNAIRES, LOTO-QUÉBEC

L'animatrice pointe son micro vers Jean-Guy. Celui-ci affiche un air austère.

L'ANIMATRICE

D'abord, toutes mes félicitations, monsieur Lavigueur!

C'est une véritable fortune qui vous tombe dessus…

L'oncle Souris et les enfants serrent les rangs derrière le paternel. Ils sont tous dans l'image télé sauf McIntyre.

JEAN-GUY

Ah, mais j'suis pas tout seul, hein… je… *(Un geste vers les siens.)* On est… c'est la famille qui a gagné.

L'ANIMATRICE

La famille! C'est ça! Un billet acheté en groupe. Mais il s'est quand même passé quelque chose de spécial, je crois… une histoire extraordinaire.

Jean-Guy se rend compte que Bill McIntyre est resté à l'écart. Il sort momentanément du groupe et attrape le livreur de circulaires par le bras. Le geste fait rire les autres. Jean-Guy se prend au jeu.

JEAN-GUY

Hey, ce gars-là nous a mis au monde! J'pense qu'il faut le dire parce que… c'était le temps qu'il se passe de quoi!

INT. / JOUR   APPARTEMENT DE JOHNNY, RUE FRONTENAC

Johnny se redresse sur le divan pour boire le verre d'eau que lui a apporté Louise. Il aperçoit les caisses de bière.

JOHNNY *(montrant du menton)*

Faudrait ramener ça au dépanneur, hein…

Il se recale dans les coussins et se remet à zapper.

JOHNNY

Tu garderas l'argent des vides.

Louise soupire.

INT. / JOUR   SALON DES MILLIONNAIRES, LOTO-QUÉBEC

Jean-Guy serre Bill McIntyre contre lui en lui tapotant l'épaule.

JEAN-GUY

Bill… he's winner, too! (À l'animatrice.) On a décidé qu'il avait gagné, lui aussi!

Derrière eux, Sylvie, Yves, Michel et l'oncle Souris approuvent.

L'ANIMATRICE

Est-ce que vous pouvez nous expliquer comment ça s'est passé ?

JEAN-GUY

C'est parce que... J'avais perdu mon porte-monnaie, voyez-vous. Et le billet était dedans.

L'animatrice se tourne vers les caméras. Son enthousiasme est bien senti.

L'ANIMATRICE

C'est quand même extraordinaire, mesdames et messieurs ! Un billet de sept millions et demi de dollars... perdu et retrouvé !

Jean-Guy est gagné par l'enthousiasme de l'animatrice. Le bras autour de l'épaule de McIntyre, il est nettement plus exubérant.

INT. / JOUR   APPARTEMENT DE JOHNNY, RUE FRONTENAC

On est avec Johnny qui zappe devant la grosse télé. Le visage souriant de Jean-Guy apparaît à l'écran. Le motard se redresse instantanément.

JEAN-GUY *(à la télé)*

On avait acheté le billet à cinq... comme on fait d'habitude ! Mais là, pour le remercier de nous l'avoir ramené... on a décidé de diviser en six.

Johnny n'en revient pas.

JOHNNY

Hey, Louise ! *Check* ça !

Les deux mains dans l'évier, Louise ne réagit pas tout de suite. On entend l'animatrice à la télé, maintenant :

L'ANIMATRICE *(voix hors champ)*

Beau geste ! Très beau geste ! Donner un million deux cent soixante-quinze mille dollars à quelqu'un, comme ça... C'est pas tout le monde qui l'aurait fait !

Johnny est debout devant la télé.

JOHNNY

Viens voir! C'est ton père! *(Louise s'approche, un torchon dans les mains.)* Ç'a pas d'allure! Ça se peut pas!

LOUISE

Qu'est-ce qu'y a?

JOHNNY

Il vient de donner un million à un gars!

LOUISE

Un poisson d'avril, voyons!

JOHNNY

Non, non! C'est vrai! Regarde! Ils ont gagné la 6/49!

À l'écran, on voit toujours Jean-Guy, Bill McIntyre et les autres. Louise marche de long en large dans l'appartement, alors que Johnny s'approche de la télévision.

JOHNNY *(levant le ton)*

Ils ont gagné, j'te dis! Sept millions cinq cent mille piastres!

Louise a les yeux rivés à la télé.

LOUISE

Arrête! J'entends rien! *(Excitée.)* On a-tu gagné pour vrai? C'est-tu ça?

Johnny hoche ostensiblement la tête.

LOUISE

OSTIE DE TABARNAK!!!

INT./JOUR   SALON DES MILLIONNAIRES, LOTO-QUÉBEC

Entouré de sa famille, Jean-Guy est toujours en interview à la télé. Des journalistes de la presse écrite regardent la scène à distance en attendant leur tour. **Les couteaux volent bas. L'un d'eux, qui a des allures de patron, laisse entendre :**

DONALD PEDNAULT
On devrait faire pas mal de millage avec ça !

SYLVAIN GAMACHE
C'est pas banal ! Ils sont sur le bien-être, ils perdent le billet gagnant et ils le retrouvent... le 1er avril !

FRANK LEMIEUX
C'est pas ça, Cendrillon ?

On ignore la remarque de celui qui vient de parler. Frank Lemieux est un vieux journaliste mal dégrossi qui n'a pas la cote, de toute évidence. Pednault ne s'intéresse qu'à Gamache.

DONALD PEDNAULT
J'veux que tu les suives une couple de jours. Fouille !
Check c'qui se passe.

SYLVAIN GAMACHE
Quelques jours... j'suis pas sûr. Y'a pas tant de choses à dire que ça !

DONALD PEDNAULT
Une bonne histoire, c'est une bonne histoire !
Gamache grogne en regardant Lemieux de haut.

SYLVAIN GAMACHE
C'est mieux que de faire les chiens écrasés, en tout cas !

Frank Lemieux est humilié. L'énigmatique Pednault s'en va. Le direct télé vient de se terminer. Pascal Grandbois, le relationniste de Loto-Québec, entraîne les gagnants vers les journalistes de la presse écrite. Lorsque Jean-Guy Lavigueur arrive à leur hauteur, Gamache prend tout de suite les devants :

SYLVAIN GAMACHE

Monsieur Lavigueur! Dites-moi donc! C'est quoi la
première chose que vous allez vous acheter avec votre
argent? Une voiture?

JEAN-GUY

Ah non, non! Moi, j'ai ma Chrysler... une soixante-
dix-sept. Pis est correcte.

SYLVAIN GAMACHE *(racoleur)*

Arrêtez-moi ça, là! Vous devez ben avoir une petite envie de la changer, quand même?

JEAN-GUY

Non, non, non! A marche bien!

*Le caméraman d'une autre chaîne se joint aux journalistes et braque son
éclairage violent sur le visage de Jean-Guy. Le nouveau millionnaire n'a pas
l'habitude. Aveuglé, il se met une main au-dessus des yeux. Frank Lemieux se
glisse dans la conversation:*

FRANK LEMIEUX

Non, mais il doit bien y avoir un p'tit quelque chose que
vous aimeriez avoir, quand même?

INT./JOUR   APPARTEMENT DE JOHNNY, RUE FRONTENAC

On est sur le visage de Louise. Elle est dans un état second.

LOUISE

Non, mais ça se peut-tu! J'rêve pas, là, hein?!

JOHNNY

Ça fait dix minutes que j'te le dis! Ils ont frappé le *jack
pot*! *(Johnny continue de zapper. Louise se met à faire les
cent pas dans la pièce. Une nouvelle image de Jean-Guy
surgit à l'écran.)* R'garde! Ils sont sur tous les postes!
C'est la grosse affaire!

Toujours aveuglé par l'éclairage violent du caméraman, Jean-Guy lance à la blague :

JEAN-GUY

Euh… j'vais m'acheter un camion de bière, j'pense! J'vas le mettre dans la rue devant la maison… comme ça, j'aurai plus besoin d'aller en acheter au dépanneur!

Jean-Guy rigole, comme s'il se trouvait drôle.

LOUISE *(angoissée)*

Sept millions cinq cent mille piastres! Pis ils en ont déjà donné un, là-dessus!

JOHNNY

Énerve-toi pas, là. Tu vas l'avoir, ton million, toi aussi!

Comme si Johnny lui tendait une perche inespérée, Louise revient vers lui en murmurant :

LOUISE

Tu penses?

INT./JOUR   SALON DES MILLIONNAIRES, LOTO-QUÉBEC

La fête a gagné en intensité! Déjà en mission, Sylvain Gamache semble être devenu le meilleur ami d'Yves. Celui-ci se confie sans retenue :

YVES

La première chose que je m'achète, moi, c'est un char sport… j'sais pas lequel. J'ai pas eu le temps d'y penser encore. Mais il va être noir. Avec des *mag wheels*!

Gamache se montre intéressé. Lui et Yves frappent leurs verres alors que Jean-Guy, un verre de bière à la main, met son grain de sel :

JEAN-GUY

Les chars, les chars… y'a pas rien que ça! Sylvie va finir ses études. Elle veut être garde-malade. Pis Michel va faire un avocat.

SYLVAIN GAMACHE

Ah bon! C'est intéressant, ça!

YVES

Quand t'as sept millions et demi, tu peux tout faire!

Pascal Grandbois s'approche de Jean-Guy en donnant du coude aux journalistes qui l'entourent:

PASCAL GRANDBOIS

Il y a un téléphone pour vous, monsieur Lavigueur. *(Jean-Guy s'étonne. Sylvain Gamache tend l'oreille.)* C'est votre fille, je crois. Elle veut absolument vous parler!

JEAN-GUY

Louise?

Jean-Guy perd le sourire. Sylvain Gamache s'en rend bien compte. Sans plus, il s'éloigne à la suite de Grandbois. Intrigué, Gamache questionne Yves:

SYLVAIN GAMACHE

Je pensais que toute la famille était ici…

YVES *(fuyant)*

Non, non. Y'a Louise, aussi!

INT. / JOUR   SALON DES MILLIONNAIRES, LOTO-QUÉBEC / APPARTEMENT DE JOHNNY, RUE FRONTENAC

Louise tient le combiné contre son oreille. Sa voix est chevrotante, alors que Johnny, à ses côtés, cherche à entendre la conversation.

LOUISE

Non, j'aimerais mieux que tu viennes ici, toi… demain matin.

JEAN-GUY

On s'en va tous à la maison, là. Viens nous rejoindre!

Louise hésite. Johnny lui fait signe que non de la tête.

LOUISE

Non, non… j'peux pas, à soir!

On coupe sur un petit bureau jouxtant le salon des millionnaires. À l'autre
bout du fil, Jean-Guy, fumant nerveusement, ne sait trop que répondre.

JEAN-GUY

Mais là, qu'est-ce que tu veux me dire?

On revient à Louise. Elle cherche ses mots.

LOUISE

C'est pour savoir combien je vais avoir, moi, là-dedans!

JEAN-GUY *(d'une petite voix)*

Ah, j't'ai pas oubliée… on t'oubliera pas.

L'image se resserre sur Jean-Guy. Comme si une lueur d'espoir venait d'appa-
raître, il retrouve le sourire.

JEAN-GUY

J'suis content que t'aies téléphoné.

EXT. / MATIN   **RUELLE**

Yves et Michel font la course dans les ruelles sur leurs vélos de livrai-
son. Le sourire fendu jusqu'aux oreilles, ils poussent des cris en dé-
bouchant sur la rue Logan. Ils rangent leurs bécanes devant l'épicerie
Richard et gravissent les marches du petit commerce.

INT. / MATIN   **ÉPICERIE RICHARD**

Yves et Michel font irruption dans l'épicerie.

GAÉTAN RICHARD

Ah! Les millionnaires!

YVES *(hystérique)*

YOU-HOU!!!

Michel est tout aussi excité:

MICHEL

On est venus rapporter les bicycles!

Gaétan Richard se tourne vers l'arrière-boutique:

GAÉTAN RICHARD

Colette! Colette! Viens voir! Les p'tits gars sont là!

YVES

Hey, Hey! Les p'tits gars!

GAÉTAN RICHARD *(se reprenant)*

Ouais. Va falloir faire attention à ce qu'on vous dit,
astheur!

*Colette Richard s'avance dans l'épicerie, les bras chargés des journaux du
jour.*

YVES *(les poings levés)*

ON EST MILLIONNAIRES!

Colette Richard les embrasse chaleureusement.

COLETTE RICHARD

On est tellement contents pour vous autres!

GAÉTAN RICHARD

Comme ça... il va falloir qu'on se trouve d'autres
livreurs!

YVES

Vous pouvez être sûr!

MICHEL

Ça vous dérange pas trop, j'espère?

Colette Richard leur remet les journaux.

COLETTE RICHARD

Tenez! Prenez ça. Ils parlent juste de vous autres là-dedans!

Yves et Michel les regardent. Ils n'en reviennent tout simplement pas. Ici et là, on peut voir la photo prise avec le chèque surdimensionné de 7 millions.

YVES *(à Michel)*

Hey, *let's go*! On va aller leur montrer ça!

Les deux frères disparaissent aussi vite qu'ils sont apparus.

INT. / MATIN   **CUISINE, LOGEMENT LAVIGUEUR**

La table de la cuisine est couverte de journaux – français comme anglais – faisant état de l'incroyable histoire de la famille Lavigueur, gagnante d'un gros lot de 7 millions et demi de dollars, un premier avril! Sylvie fait la lecture d'un article du *Quotidien de Montréal* à son père:

SYLVIE

La famille Lavigueur, bénéficiaire de l'aide sociale depuis de nombreuses années, pourra maintenant compter sur un fabuleux trésor…

JEAN-GUY

Hey, hey! Le gars de Loto-Québec était supposé leur dire que c'était pas vrai! Qu'on a pas passé notre vie sur le bien-être!

YVES

Laisse faire, p'pa! C'est pas important!

JEAN-GUY

J'vais t'en faire, moi, «c'est pas important»! J'ai travaillé trente-quatre ans pour la United Bedding! Où est-ce que c'est écrit, ça?

Le geste brusque, Jean-Guy prend le journal. En mortaise sous le titre de l'article, on peut voir la photo de Sylvain Gamache.

JEAN-GUY

C'est c'te gars-là… *(Il se tourne vers Yves.)* C'est avec lui
que tu parlais, hier.

Habituellement discret, Michel a un cri du cœur:

MICHEL

P'pa! T'es riche! Ceux qui écrivent là-dedans, c'est des
cassés. Occupe-toi pas de ça!

Rien n'y fait. Jean-Guy regarde l'article et surtout la photo de son auteur,
comme s'il était sur le sentier de la guerre. Une voix les fait sursauter:

MARIETTE

Sylvie? Viens-tu à l'école? *(Ils se retournent tous en même*
temps. Mariette, la compagne de classe de Sylvie, est là.)
J'vous ai vus à la télévision, hier soir! *(Un temps.)* Chez
nous, ils en revenaient pas!

SYLVIE

Nous autres non plus!

Toujours contrarié, Jean-Guy s'allume une cigarette:

JEAN-GUY

On va l'appeler! J'vais lui parler, moi! Comment il s'appelle encore…?

Jean-Guy frappe sur le journal alors que Mariette cherche à comprendre.
Sylvie se lève et s'approche d'elle.

SYLVIE

Écoute euh… j'irai pas à l'école à matin. Il se passe plein
d'affaires ici, pis… *(Elle hausse les épaules.)* Pis… j'me
demande même si je vais y retourner, à l'école.

Mariette est abasourdie. Derrière, Jean-Guy continue de gueuler:

JEAN-GUY

Ça va faire! On passera quand même pas pour des tout-
nus!

Jean-Guy se dirige vers sa vieille Chrysler. Une voiture passe dans la rue. Son conducteur agite la main et lance :

UN AUTOMOBILISTE

Salut, le millionnaire !

Jean-Guy ne le connaît pas. Il hausse les épaules en déverrouillant la portière. L'oncle Souris sort du logement et s'approche en enfilant sa veste.

L'ONCLE SOURIS

Jean-Guy ! Tu t'en vas chez Louise ? *(Un temps.)* J'y vas avec toi !

Jean-Guy n'est pas d'humeur à badiner.

JEAN-GUY

C'est pas nécessaire.

L'ONCLE SOURIS

J'y vas, j'te dis ! J'la *trust* pas, celle-là… avec son gars de bicycle !

JEAN-GUY

C'est ma fille. J'suis capable de m'arranger avec !

L'oncle Souris grimpe tout de même dans la voiture. Agacé, Jean-Guy met le moteur en marche. La voix d'un animateur retentit aussitôt à la radio :

ANNONCEUR *(voix hors champ)*

… eh bien, vous savez ce qu'il a répondu, le nouveau millionnaire ?

INT. / JOUR   STUDIO DE RADIO

On fait la connaissance de l'animateur Luc Paquette, en direct sur les ondes de CKLC.

LUC PAQUETTE

… qu'il avait une vieille Chrysler pis que ça faisait son affaire! Sept millions et demi dans son compte de banque et une vieille minoune toute rouillée devant la porte! *(Il appuie sur un bouton de sa console. Du coup, un bruit de klaxon de voiture ancienne retentit.)* Ça prend toute sorte de monde pour faire un monde! Vous écoutez CKLC, 94,8 FM… Luc Paquette… *Les matins qui rient…*

INT. / JOUR   **RUE LOGAN, AUTO DE JEAN-GUY**

Jean-Guy fixe la radio de l'auto, complètement ahuri.

JEAN-GUY

Cou'donc, il parle-tu de moi, lui, là?

L'oncle Souris éteint la radio. Encore étourdi par ce qu'il vient d'entendre, Jean-Guy regarde toujours la radio.

L'ONCLE SOURIS

On sera pas trop de deux. J'y vas avec toi!

INT. / JOUR   **CUISINE, APPARTEMENT DE JOHNNY**

Jean-Guy, l'oncle Souris, Louise et Johnny sont assis à la table. C'est le malaise total. Fragile, Louise brise la glace:

LOUISE

J'veux un million deux cent mille piastres, moi aussi!

Jean-Guy reste impassible. L'oncle Souris bondit:

L'ONCLE SOURIS

Hey, woh! Tu riais de nous autres! T'as pas voulu mettre ton deux piastres.

JOHNNY *(sèchement)*

Elle t'a pas parlé, toi!

L'ONCLE SOURIS *(sur le même ton)*

Peut-être! Mais ça me regarde! Je l'ai mis, moi, mon deux piastres!

JOHNNY *(menaçant)*

Ta yeule!

JEAN-GUY

Wo! Wo!

Jean-Guy s'est levé. Johnny regarde l'oncle Souris d'un air menaçant.

JOHNNY

Tu te fermes pis tu la laisses parler, O.K.?!

Intimidé, l'oncle Souris se recule sur sa chaise. Toujours debout, Jean-Guy ne quitte pas sa fille du regard.

LOUISE

Hier, à la T. V… *(Jean-Guy devient méfiant.)* … t'as dit que c'était la famille qui avait gagné! J'fais partie de la famille, moi aussi! Hein?

Johnny approuve d'un signe de la tête.

L'ONCLE SOURIS

Mais toi, t'es partie! T'as fait ta valise pis t'as crissé ton camp!

Johnny fusille l'oncle Souris du regard. Jean-Guy s'interpose:

JEAN-GUY

Arrêtez, là! *(Il regarde Souris et Johnny.)* J'aimerais ça lui parler… tout seul.

Sans attendre la réponse, Jean-Guy se dirige vers la porte de la cuisine. Il l'ouvre et passe sur le balcon. Louise se lève et va le rejoindre.

EXT. / JOUR BALCON ARRIÈRE, APPARTEMENT DE JOHNNY

Tête-à-tête entre Jean-Guy et Louise sur ce balcon étroit donnant sur la ruelle. Elle a le regard à la fois interrogateur et inquiet.

LOUISE

Tu me réponds pas. Est-ce que ça veut dire que j'fais plus partie de la famille?

JEAN-GUY

Ça dépend.

Louise est vulnérable tout à coup. Loin de Johnny, elle est moins sûre d'elle-même.

JEAN-GUY

Si tu reviens à la maison… si tu restes avec nous autres, tu fais partie de la famille. C'est sûr.

LOUISE

C'est du chantage, ça!

Jean-Guy n'a pas d'arguments. Il bute déjà sur les mots.

JEAN-GUY

Regarde… moi, je veux que tu reviennes avec nous autres. C'est important. *(Un temps.)* L'argent me changera pas, moi. Les autres vont peut-être changer mais pas moi. *(Louise réfléchit un moment. De la cuisine, Johnny et l'oncle Souris cherchent à entendre ce qui se dit sur le balcon. Jean-Guy s'enthousiasme:)* Pis tu sais pas quoi? Jean-Marie a eu une idée… *(Il devient joueur.)* Une maudite bonne idée à part ça! On va partir en vacances… toute la gang, dans le sud!

Le visage de Louise s'illumine. Spontanément, elle enlace son père.

JEAN-GUY *(tout content)*

Là-bas, on va pouvoir se parler! Pis effacer tout ce qui s'est passé. *(Mesurant son effet.)* Qu'est-ce que t'en penses?

Johnny n'est visiblement pas content de ce qu'il voit.

Il y a beaucoup de monde dans le logement. Jean-Guy s'avance dans le corridor, une enveloppe du gouvernement dans les mains. Il est intrigué par ce qui se passe. Partout où il regarde, il y a du monde. Une blonde tout en rondeurs sort du salon et le rattrape.

> ALICE
>
> Jean-Guy… ah, que j'suis donc contente de te voir! *(Le paternel la regarde sans la reconnaître.)* Hey, quand je t'ai vu à la TV, hier soir! Mon Jean-Guy, chose… millionnaire! Pis qui donne de l'argent à gauche pis à droite.

Sylvie s'approche d'eux. Jean-Guy l'interroge du regard.

> SYLVIE
>
> C'est ma tante Alice… tu sais, du côté de maman. Elle reste à Saint-Césaire.

> ALICE
>
> Comme je venais en ville aujourd'hui, j'me suis dit… faut que j'arrête les voir! Pour les féliciter.

> JEAN-GUY
>
> Ah, euh… ouais! Alice… ouais, j'me rappelle. Ça fait longtemps… *(Comme pour se défiler, il remet l'enveloppe du gouvernement à Sylvie.)* Tiens, ça vient d'arriver dans la « malle ». Peux-tu regarder?

Sylvie prend l'enveloppe, l'ouvre et y jette un œil.

> ALICE
>
> On vient pas souvent en ville. Tu comprends, mon mari est pris de la prostate. Ça fait six mois qu'il travaille plus. *(Un temps.)* C'est drôle pareil, la vie! Y en a qui sont chanceux… pis y en a d'autres qui gagnent jamais rien!

Jean-Guy n'a d'attention que pour Sylvie. Lorsqu'elle relève les yeux, elle lui murmure à l'oreille:

SYLVIE

C'est ton premier chèque de bien-être!

Il se raidit et regarde l'enveloppe comme si c'était le diable. Aussitôt, il tire Sylvie à l'écart :

JEAN-GUY

J'en veux pas de cet argent-là!

SYLVIE

J'sais pas si on peut la retourner.

ALICE *(écornifleuse)*

C'est quoi le problème?

JEAN-GUY *(s'énervant)*

Téléphone-leur! Dis-leur qu'on en a plus besoin. J'veux plus en entendre parler!

ALICE

Que cé qui se passe?

Sans répondre, Jean-Guy se dirige vers la cuisine. La tante Alice cherche à voir l'enveloppe du gouvernement... mais Sylvie la fait disparaître. Petit sourire gêné.

INT. / JOUR	CUISINE, LOGEMENT LAVIGUEUR

Jean-Guy entre dans la cuisine sur le pied de guerre. Sylvain Gamache le déroute complètement en l'accueillant avec une poignée de main et un immense sourire.

SYLVAIN GAMACHE

Monsieur Lavigueur! L'homme à qui je veux parler. J'ai reçu votre message, j'ai essayé de vous appeler au moins vingt fois. C'est toujours occupé chez vous. *(Un temps.)* Ah, les gens célèbres! *(Jean-Guy est flatté. Gamache lui tapote l'épaule.)* J'me suis dit, je vais aller le voir, ça va être plus simple.

JEAN-GUY *(plus faiblement)*

C'est parce que vous avez écrit que…

SYLVAIN GAMACHE *(le coupant)*

Ouais, ouais, j'ai fait quelques petites erreurs. Dans
l'énervement, vous savez. Mais on va arranger ça. J'ai
une couple de petites questions à vous demander.

La tante Alice s'interpose :

ALICE

Vous travaillez pour *Le Quotidien de Montréal* ! *(Gamache acquiesce.)* Moi, je lis ça tous les jours !

*Malaise dans la cuisine. Un ange passe. Sylvie a décroché le téléphone et
compose un numéro, l'enveloppe du gouvernement à la main. Jean-Guy est
étourdi mais Gamache ne le lâche pas.*

SYLVAIN GAMACHE

J'voulais vous demander. Votre fille, Louise… celle qui
n'était pas là, hier.

JEAN-GUY *(sèchement)*

J'suis en train de m'arranger avec elle. J'ai rien à dire
là-dessus !

*À l'autre bout du logement, Yves et Michel font une entrée remarquée, les bras
chargés d'une immense boîte. Jean-Guy est intrigué.*

JEAN-GUY *(à Gamache)*

S'cusez-moi !

*Alors qu'il passe devant Sylvie, pendue au téléphone, celle-ci l'accroche par le
bras :*

SYLVIE

Attends, attends… j'ai quelqu'un, là…

*Jean-Guy se dégage et poursuit sa route vers le salon. Yves et Michel ont déjà
commencé à ouvrir la boîte.*

JEAN-GUY

Hey! Qu'est-ce qui se passe? C'est quoi, ça?

YVES

J'ai acheté une télévision!

JEAN-GUY

Ben voyons! À qui t'as demandé pour faire ça?
Yves et Michel continuent d'ouvrir la boîte de carton.

YVES

Hey p'pa, allume! Ç'est des *peanuts*, ça… J'suis riche!
On est riches!
Sylvain Gamache a sorti son appareil-photo. Il prend quelques clichés, alors que Jean-Guy est de plus en plus dépassé par les événements. Et, bien sûr, la tante Alice rapplique en accrochant à son tour Jean-Guy:

ALICE

Ben, c'est ça… comme j'te disais, Georges est ben malade de ce temps-là, pis…

JEAN-GUY

Georges?

ALICE

Mon mari! Il est pris de la prostate. Fait que là, j'me
suis dit: je vais aller voir Jean-Guy. Il va comprendre.
(Mesurant son effet.) Il le sait, lui, ce que c'est quand on
a besoin d'argent!
Sylvie entre dans le salon et accapare elle aussi son père:

SYLVIE

J'ai la personne au téléphone. Il veut te parler. *(Ferme.)*
Le chèque est à ton nom.
Jean-Guy agite la tête, énervé. La tante Alice cherche encore à savoir de quoi tout cela retourne.

Ellipse

Jean-Guy s'est réfugié dans les toilettes. Le fil boudiné du téléphone est étiré à son maximum. Il a le combiné collé à l'oreille.

JEAN-GUY

C'est parce que, j'en veux pas de votre argent. J'veux vous le renvoyer. C'est tout. *(Il écoute en hochant la tête.)* Non, non, j'comprends. Mais j'suis millionnaire, as-theur. Vous avez juste à le donner à quelqu'un d'autre! *(Son interlocuteur l'interrompt. Jean-Guy répète:)* Ça se fait pas?! *(Il baisse les épaules, comme si cela lui paraissait trop compliqué, tout d'un coup.)* Ben, qu'est-ce que je fais d'abord? *(Pendant qu'il écoute, le sourire revient douce-ment sur son visage. Ce que lui raconte le fonctionnaire change complètement son attitude.)* Ah, O.K.! J'peux ben faire ça. Ouais… *(Sourire aux lèvres.)* Pourquoi pas? O.K., là. Merci! Merci!

Il ouvre la porte des toilettes. Son interlocuteur a raccroché. Sylvie est devant lui, le regard interrogateur.

SYLVIE

Qu'est-ce qu'il a dit?

Jean-Guy mesure son effet.

JEAN-GUY

De prendre le chèque, le rouler, pis m'en servir pour m'allumer un cigare!

Sylvie rigole. Jean-Guy aussi. C'est un petit moment intime devant la porte des toilettes. Un fou rire incontrôlé qui finit par une accolade. Pendant que le paternel serre son aînée dans ses bras, il lui murmure à l'oreille:

JEAN-GUY

On a gagné pareil! On a gagné!

En camisole, Jean-Guy est devant un frigo dans l'épicerie Richard. Mal réveillé, il attrape une pinte de lait et s'approche du comptoir :

JEAN-GUY

La maison est tout le temps pleine ! Ça entre, ça sort, ça se pense chez eux… *(Il dépose le lait devant la caisse et enfonce la main dans sa poche.)* … je viens pour me faire un café à matin. Plus de lait !

COLETTE RICHARD

C'est correct, Jean-Guy… laisse faire !

JEAN-GUY

Ah, non, non…

COLETTE RICHARD

Loto-Québec nous a déjà payés !

JEAN-GUY

Comment ça ? Payé quoi ?

COLETTE RICHARD

Ils sont venus nous remettre notre part, hier… pour avoir vendu le billet gagnant. *(À voix basse.)* Soixante-seize mille piastres !

Un grand sourire apparaît sur le visage de Jean-Guy.

JEAN-GUY

Ah ben, c'est le fun, ça ! Si tu me l'offres… *(Il prend le lait.)* Nous autres, on part à matin. On s'en va dans « les Guadeloupes »… même Louise vient avec nous autres !

COLETTE RICHARD *(ravie)*

Ah oui ? C'est des bonnes nouvelles, ça. J'suis contente ! Comme ça, ça s'arrange ?

Jean-Guy hoche ostensiblement la tête.

INT./PETIT MATIN   CHAMBRE, LOGEMENT LAVIGUEUR

La valise de Jean-Guy est sur le lit. Il enfile une chemise fleurie très chic et se regarde dans le miroir. On le sent tout fier. Alors qu'il va fermer sa valise, il se ravise et y glisse la photo de Micheline. Sylvie passe dans le corridor, déjà habillée et prête à partir.

> JEAN-GUY
>
> L'avion est à onze heures! Les gars sont même pas réveillés. On va être en retard!

Il attrape sa valise et sort de la chambre.

> SYLVIE
>
> Je les réveille!

Sylvie ouvre la porte de la chambre des gars. Jean-Guy lance, d'une voix bien audible, en passant :

> JEAN-GUY
>
> Ça me fait rien, moi. Si vous voulez rester ici!

> YVES ET MICHEL
>
> On se lève! On se lève!

Sylvie rejoint son père dans la cuisine.

> SYLVIE
>
> Pis Louise?

> JEAN-GUY *(avec assurance)*
>
> Elle nous rejoint à l'aéroport.

Jean-Guy sort de la maison, sa valise à la main, et vient la déposer dans le coffre ouvert de la Chrysler. Il se retourne, s'appuie sur le pare-chocs et regarde un moment la maisonnée se préparer pour le départ. L'oncle Souris aligne ses valises sur le balcon au deuxième, Yves et Michel déjeunent en vitesse dans la cuisine et Sylvie joue à la mère. Sourire aux lèvres, Jean-Guy semble rigoler de toute cette agitation, pour une fois.

Les Lavigueur s'approchent du comptoir des départs. L'oncle Souris dirige l'opération. Jean-Guy balaie l'immense hall du regard à la
recherche de Louise.

SYLVIE

Lui as-tu donné rendez-vous?

JEAN-GUY

Ah, elle va venir! C'est Johnny qui venait la conduire.

*Sylvie regarde autour, l'air sceptique. Yves et Michel s'amusent comme des
enfants, tout excités de partir. L'oncle Souris se dépatouille tant bien que mal
avec la procédure d'embarquement.*

L'ONCLE SOURIS *(à la préposée)*

Attends, là… les cartes d'embarquement, c'est ça hein?

LA PRÉPOSÉE

Il faut les présenter à la porte d'embarquement. *(Elle
montre du doigt.)* Là où se trouvent les journalistes.

L'oncle Souris regarde dans la direction indiquée. Il fait la grimace.

L'ONCLE SOURIS

Oh!!!

JEAN-GUY

Qu'est-ce qu'il y a? *(Cherchant Louise.)* Tu l'as vue?

L'ONCLE SOURIS *(montrant les journalistes)*

J'pense qu'ils nous attendent.

INT. / JOUR   APPARTEMENT DE JOHNNY, RUE FRONTENAC

Louise est debout devant la porte, sa valise à la main. Sans se presser,
Johnny s'approche. Il la prend par les épaules, l'appuie doucement
contre la porte et l'embrasse. Le baiser est plus intense que d'habitude. Plus passionné. Louise s'y laisse prendre. Elle lui passe les deux

bras autour du cou et s'abandonne. Au bout d'un moment, Johnny lui souffle à l'oreille :

JOHNNY

Vas-y pas !

LOUISE

Ils m'attendent.

JOHNNY

Il t'en donnera jamais, de l'argent, ton père. Il essaie juste de t'endormir en t'emmenant là-bas.

LOUISE

Il me l'a promis !

JOHNNY

Tu l'as vraiment cru ?

Le geste lascif, Johnny la retourne doucement et se met à l'embrasser sur la nuque. Louise n'offre aucune résistance, alors qu'il la caresse d'une main et défait son pantalon de l'autre.

INT. / JOUR   **HALL D'EMBARQUEMENT, AÉROPORT**

Les flashes crépitent alors que les Lavigueur traversent la barrière de sécurité. Jean-Guy est indifférent à cette agitation. Il cherche toujours Louise. Tandis que l'oncle Souris récupère ses bagages de l'autre côté de la barrière de sécurité, Jean-Guy la cherche dans le hall d'embarquement.

JEAN-GUY

Elle est pas ici non plus. Elle doit pas être arrivée.

L'oncle Souris s'approche, nettement moins optimiste.

L'ONCLE SOURIS

J'veux pas te faire de peine, Jean-Guy… mais Louise, elle viendra peut-être pas !

JEAN-GUY *(s'obstinant)*

Ben voyons donc!

Alors que Sylvie, Yves et Michel s'avancent à leur tour dans la salle, quelqu'un interpelle Jean-Guy:

SYLVAIN GAMACHE

Monsieur Lavigueur! *(Jean-Guy s'étonne en voyant Sylvain Gamache s'avancer vers lui, suivi de son photographe.)* C'est le grand jour? On part en vacances?

JEAN-GUY

Ah, euh… ouais. Vous?

SYLVAIN GAMACHE *(toujours souriant)*

Moi? C'est le journal qui m'envoie. On va faire un reportage sur vos vacances.

Sans aucune gêne, Gamache se glisse entre l'oncle Souris et Jean-Guy. Son photographe prend quelques photos, puis Gamache se tourne vers Sylvie, Yves et Michel.

SYLVAIN GAMACHE

V'nez! On va faire une photo de famille!

Devant l'insistance et la bonne humeur du journaliste, les enfants se prennent au jeu. Tout le monde se rassemble autour du journaliste, comme s'il faisait partie de la famille. L'image se fige sur ce cliché, que les Lavigueur eux-mêmes n'auraient pu imaginer quelques semaines plus tôt!

PRISE 3

Le procès

Le deuxième épisode s'est terminé sur le départ de la famille Lavigueur pour «les Guadeloupes», en compagnie du très collant Sylvain Gamache – merveilleux Nicolas Canuel! – alors qu'on attendait Louise, qui ne s'est jamais présentée. En scénarisation, cela s'appelle une chute. Un retournement de dernière minute, une révélation ou un incident laissant nos personnages – et les spectateurs, on l'espère – dans l'étonnement ou sur un point d'interrogation. Dans le pire des cas, suspendus par les mains au bord d'un précipice.

Cette chute du deuxième épisode est importante, puisqu'elle confirme à la fois la trahison de Louise et l'entrée en scène du journaliste Gamache comme personnage pivot pour la suite. Mais aussi parce que nous avions la possibilité de reproduire la scène comme elle s'était réellement passée, à l'aéroport Mirabel vingt ans plus tôt. La célèbre aérogare est devenue depuis un lieu prisé pour les tournages de films américains. Avec un peu d'imagination, nous pouvions faire revivre Mirabel, comme en ce jour où la famille Lavigueur était partie en vacances sans Louise... mais accompagnée d'un journaliste et de son photographe.

Autant nous étions déterminés à tourner cette scène de façon «authentique», autant le sort s'acharnait pour nous en empêcher.

Depuis quelque temps, Mirabel avait été vendu à des intérêts français. Il n'était plus possible d'y tourner des films. Déménager l'action dans un aéroport en pleine activité n'était pas envisageable. Et construire le décor encore moins. En cassant la croûte avec Sylvain Archambault, au moment où nous cherchions à « inventer » cet aéroport, nous nous sommes indignés de la courte vue des décideurs dans cette interminable saga. Lorsqu'il faudra fermer l'aéroport Trudeau pour des raisons qui ne manqueront pas de s'imposer, il nous faudra racheter Mirabel à des intérêts étrangers !

Faute d'aéroport donc, une solution s'est imposée. C'est de chez eux que les Lavigueur partiraient en vacances et non de Mirabel. Solution de pauvres pour une histoire de riches ! Le passage du scénario à la scène tournée demande parfois autant d'imagination que d'écrire la scène elle-même. Cette créativité de plateau peut aussi bonifier le texte lui-même. Archambault appelle ça lire les scènes entre les lignes. Un exemple amusant nous ramène au premier épisode, en ouverture de série. Les Lavigueur s'en vont pique-niquer à la campagne. Manque de chance, ils font une crevaison. Pendant que les deux fils posent la roue de secours, Micheline aperçoit une magnifique maison. Elle s'approche pour l'admirer. Dans le scénario, il était écrit que Micheline apercevait cette « maison de millionnaires » de loin. Or la maison choisie pour tourner la scène était tout près de la route et de surcroît entourée d'une haute clôture. Jean-Guy et Micheline rêvaient évidemment d'avoir une demeure semblable, mais ils avaient l'air enfermés derrière des barreaux. Attentif à la situation, Sylvain Archambault proposa d'ajouter une réplique… sur les clôtures justement. Ces clôtures que l'on érige autour des maisons des riches. Elles ne servent pas à les protéger, dit en substance Micheline, elles sont là pour empêcher les pauvres d'entrer. Comme cette scène était en ouverture d'épisode, cette valeur ajoutée contribuait à mieux nous faire comprendre la famille Lavigueur, sa position sociale et ses rêves. Un très bon exemple pour rappeler que l'interprétation rigide d'un scénario n'est ni possible ni souhaitable. En fait, il faut plutôt voir le scénario comme le « témoin » d'une course à relais. Le scénariste initie l'épreuve, mais tous les coureurs qui suivent doivent être plus inventifs les uns que les autres. Le réalisateur assure la cohésion. Entre les lignes du texte et derrière d'apparentes improvisations, il y a une direction, un cap. Ajoutez à cela un peu de magie, un peu de chance et vous obtenez une science inexacte, qui finalement carbure à l'intuition et à l'émotion.

LUNDI 21 JANVIER

Le malaise quant au titre – la «vraie histoire» – s'était quelque peu estompé. C'était momentané. Pour l'instant, c'était l'ampleur du phénomène qui était au centre des discussions. Les cotes d'écoute s'étaient à peu près maintenues, même contre un important match du Canadien sur une chaîne concurrente. En revanche, les tribunes téléphoniques des radios de toute la province ne dérougissaient plus. Par moments, il semblait y avoir autant d'opinions sur les Lavigueur qu'il y avait de téléspectateurs.

J'ai compris que nous avions allumé un incendie, quand j'ai lu une chronique de Nathalie Petrowski en milieu de semaine. Elle faisait état d'une discussion qu'elle avait eue avec une journaliste canadienne-anglaise s'intéressant à cette télésérie, qui captivait tout le Québec. Le ROC (*rest of Canada*) cherchait à comprendre comment une émission dramatique faisant revivre un fait divers pouvait obtenir 48 % de parts de marché, un score inimaginable à l'ouest de l'Outaouais. Un article particulièrement flatteur, paru dans *The Gazette* sous la plume de Gaétan L. Charlebois, confirmait en quelque sorte l'ouverture de ce nouveau front. Pendant que les comédiens de la série couraient les talk-shows et les stations radiophoniques, Sylvain et moi accordions des interviews en anglais pour la radio et les journaux du ROC. Il y avait quelque chose d'irréel dans cette situation. Les journalistes à qui nous parlions avaient bien vu quelques épisodes de *Les Lavigueur, la vraie histoire*, mais la série en elle-même ne les intéressait pas. Leurs questions tournaient plutôt autour de la cohésion qu'affichent parfois les Québécois et dont le reste du Canada ne peut que rêver. À la télévision cette fois-ci, mais ailleurs en d'autres circonstances. Une personne sur deux était accrochée à cette mini-série, autant à la ville qu'à la campagne. *What's all the fuss about?*

C'est par hasard que j'ai rencontré Pierre Verville au restaurant ce jour-là. Je ne l'ai pas reconnu tout de suite. Il déjeunait avec un journaliste. On s'est serré la main et j'ai scruté son regard pour voir ce qui avait changé. Il était épanoui. Il était souriant malgré la dizaine d'entrevues qu'il donnait chaque jour. Mais ce n'était rien de nouveau. Pierre a toujours souri à la vie. Je me suis assis un peu plus loin et dix minutes plus tard, j'ai compris. Des voisins de table l'épiaient. À un moment donné, quelqu'un a murmuré: «Avez-vous vu, c'est M. Lavigueur qui est assis là-bas!» C'était donc ça! Verville était devenu Jean-Guy Lavigueur, non seulement à l'écran mais aussi à la ville. L'intensité de l'activité médiatique entourant la diffusion avait fait déborder son personnage des cadres de la série. Il avait repris du poids depuis le tournage – on l'avait fait maigrir de vingt livres pour jouer le rôle –, il avait retrouvé sa vie, sa famille, mais il était plus que jamais Jean-Guy Lavigueur.

Yve Lavigueur avait également été emporté dans la tourmente. Il faisait campagne au même titre que les comédiens, répondant aux innombrables demandes d'entrevues. Sauf qu'on ne lui demandait pas d'être quelqu'un d'autre. Il était lui-même. Je me souviens l'avoir vu en entrevue. Il m'a touché. Le doute soulevé quant à la véracité de cette histoire l'avait rendu fragile. Et d'autant plus émouvant. Il avait cherché à rétablir l'image de son père. La série avait atteint cet objectif mais il n'en restait pas moins blessé, esquinté par la vie et par l'invraisemblable destin de sa famille. Comment des voix pouvaient-elles s'élever pour remettre en question ce qu'il disait, la version que la série proposait? Le pauvre, pensai-je en le regardant. Il n'a encore rien vu! S'il y avait eu autant de brouhaha jusqu'ici, la diffusion du troisième épisode – *Le Procès* – ferait certainement sauter la baraque!

* * *

Loin de bouder notre plaisir, Sylvain et moi trouvions toutes les occasions possibles de le savourer. En fin de journée, il déposait son cellulaire et j'éteignais mon ordinateur pour boire le verre de l'amitié... un cru très ordinaire qui se goûte habituellement au pluriel.

C'était la veille de la diffusion du troisième épisode, *Le Procès*, et nous avions de bonnes raisons de croire qu'à partir de ce moment, les choses se corseraient.

Le vrai procès des Lavigueur s'est déroulé du printemps à l'automne 1986. De toute la saga, c'est la période la plus intense, la plus dramatique, mais aussi la plus controversée, parce que le vrai procès, celui qui devait déterminer si Louise était ou non gagnante, n'a jamais eu lieu. L'affaire s'est terminée en queue de poisson, après les auditions concernant le gel de la fortune de Jean-Guy Lavigueur, de ses enfants et de l'oncle Souris.

Un procès, c'est une guerre. Et pour filmer une guerre, il faut la scénariser. Or les procès (les vrais), qui sont avant tout des affrontements de procédure, ne sont pas très sexy. Le lieu n'arrange rien. Tous les tribunaux se ressemblent. Il y a pourtant des merveilles à faire avec les procès au cinéma. C'est comme un film dans le film. Le drame est bref mais intense. La théâtralité est acceptée comme convention, puisque les procès en comportent une bonne dose de toute façon. On peut se permettre également de raconter tout ce qui se passe autour de la procédure, dans la rue, dans les journaux, dans les maisons, sans jamais perdre le fil de l'affrontement. Ce sont des êtres humains qui se mesurent autour d'une question. Il va y avoir un gagnant et un perdant. Rappelons les faits. À leur retour de la Guadeloupe, les Lavigueur se voyaient imposer le gel de leur fortune tant que les tribunaux n'auraient pas déterminé si Louise, même si elle n'habitait plus chez son père et n'avait pas contribué à l'achat du billet, était tout de même une des gagnantes. C'est cette disposition que l'avocat de la famille contesta d'abord, insistant pour que les millions des Lavigueur leur soient rendus avant que ne débute le procès. Cette procédure s'étala sur quelques mois avant qu'on en arrive à une décision. Lorsque les six millions et quelques dollars – ce qui restait du gain original à ce moment – leur furent rendus, Louise abandonna la poursuite et retira sa plainte. Ses avocats restèrent sur leur faim et la question de savoir si elle était ou non gagnante ne fut jamais tranchée.

Pourquoi ce retrait subit après tous ces mois devant les tribunaux ? Parce que d'une façon ou d'une autre, Louise avait perdu.

Un procès en bonne et due forme n'y aurait rien changé. Louise était dorénavant honnie de sa famille et Johnny ne lui était plus d'aucun secours. Il l'avait plaquée. Elle était piégée! Pour bien faire comprendre ce cul-de-sac dans lequel elle se trouvait, il fallait que l'éclairage reste sur Louise, sur ses frères et sa sœur, ainsi que sur Jean-Guy. Les personnages qui les entouraient, les avocats, les journalistes, les amis, le conseil de famille, devenaient tous des faire-valoir le temps de l'affrontement. Pour maintenir l'attention là où elle devait rester, les personnages secondaires le devenaient encore plus. Là où il y avait trois avocats, il n'en restait qu'un, fictif. Les journalistes, qui avaient de vrais dialogues jusque-là, ne posaient plus que des questions maintenant, sans obtenir de réponses.

Le troisième épisode est sur le point de commencer, mais bien des choses se sont passées pendant les vacances des Lavigueur. À leur départ, Louise n'était qu'une adolescente rebelle, éternel mouton noir, qui finirait par retrouver le droit chemin grâce à la fortune gagnée par la famille. À leur retour, elle était plaignante dans une poursuite de plus d'un million de dollars. Imaginez la surprise et le désarroi de son père!

ÉPISODE 3

EXT. / JOUR	LOGEMENT LAVIGUEUR, RUE LOGAN

Un nombre impressionnant de journalistes campent devant le logement de la famille Lavigueur. Certains d'entre eux sont appuyés sur la vieille Chrysler de Jean-Guy. D'autres ont déposé leur valise d'équipement sur le capot. Les caméras de télé ont pris position de l'autre côté de la rue. Des voisins éberlués sont sur leur balcon. L'attente est brusquement rompue lorsqu'une fourgonnette apparaît au bout de la rue Logan. Quelqu'un montre du doigt. Parmi les gens qui se retournent, on reconnaît l'épicier Gaétan Richard. La tension est palpable lorsque le véhicule s'arrête et que les portières s'ouvrent. Jean-Guy est le premier à descendre. Il porte une chemise à palmiers et un chapeau de paille. Les journalistes se ruent littéralement sur lui.

TOUS LES JOURNALISTES *(d'une seule voix)*
Monsieur Lavigueur…
Jean-Guy disparaît momentanément dans la mêlée. Une voix s'élève au milieu du brouhaha :

PREMIER JOURNALISTE
Votre fille vous poursuit pour un million. Vos réactions, monsieur Lavigueur ?

JEAN-GUY

C'est quoi, c't'affaire-là?

Sylvie, Yves et Michel descendent à leur tour. C'est le chaos sur le trottoir devant le logement.

DEUXIÈME JOURNALISTE

Vous êtes pas au courant?

Gamache et son photographe descendent eux aussi. Ils sont tout aussi étonnés par ce qu'ils entendent.

PREMIER JOURNALISTE

Elle veut un million deux cent mille dollars. Allez-vous
les lui donner?!

Jean-Guy se dirige vers l'arrière du véhicule pour récupérer les valises.

JEAN-GUY

C'est une *joke*, ça?

DEUXIÈME JOURNALISTE

Non, non! C'est vrai!

SYLVIE

De qui vous parlez, là? De Louise?

PREMIER JOURNALISTE

Vous l'avez pas emmenée en vacances avec vous? Elle
fait pas partie de la famille?

TROISIÈME JOURNALISTE

Monsieur Lavigueur!

Gaétan Richard et maître Provencher rejoignent Jean-Guy à l'arrière du véhicule. Les journalistes les cernent.

GAÉTAN RICHARD

Jean-Guy! J'te présente Émile Provencher. Il est
avocat...

JEAN-GUY *(confus)*

J'comprends rien, moi, là!

PREMIER JOURNALISTE *(les interrompant)*

Elle dit qu'elle a payé son billet. Est-ce que c'est vrai, ça?

Au moment où maître Provencher serre la main de Jean-Guy, tous les journalistes se lancent en même temps:

LES JOURNALISTES

MONSIEUR LAVIGUEUR!!!

Le paternel est subjugué. Le voyant bien, maître Provencher surprend tout le monde en élevant la voix:

MAÎTRE PROVENCHER

MONSIEUR LAVIGUEUR N'A AUCUN COMMENTAIRE À FAIRE POUR LE MOMENT!!!

INT. / JOUR   ENTRÉE/SALON, LOGEMENT LAVIGUEUR

Jean-Guy tente de refermer la porte du logement. Sylvain Gamache insiste pour entrer. Le paternel s'impatiente:

JEAN-GUY

C'est une affaire de famille ça, Gamache!

SYLVAIN GAMACHE

Mais on se connaît, asteur!

JEAN-GUY

Non, non, non! On règle nos affaires entre nous autres!

Jean-Guy referme la porte, tire le loquet et se tourne vers le salon. De son point de vue, on peut voir maître Provencher qui remet un document à Sylvie. Yves, Michel et l'oncle Souris l'entourent.

MAÎTRE PROVENCHER

C'est un bref de saisie avant jugement. J'en ai obtenu
une copie au palais de justice.

MICHEL

Un quoi?

*Sylvie lit le document attentivement. Jean-Guy s'approche, le regard encore
plus inquiet.*

MAÎTRE PROVENCHER

Louise réclame un million deux cent soixante-quinze
mille dollars. Comme elle est prête à aller en cour pour
les avoir, son avocat a obtenu une saisie… jusqu'au
procès.

Devant tous les regards fixés sur lui, l'avocat précise:

MAÎTRE PROVENCHER

Tous vos comptes ont été gelés… *(Il se tourne vers l'oncle
Souris.)* … y compris le vôtre, monsieur Daudelin.

*Sylvie tourne frénétiquement les pages du document. Les Lavigueur sont
incrédules.*

JEAN-GUY

Attendez là, j'comprends pas! On n'a plus l'argent qu'on
a gagné?

MAÎTRE PROVENCHER

À moins que vous vous entendiez à l'amiable avec elle…
avant le procès.

YVES

C'est une *joke* ça, hein? C'est pas vrai… *(Se frappant sur
le ventre.)* Elle voulait pas en acheter, des billets!

*Sidéré, Jean-Guy écoute les uns et les autres, ne sachant plus trop comment
réagir.*

SYLVIE

Un procès… c'est quoi, cette affaire-là!

INT. / JOUR   CABINET DE MAÎTRE LÉONARD

On voit le visage de François Léonard, ami de Johnny et nouvel avocat de Louise. L'opportunisme est omniprésent dans son discours.

MAÎTRE LÉONARD

Moi, je vous dis que dans vingt-quatre heures, c'est réglé! Ils reviennent de vacances… mais quand la réalité va les frapper, ils vont plier, c'est évident, ça!

Johnny se tourne vers Louise, qui se ronge les ongles, assise dans un coin du bureau.

LOUISE

Vous connaissez pas mon père, vous!

JOHNNY

Il sait de quoi il parle!

Léonard fait le tour de son bureau et s'approche de Louise, visiblement angoissée.

MAÎTRE LÉONARD

Ils oseront pas aller en cour, tu peux me croire! Un procès, y a personne qui veut ça. *(Louise regarde Johnny, plus ou moins rassurée. Celui-ci lui fait un clin d'œil.)* La game, c'est de savoir qui va avoir peur de l'autre le premier. *(Un temps.)* Et de la façon que j'ai arrangé ça, c'est nous qui avons le gros bout du bâton.

INT. / JOUR   SALON, LOGEMENT LAVIGUEUR

L'atmosphère est lourde dans le salon du logement. Jean-Guy s'est allumé une cigarette et continue d'écouter les uns et les autres, songeur.

MAÎTRE PROVENCHER

Nos chances de gagner sont excellentes. Je n'ai aucune crainte.

YVES

En tout cas, elle a du front en maudit! Faire saisir notre argent!

MAÎTRE PROVENCHER

Pour le moment…

SYLVIE *(penchée sur le document)*

C'est pas ça qui est écrit ici. *(Montrant un paragraphe :)* L'argent restera gelé tant que la cour n'aura pas tranché la question.

MAÎTRE PROVENCHER

Ça s'est déjà vu, faire annuler un bref de saisie avant procès!

Maître Provencher reprend le document des mains de Sylvie. Jean-Guy fume cigarette sur cigarette, le regard sombre.

MAÎTRE PROVENCHER

C'est à vous de décider, monsieur Lavigueur. *(Un temps.)* Mais à votre place, je n'hésiterais pas un instant.

Tout doucement, Jean-Guy se tourne vers l'oncle Souris :

JEAN-GUY

Qu'est-ce que t'en penses, toi, Jean-Marie?

Le beau-frère est dubitatif. Yves ronge son frein dans le coin. La colère lui sort par les yeux.

EXT. / NUIT   APPARTEMENT DE JOHNNY, RUE FRONTENAC

Toujours aussi furieux – mais pas mal plus soûl –, Yves s'approche de l'appartement de Johnny en titubant. Il s'accroche à la poignée de porte, pour retrouver son équilibre, et frappe à grands coups.

YVES

Louise! Faut que je te parle!!! (*Comme personne ne lui répond, il lève les yeux vers le deuxième.*) Louise, tabarnak, ouvre-moi! J'sais que t'es là! (*Il y a un moment de flottement. Puis une fenêtre s'ouvre au deuxième. C'est Louise. Yves recule un peu plus dans la rue pour la voir.*) Descends! Il faut que j'te parle!

Louise est affolée. Elle regarde par-dessus son épaule, comme si elle craignait d'être surprise.

LOUISE

Va te coucher! S'il se réveille…

YVES *(la coupant)*

Tu comprends rien, Louise! T'as pas gagné! C'est toute! T'AS PAS GAGNÉ!

Pete et Roch, qui sont dans une vieille bagnole de l'autre côté de la rue, commencent à s'inquiéter.

PETE

Viens-t'en, Yves! On va se mettre dans le trouble!

YVES *(sans se retourner)*

J'm'en sacre!

Au même moment, les lumières s'allument dans l'appartement du deuxième. À la fenêtre derrière Louise, la silhouette de Johnny apparaît.

JOHNNY

Que cé qui se passe?

Pete et Roch descendent de la voiture. Sans le brusquer, ils ramènent Yves vers l'auto. À la fenêtre, Louise tente de calmer le jeu.

LOUISE *(à Johnny)*

Il s'en va, là! Il s'en va!

Yves se dégage momentanément de Pete et de Roch avant de monter dans la voiture. Il dirige son index vers Louise :

YVES

TOI, J'AI AFFAIRE À TE PARLER. PIS ÇA
PRESSE!

Roch le pousse à l'intérieur. Pete fait le tour de l'auto et lance, en se glissant derrière le volant:

PETE

C'est correct, c'est correct! On s'en va!

Johnny referme violemment la fenêtre du deuxième.

INT. / NUIT — STUDIO DE RADIO

En continuité. Les dernières notes d'une chanson rock tombent. C'est la musique entendue dans la bagnole de Pete. Luc Paquette est faussement enthousiaste en prenant la parole sur les ondes de CKTL:

LUC PAQUETTE

Hey! On a des nouvelles des Lavigueur, nos millionnaires de la rue Logan! Le projet d'acheter un camion de
bière, pour le mettre dans la rue devant la maison, est
remis à plus tard! Ils ont plus d'argent. Le tribunal a
tout gelé! C'est ben bon pour eux autres, tiens! *(Coup
de klaxon de voiture ancienne.)* Il voulait pas partager, le
bonhomme! Il voulait la boire tout seul, sa bière! Ça lui
apprendra!

Paquette appuie sur un bouton et des rires en boîte retentissent.

EXT. / NUIT — COUR ARRIÈRE, LOGEMENT LAVIGUEUR

Sylvie et Michel sont sur la galerie. L'aînée occupe la chaise berçante de sa mère. Michel est assis dans les marches.

MICHEL

Moi, je suis contre ça, un procès. Ça va mal tourner!

SYLVIE

C'est pour ça qu'il faut lui parler!

MICHEL

Es-tu capable de lui parler, toi?

SYLVIE

J'peux essayer.

MICHEL

Pis qu'est-ce que tu fais de Johnny? C'est lui qui décide!
Tu sais ça!

*(Un lourd silence tombe. Michel et Sylvie se mesurent du regard. Elle finit
par dire:)*

SYLVIE

Il doit y avoir moyen de la raisonner. Si on s'y prend de
la bonne manière. *(Yves s'avance dans la cour arrière, les
mains dans les poches. Sa démarche chancelante le trahit.
Il trébuche dans l'escalier de métal.)* Bon! Comme si on
avait besoin de ça, astheur!

*Michel se lève pour lui venir en aide. Yves arrive sur le petit balcon en mar-
monnant et en se parlant à lui-même. L'agacement de Sylvie est palpable alors
qu'elle quitte sa chaise et lui ouvre la porte.*

INT. / JOUR   ENTRÉE, LOGEMENT LAVIGUEUR

C'est une autre porte qui s'ouvre, mais d'un coup sec, celle-là. Mal
réveillé, Jean-Guy ne comprend visiblement pas ce qui se passe. Devant lui, sur l'étroit balcon de l'entrée avant, se tient la tante Alice en
compagnie d'un homme qu'il ne connaît pas.

ALICE

Jean-Guy, j'te présente Pierre Thibault. C'est le neveu
de Micheline, du côté de son père.

JEAN-GUY *(sans comprendre)*

Salut!

PIERRE THIBAULT

On n'a pas eu l'occasion de se rencontrer. J'suis comptable…

JEAN-GUY *(encore endormi)*

Si c'est pour de l'argent, tout est gelé!
La tante Alice regarde du côté du salon, comme si elle espérait que Jean-Guy les y invite. Le paternel leur barre obstinément l'entrée.

ALICE

C'est parce qu'on a formé un conseil de famille. On est une quinzaine. Du bord des Daudelin pis aussi du bord des Lavigueur.

JEAN-GUY

Un conseil de famille? Pour quoi faire?

PIERRE THIBAULT

Louise est encore mineure. Elle se retrouve toute seule en cour contre vous autres. Elle va avoir besoin de conseils.

JEAN-GUY *(à la tante Alice)*

Quels conseils? Que cé que tu racontes là, toi, là? Vous vous êtes mis en gang… contre nous autres. Pis là, tu viens icitte pour me dire ça!!! *(Alice dodeline de la tête. Jean-Guy se pompe:)* Qui c'est qui a eu cette idée-là? Ça vient d'où, ça?

PIERRE THIBAULT

Calmez-vous là, mon oncle!

JEAN-GUY

Toi, lâche-moi le «mon oncle»! Vous allez quand même pas me dire comment m'occuper de ma famille!
Alerté par le bruit, Michel s'avance dans le corridor.

ALICE

Ça t'a monté à la tête, Jean-Guy Lavigueur! Tu fais un fou de toi… pis là, c'est rendu qu'on peut même plus te parler!

JEAN-GUY

J'ai rien à te dire, toi, ma maudite chipie! Si c'est ça que tu veux, la chicane, tu vas l'avoir! *(Il se tourne vers Thibault en le montrant du doigt:)* Pis toi, avec tes conseils, là! Tu peux te les fourrer où est-ce que j'pense!!! *(Il referme la porte de toutes ses forces au nez d'une tante Alice scandalisée. Furieux, le paternel se retourne vers Michel:)* Non, mais as-tu entendu ça?! C'est quoi, la prochaine affaire? Ils vont me demander leur part?

INT. / JOUR   CABINET DE MAÎTRE PROVENCHER

Maître Provencher reçoit Jean-Guy et l'oncle Souris dans le coin salon de son confortable bureau. Enfoncés dans des fauteuils en cuir, ils écoutent l'avocat, incrédules.

MAÎTRE PROVENCHER

J'espérais faire annuler la saisie des comptes, mais hélas, avec les tribunaux… *(Geste d'impuissance.)* Ça ne se passe pas toujours comme on veut.

JEAN-GUY

Oui, mais là… on n'a plus rien!

MAÎTRE PROVENCHER

Oui, je sais. C'est un problème mais…

L'ONCLE SOURIS *(le coupant)*

Quand le procès va commencer, ça va se régler vite, quand même?

MAÎTRE PROVENCHER

C'est ce qu'on souhaite. Mais comme on dit, un procès, on sait quand ça commence… on ne sait jamais quand ça se termine! *(Un temps.)* J'ai discuté avec la banque. On peut faire un arrangement en attendant. Les millions, vous les avez gagnés, quand même!

L'ONCLE SOURIS *(approuvant)*

On va quand même pas nous laver! Il va nous rester quelque chose!

JEAN-GUY *(confus)*

Quelle banque? De quoi vous parlez? Y aura pas de procès! On va s'arranger entre nous autres. *(Il se lève, hors de lui.)* J'ai jamais eu besoin d'un avocat pour parler à Louise, moi!

L'ONCLE SOURIS

T'as jamais eu sept millions et demi, non plus!

Jean-Guy est un peu moins sûr de lui. De sa voix posée, maître Provencher ajoute:

MAÎTRE PROVENCHER

Je ne vous conseille pas d'avoir des contacts directs avec elle.

EXT. / JOUR   **PARC**

Sylvie et Louise sont assises sur un banc de parc dans un coin discret. On sent la fragilité de Louise:

LOUISE

Écoute, j'pensais pas que ça tournerait de même. Johnny m'a parlé d'un avocat. Un gars qu'il connaît. *(Un temps.)* C'était pas pour aller en procès. C'était juste pour faire peur.

SYLVIE

Faire peur? Ç'aurait été ben plus simple de m'en parler!

Louise balaie le parc du regard comme si elle craignait d'être vue.

LOUISE

Johnny était sûr que si j'allais en Guadeloupe, j'me ferais avoir. Que c'était mieux de poursuivre. Ça irait plus vite. *(Sylvie lève les yeux vers le ciel. Louise ajoute d'une petite voix:)* Johnny, quand il décide quelque chose…

SYLVIE *(prudente)*

Mais là, il va falloir revenir en arrière. Arrêter ça!

LOUISE

Sais-tu comment, toi?

Sentant l'ouverture, Sylvie se fait rassurante:

SYLVIE

D'abord, y a trop de monde dans la cuisine! *(Énumération:)* Johnny, les avocats, le conseil de famille… *(Louise se rentre la tête dans les épaules.)* Reviens à la maison! On va se parler… *(Sa sœur a un geste de recul.)* On n'est pas contre toi! Tout le monde est d'accord pour te donner quelque chose. Faut juste voir comment on va faire ça.

LOUISE *(craintive)*

Donne-moi un peu de temps.

SYLVIE

Du temps pour quoi, là?

EXT. / JOUR   COUR ARRIÈRE, LOGEMENT LAVIGUEUR

Michel est allé chercher sa bicyclette de livraison à l'épicerie Richard. Une clef anglaise à la main, il resserre la chaîne. Yves sort de la maison, les cheveux hirsutes, à moitié réveillé.

YVES

Qu'est-ce que tu fais?

MICHEL

J'suis allé voir monsieur Richard. Il m'a redonné ma job.

YVES

Es-tu fou! T'es millionnaire!
Michel dépose la clef anglaise et dévisage son frère.

MICHEL

Moi, mon argent est placé! J'pourrai pas y toucher avant dix-huit ans. Je comptais sur p'pa. Mais là, y en a plus d'argent, lui non plus. Pis Louise… on la fera pas changer d'idée. Sylvie lui a parlé.

YVES

J'sais!

MICHEL

Ç'a rien donné.
Frustré, Yves descend les marches de la galerie et donne un grand coup de pied sur un caillou qui se trouve là.

YVES

C'est pas vrai qu'on va revenir en arrière! Qu'on va revenir comme avant! (Les mains dans les poches, il s'éloigne dans la cour. Michel continue de serrer sa chaîne de vélo.) On est millionnaires! Elle peut bien chialer tant qu'a veut, Louise, on a gagné! (Se frappant la poitrine :) On a vraiment gagné!
Yves disparaît dans la ruelle.

Verres fumés sur les yeux, mains dans les poches, Yves s'avance devant l'épicerie Richard. Il ne remarque pas Sylvain Gamache, le journaliste du *Quotidien de Montréal,* assis dans sa voiture. Jetant un œil autour, comme s'il craignait d'être reconnu, Yves entre dans le commerce.

3

Yves se penche vers Colette Richard au-dessus du comptoir. Marchant sur son amour-propre, il murmure :

YVES

Euh… ce serait pour ma job. Michel est venu chercher son bicycle à matin, pis j'ai pensé… *(Un temps.)* Je me demandais si…

COLETTE RICHARD *(sur le même ton)*

Ça va être correct. Y aura pas de problème.
Elle se tourne vers le fond de l'épicerie.

COLETTE RICHARD

Attends une minute. J'vais aller chercher Gaétan.
Sylvain Gamache entre dans l'épicerie et s'approche d'Yves, au moment où la propriétaire disparaît.

SYLVAIN GAMACHE

Hey ! Yves !!! Comment tu vas ?
Gamache lui tapote l'épaule.

YVES

Monsieur Gamache !
Yves est gêné. Sylvain feint de se vexer.

SYLVAIN GAMACHE

Ben, voyons donc ! En Guadeloupe, tu m'appelais Sylvain ! *(Yves hoche la tête et retrouve le sourire. Colette Richard ne revient toujours pas.)* Hey, c'est pas drôle,

ce qui vous arrive, hein! Ça va-tu vraiment se rendre
jusqu'au procès!

YVES

Parle-moi-z-en pas!

SYLVAIN GAMACHE

Ça va vous coûter un bras, ça! *(Yves acquiesce tout en regardant vers l'arrière-boutique. Toujours rien.)* Est-ce que
vous lui avez parlé à Louise, au moins? J'sais pas, moi…
avez-vous essayé de la raisonner?

YVES

On a essayé! Mais y a des limites à tordre le bras de
quelqu'un. Elle veut pas comprendre. Elle est têtue
comme une mule!

SYLVAIN GAMACHE

Ah oui? Vous avez eu des contacts?

YVES *(vague)*

Ben… ouais. *(Sans son Gaétan, madame Richard revient
discrètement entre les allées. Curieuse, elle épie la conversation entre Yves et Gamache.)* Le problème, c'est Johnny.
C'est lui qui nous met des bâtons dans les roues. Il est
pas du monde, c'te gars-là! *(Baissant le ton:)* Pis là, j'te
parle pas du reste de la famille! C'est rendu que tout le
monde s'en mêle. Ils ont formé un conseil de famille.

SYLVAIN GAMACHE

Arrête-toi donc, toi! Un conseil de famille! Qui est-ce
qui est là-dessus? As-tu des noms?

*Le regard maternel, Colette Richard se désole. Yves est en train de se faire
avoir sous ses yeux, mais elle n'ose pas intervenir.*

Michel sonne à une porte. Dans ses mains, il tient deux sacs d'épicerie. Ce sont des friandises, de toute évidence. Un sac de croustilles dépasse d'un des sacs. Une dame d'un certain âge lui ouvre. Contente de recevoir sa livraison, on a l'impression qu'elle salive.

3

> MICHEL *(serviable)*
>
> Où est-ce que je vous mets ça ?

> MADAME PATENAUDE
>
> Ça va, ça va ! J'vais les prendre. *(La dame prend les sacs, Michel lui sourit… et brusquement, elle le reconnaît.)* T'es pas un p'tit Lavigueur, toi ? Ceux qui ont gagné, là… les millionnaires ?

> MICHEL *(gêné)*
>
> Euh… ouais.

Madame Patenaude n'en revient pas. Elle regarde Michel comme s'il était une curiosité.

> MADAME PATENAUDE
>
> C'est quoi l'affaire ? T'as pas encore assez d'argent ? Tu travailles pour en gagner plus ?

> MICHEL
>
> Euh… non, c'est pas ça. C'est parce que…

> MADAME PATENAUDE
>
> Tu t'imagines pas que je vais te donner un pourboire, quand même ?

> MICHEL *(blessé)*
>
> Non, non… c'est pas ça. C'est correct !

Michel prend ses deux jambes à son cou et dévale l'escalier en colimaçon à toute vitesse.

INT. / JOUR   APPARTEMENT DE JOHNNY, RUE FRONTENAC

Johnny est assis à la table de la cuisine. Devant lui, *Le Quotidien de Montréal* avec la photo de Louise à la une. En gros titre, on peut lire : TORDAGE DE BRAS CHEZ LES LAVIGUEUR. La tête de Gamache est en mortaise, comme d'habitude.

> **JOHNNY**
>
> Veux-tu le gagner ce procès-là ou si tu veux le perdre ? *(Louise regarde le journal par-dessus l'épaule de Johnny.)* Si ça te tente de jeter un million par la fenêtre, c'est ton affaire ! Mais je t'avertis, moi, je fais pas tout ça pour rien ! *(Il se lève brusquement et se met à marcher dans l'appartement.)* T'as pas d'affaire à parler à Sylvie... ou à j'sais pas qui ! On arrête pas de gagner des points, là ! *(Louise lit l'article, visiblement étonnée. Johnny se pompe :)* L'argent gelé dans les comptes, ils l'avaient pas vue venir, celle-là ! *(Un temps.)* Ni le conseil de famille ! J'te l'dis, c'est un bon avocat, Léonard !

Louise repousse le journal en soupirant :

> **LOUISE**
>
> Peut-être, mais j'irai pas rester chez mon cousin pendant le procès. C'est *too much* pour moi !

> **JOHNNY**
>
> T'es encore mineure !

> **LOUISE**
>
> J'suis partie de chez mon père parce que je voulais pas me faire dire quoi faire...

> **JOHNNY** *(la coupant)*
>
> Tu retournes à l'école pis tu rentres chez ton cousin tous les soirs... avant dix heures !

LOUISE

T'es malade! J'irai pas sécher à Laval!

JOHNNY *(tranchant)*

C'est ça que ça prend si tu veux le gagner, ton maudit
procès!

INT. / JOUR   CUISINE, LOGEMENT LAVIGUEUR

Assise à la table, Sylvie est devant le même article du *Quotidien de
Montréal.* Yves et Michel lisent par-dessus son épaule.

SYLVIE

Hey! C'est toute écrit! Le conseil de famille… ma rencontre avec Louise dans le parc! Ils savent toute!!!

MICHEL *(inquiet)*

Ils nous espionnent-tu?
Jean-Guy fulmine. Il n'attend même pas l'habituel compte- rendu de Sylvie.

JEAN-GUY

La petite maudite! Elle parle aux journalistes, astheur!
Elle invente des histoires!

SYLVIE *(à voix haute)*

«… les tractations entre les Lavigueur et Louise, la cadette de la famille, auraient donné lieu à une séance de
tordage de bras. *(Outrée, elle se retourne vers Yves et Michel:)* Je lui ai pas tordu le bras, moi! *(Anxieux, Michel
prend le journal des mains de Sylvie.)* Ça se peut pas! Y a
quelqu'un qui lui a parlé!

JEAN-GUY *(découragé)*

J'peux pas croire que Louise aurait fait ça!

MICHEL

Raconter des histoires par en arrière, juste pour faire du trouble!? Elle en est bien capable!

Sylvie regarde Yves d'un air suspect. Il se crispe aussitôt.

YVES

C'est pas moi! J'ai parlé avec Gamache, comme ça… mais j'lui ai rien dit. Je lui ai parlé de rien.

JEAN-GUY

Ah! C'est toi! *(Le regard méchant.)* J'te l'ai dit d'arrêter de parler à ce gars-là!

Sylvie est suspicieuse, Michel est parano et Jean-Guy n'est pas dupe.

YVES

J'vous dis que c'est pas moi!

INT. / JOUR   APPARTEMENT DE JOHNNY, RUE FRONTENAC

Un couple fait l'amour. Une caméra indiscrète circule dans une chambre en désordre. C'est Johnny et Louise, bien sûr. Au milieu des ébats, il murmure à son oreille:

JOHNNY

Tu feras plus ça, hein?! Tu leur parleras plus?

La respiration de Louise s'accélère.

LOUISE

Nooon…

JOHNNY

Pis tu vas aller rester chez ton cousin… pendant le procès.

La scène est de plus en plus torride:

LOUISE

Oui… oui… oui… oui…

L'image glisse dans l'ambiguïté. Louise touche-t-elle à l'extase ou est-elle terrorisée ?

INT. / JOUR	SALLE D'AUDIENCE, PALAIS DE JUSTICE

On voit le visage de Louise. Elle est à la barre. Ses yeux sont fuyants, les mots ne lui viennent pas facilement.

LOUISE
Il m'a dit que j'étais aussi bien de faire mes arrangements funéraires parce que, pour lui, j'étais déjà morte !

Jean-Guy fait signe que non en entendant ces mots. Maître Provencher est stoïque. Autour d'eux, il y a Sylvie, Michel, Yves et l'oncle Souris.

MAÎTRE LÉONARD
Est-ce que vous vous souvenez du jour et de la date où il vous a dit cela ?

LOUISE
Il m'en a tellement dit, des affaires de même ! Je m'en souviens plus mais c'était autour de…

MAÎTRE PROVENCHER *(bondissant)*
Objection, Votre Honneur ! « Autour de… », ce n'est pas une date !

Le juge Dubuc ignore royalement maître Provencher.

JUGE DUBUC *(à maître Léonard)*
Continuez !

MAÎTRE LÉONARD
La date est sans importance, de toute façon. *(Un temps.)* Ce qu'il faut considérer ici, ce sont les efforts évidents de Jean-Guy Lavigueur pour exclure sa fille Louise de la famille.

Dans la salle à moitié remplie, on murmure ferme. On peut voir Pierre Thibault, flanqué de la tante Alice et des autres membres du conseil de famille.

Plus loin et plus discret, il y a Johnny. Mais également Sylvain Gamache, qui est assis à la meilleure place dans la section réservée à la presse.

MAÎTRE LÉONARD

Mais l'exclure pourquoi ? Pour la punir ? À dix-sept ans, quel crime a-t-elle commis pour se faire dire de s'occuper de son propre enterrement ? *(Jean-Guy hoche obstinément la tête, comme si tout cela n'était pas vrai.)* La réalité est plus simple, Votre Honneur. Jean-Guy Lavigueur est l'artisan d'une machination frauduleuse, visant à empêcher sa fille Louise de récupérer la part du gros lot qui lui revient !

MAÎTRE PROVENCHER

Objection ! Il n'y a aucune fraude, Votre Honneur ! La demanderesse ne fait pas partie des gagnants parce qu'elle n'a pas contribué à l'achat du billet !

Cette fois, le juge daigne regarder l'avocat des Lavigueur.

JUGE DUBUC

Accordé ! Maître Léonard, si vous avancez la thèse de la fraude, vous allez devoir en faire la preuve !

Le sourire malin, maître Léonard s'incline :

MAÎTRE LÉONARD

Je compte bien le faire, Votre Honneur. Mais avant, je voudrais revenir sur les rapports entre Jean-Guy Lavigueur et sa fille Louise. *(Théâtral, il s'avance vers la barre et se penche vers Louise.)* Si je vous demandais de qualifier ces relations, quel mot vous viendrait à l'esprit ?

LOUISE *(comme une leçon apprise)*

Ben, c'est sûr qu'il me fait peur. Si tu fais pas ce qu'il veut, il peut faire des choses effrayantes !!!

MAÎTRE LÉONARD

Comme quoi ?

Jean-Guy est de plus en plus agité dans la salle. Maître Provencher tente de le calmer.

LOUISE

Ben… quand je travaillais, l'argent que je ramenais à la maison, fallait que je lui en donne la moitié.

Yves bondit.

YVES

Hey… toi, t'en mettais jamais de l'argent dans le *pot* !

JUGE DUBUC

Silence dans la salle ! *(Maître Provencher oblige Yves à se rasseoir. On sent monter l'impatience du juge. Il revient à maître Léonard.)* Continuez !

MAÎTRE LÉONARD

Et que faisait votre père avec cet argent ?

LOUISE

Ben, il achetait de la bière, des cigarettes, pis des billets de loterie. Il en achetait, il en achetait. Il était pas capable de s'arrêter ! C'est pour ça que je dis que je l'ai payé, moi aussi, le billet gagnant. Je lui ai payé plein de billets ! *(Se tournant vers le juge.)* Ça compte pas, ça ?

Le juge ne réagit pas. Maître Léonard s'empresse d'ajouter :

MAÎTRE LÉONARD

Ce qu'il faut retenir ici, c'est l'abus dont ma cliente a été victime. *(Dans un effet de toge, il se retourne et désigne Jean-Guy.)* Abusée par cet homme ! Jean-Guy Lavigueur !

Si le juge reste impassible, c'est loin d'être le cas pour l'assistance. Des murmures et des chuchotements montent de partout dans la salle.

Furieux, Jean-Guy Lavigueur ouvre la marche. Maître Provencher est à ses côtés. En sortant de la salle d'audience, ils se heurtent à un barrage de journalistes. Gamache est au premier rang et c'est lui qui crie le plus fort :

> **SYLVAIN GAMACHE**
>
> Vous en achetiez pour combien par semaine, des billets de loterie, monsieur Lavigueur ?!

> **DEUXIÈME JOURNALISTE**
>
> Êtes-vous un joueur compulsif ?

> **TROISIÈME JOURNALISTE**
>
> Est-ce que c'est la première fois que vous vous faites prendre dans une affaire de fraude ?

> **SYLVAIN GAMACHE** (*plus fort encore*)
>
> Les accusations d'abus… Est-ce que vous avez quelque chose à dire là-dessus ?

Dans la bousculade, Sylvain Gamache se trouve à bloquer la voie à Jean-Guy.

> **SYLVAIN GAMACHE** (*sur un ton familier*)
>
> Monsieur Lavigueur ! Est-ce qu'il y a encore eu du tordage de bras avec Louise ?

Jean-Guy le fusille du regard avant de laisser tomber :

> **JEAN-GUY**
>
> Toé ! Tasse-toé !!!

Luc Paquette verse dans le cynisme sur les ondes de CKTL :

LUC PAQUETTE

… ce gars-là, on devrait lui donner un trophée pour sa débrouillardise! Pas content de passer ses journées à la maison à boire de la bière, il fait travailler ses enfants pour la payer! Le juge Dubuc dit qu'il va falloir faire la preuve que c'est un fraudeur. J'me demande ce que ça lui prend de plus, moi? Le gars est assis sur son cul, il achète des billets de 6/49 avec l'argent que ses enfants lui donnent… pis quand il gagne, il garde tout pour lui! *(On entend l'habituel coup de klaxon!)* Lâche pas, mon Jean-Guy!

Il appuie sur un bouton et des rires en boîte retentissent.

INT. / JOUR   **CUISINE, LOGEMENT LAVIGUEUR**

C'est debout, cette fois, que Sylvie lit le journal. La table est couverte d'autres journaux, mais c'est *Le Quotidien de Montréal* qui accapare toute son attention. Jetant un œil, Jean-Guy reconnaît la photo de Gamache en mortaise.

JEAN-GUY

Qu'est-ce qu'il dit, lui?

Sylvie abaisse doucement le journal, l'air accablé:

SYLVIE

Que t'es un abuseur!

Ne tenant plus sur ses jambes, Jean-Guy s'assoit sur la chaise la plus proche.

INT. / JOUR   **APPARTEMENT DE JOHNNY, RUE FRONTENAC**

Sur la table devant Johnny, une demi-douzaine de journaux qui font tous état du procès. Il est complètement absorbé par la lecture d'un article et ne semble même pas voir Louise, appuyée au comptoir, les bras croisés, aussi désemparée que son père.

JOHNNY

Hey, *check* ça! «Pourquoi Jean-Guy Lavigueur aurait-il invité sa fille en Guadeloupe, s'il ne considérait pas avoir une dette envers elle? En posant ce geste, il s'est en quelque sorte incriminé!» C'est bon, ça!

LOUISE

Johnny, j'suis tannée de cette histoire-là! J'veux que ça arrête. Pis j'veux revenir vivre icitte! *(Johnny délaisse les journaux, se lève et va se prendre une bière au frigo.)* J'y retourne plus, chez mon cousin! J'vas virer folle! Ils capotent ben raide! Ils s'imaginent que j'vas leur donner mon argent quand j'vas l'avoir. Ils sont déjà en train de le dépenser!

Louise s'approche de la table et regarde tous ces journaux affichant la photo de Jean-Guy.

JOHNNY *(sèchement)*

C'est leur problème, ça!

LOUISE *(repoussant le journal)*

Non, mais tu vois bien que ça pas de bon sens! C'est rendu que c'est le procès de mon père, là!

INT. / JOUR   SALON, LOGEMENT LAVIGUEUR

La scène s'ouvre sur un fou rire incontrôlé. Yves feuillette le *Star* et le *National Enquirer* au salon. Les deux journaux américains font état du procès Lavigueur.

YVES

C'est comique quand même!

Michel a une fixation sur sa propre photo dans le National Enquirer. *Elle a été prise à la sortie du tribunal. Il est complètement crispé.*

MICHEL

J'vois pas ce qu'il y a de drôle là-dedans, moi!

YVES

Ben! D'abord, on devient millionnaires. Pis là, on est rendus des vedettes!

MICHEL

Mais on va tout perdre! *(Un temps.)* Après le procès, il nous restera plus rien!

SYLVIE

Ben non, Michel!

L'intervention de Sylvie surprend les deux frères. Elle s'est approchée sans bruit. L'angoisse du cadet l'attendrit.

SYLVIE

Même si elle gagne, Louise, on n'a qu'à mettre chacun deux cent cinquante mille dans le *pot*. On règle le problème. On achète la paix.

YVES

On a l'habitude, de toute façon, de mettre de l'argent dans le *pot*! *(Le sourire de Michel est hésitant. Sylvie s'est approchée. Tout est dans le geste. Elle «fait» une mère plus nuancée, plus sensible à la vulnérabilité de Michel. Le silence dure à peine. Yves le brise déjà:)* Et le pire, c'est qu'elle ne gagnera pas! J'suis prêt à mettre cent piastres là-dessus! *(Il a le regard pétillant. Enthousiaste, il parvient à secouer Michel de sa torpeur.)* Non, mais r'gardez l'affaire, là! Tous les jours, on va à ce procès-là comme si c'était perdu d'avance. Une vraie gang de *losers*!

MICHEL

Ouais, pis?

SYLVIE

À quoi tu penses?

INT. / JOUR	CUISINE, LOGEMENT LAVIGUEUR

Vêtu d'un superbe costume, l'oncle Souris s'avance dans la cuisine.

L'ONCLE SOURIS

Jean-Guy! *(Le beau-frère a une housse en plastique repliée sur l'avant-bras. Il fait un pas sur le balcon et jette un œil en bas vers le hangar.)* Jean-Guy!

INT. / JOUR	HANGAR, LOGEMENT LAVIGUEUR

L'oncle Souris est debout devant l'établi de Jean-Guy. Celui-ci dénude toujours des fils électriques pour en récupérer le cuivre. Le beau-frère sort un costume tout neuf de la housse.

JEAN-GUY

C'est quoi, ça?

L'ONCLE SOURIS

Pour toi.

JEAN-GUY *(sourire en coin)*

On va aux noces? *(L'oncle Souris soupire.)* Penses-tu que je vais aller en cour habillé de même?

L'ONCLE SOURIS *(enthousiaste)*

C'est Yves qui a eu l'idée. Ça va être à ton tour de parler. C'est toi qui vas dire ce qui s'est vraiment passé…

Se prenant au jeu, Jean-Guy s'essuie les mains, dépose son torchon sur l'établi et enfile le veston.

L'ONCLE SOURIS

Tu vas là pour gagner, mon Jean-Guy! *(Il ajuste le col.)* Les autres, c'est toute une gang de jaloux! À commencer par Louise! Mais c'est toi qui vas avoir le dernier mot!

Jean-Guy est méconnaissable. Ce veston lui va comme un gant. Souris ne peut s'empêcher de le railler:

L'ONCLE SOURIS

Quand tu vas à la guerre, faut que tu mettes ton uniforme!

| INT./JOUR | CORRIDOR/ENTRÉE DE LA SALLE D'AUDIENCE, PALAIS DE JUSTICE | 3 |

Jean-Guy a fière allure dans son costume tout neuf. Flanqué de maître Provencher et de l'oncle Souris, il traverse le barrage de journalistes et de curieux à l'entrée de la salle d'audience.

SYLVAIN GAMACHE

Monsieur Lavigueur… ça fait deux mois que ça dure, votre procès…

Jean-Guy continue de marcher malgré l'insistance de Gamache, qui le retient par le bras.

JEAN-GUY

J'ai pas de commentaires!

Très sûr de lui, il se dégage poliment et passe dans la salle d'audience, suivi de Sylvie, Yves et Michel, tous habillés chic comme lui.

| INT./JOUR | TRIBUNAL, SALLE D'AUDIENCE |

Jean-Guy Lavigueur est à la barre. Pour l'instant, son assurance est intacte. Devant lui, François Léonard s'adresse au juge:

MAÎTRE LÉONARD

Votre Honneur, j'aimerais faire entendre un extrait d'une entrevue accordée par monsieur Lavigueur, le jour où lui et sa famille ont remporté le gros lot de sept millions six cent mille dollars.

JUGE DUBUC

Accordé.

Le sourire de Jean-Guy se crispe légèrement. Dans la salle, Sylvain Gamache note tout dans son calepin. Maître Léonard se tourne vers un moniteur de télé et un lecteur VHS, qu'il actionne à l'aide d'une télécommande. Louise est seule à la table de son avocat. Johnny n'est pas en vue. À l'inverse, Sylvie, Yves et Michel serrent les rangs autour de maître Provencher.

MAÎTRE LÉONARD

L'intérêt de cette entrevue réside dans une question. Une seule question, posée par un journaliste… *(Il se tourne vers Jean-Guy et marque bien chacun de ses mots :)* … au chef de famille, concernant les gagnants de ce gros lot. Je vous laisse juger par vous-même, Votre Honneur.

L'avocat met l'appareil en marche. On y voit Jean-Guy, un verre de champagne à la main, qui lance :

JEAN-GUY

« … ah, mais là, c'est la famille, hein ! C'est la famille qui a gagné ! Avec mon beau-frère Souris. *(Se reprenant.)* Il s'appelle Jean-Marie. Mais on l'appelle Souris. »

VOIX HORS CHAMP

« Et peut-on savoir le nom de vos enfants ? »

JEAN-GUY

« Ben, y a Sylvie, Louise… Yves pis Michel ! »

Maître Léonard arrête le VHS.

MAÎTRE LÉONARD

Ce n'est pas moi qui le dis ! C'est Jean-Guy Lavigueur lui-même ! Lorsqu'on lui demande de nommer les gagnants du gros lot… il nomme Louise !

JEAN-GUY

Non, mais attendez, là ! J'avais bu du champagne. C'est pas ça que je bois, d'habitude. Le gars m'a demandé de nommer mes enfants…

MAÎTRE LÉONARD

Et qu'est-ce que vous buvez, d'habitude ?

JEAN-GUY *(décontenancé)*

Ben, de la bière!

MAÎTRE LÉONARD

Beaucoup de bière! Un camion de bière, peut-être! Devant la porte de votre maison!

On s'esclaffe dans la salle d'audience. Jean-Guy a perdu sa belle assurance. Dans la salle, Sylvain Gamache ne prend plus de notes.

MAÎTRE PROVENCHER

Objection, Votre Honneur! Ce qui est rapporté dans les journaux…

L'image va du visage de Gamache dans la salle à celui de Jean-Guy, dans le box des accusés.

JUGE DUBUC

Poursuivez, s'il vous plaît!

FRANÇOIS LÉONARD

S'il faut croire tout ce qu'on dit de cet homme, à qui avons-nous affaire? À quelqu'un qui a un problème d'alcool! À quelqu'un qui abuse de son autorité, pour ne pas dire qui abuse tout court! Sans parler du reste…
(Il y a une compassion feinte dans le ton de Léonard.) C'est un homme démuni… qui ne sait ni lire ni écrire!

On sent le malaise chez Sylvain Gamache. Jean-Guy continue de le regarder, de le dévisager comme s'il n'écoutait pas les propos de Léonard. Yves bondit sur sa chaise.

YVES

Elle a pas payé sa part! Quand tu payes pas, tu gagnes pas!

Maître Provencher le fait asseoir. Francois Léonard continue comme s'il n'avait pas entendu:

MAÎTRE LÉONARD

En fait, la question qui se pose, Votre Honneur, est la suivante : comment peut-on faire confiance à un homme aussi dépourvu pour gérer une telle fortune ? Ne serait-il pas plus juste que les gagnants légitimes puissent gérer eux-mêmes la part qui leur revient, à l'abri de l'emprise de cet homme !

La dernière image est sur Jean-Guy, accablé, dans le box des accusés.

EXT. / NUIT	COUR ARRIÈRE, LOGEMENT LAVIGUEUR

Jean-Guy est assis dans les marches de l'escalier. Il boit une bière dans un verre de Coke, comme d'habitude. Alors qu'il va prendre une gorgée, il entend siffler dans la ruelle. Une longue note stridente suivie de deux petits sifflements. Il s'arrête, écoute, croit avoir mal entendu et vide la bouteille. Mais à nouveau, quelqu'un siffle. Jean-Guy se lève.

EXT. / NUIT	RUELLE

Jean-Guy s'avance dans la ruelle. Il fait noir. Il n'y a personne.

JEAN-GUY

Louise… ? *(Il s'immobilise, tend l'oreille.)* Louise, j'sais que t'es là ! *(Toujours pas de réponse. Il soupire… mais s'obstine :)* C'est à Sylvie que tu veux parler, peut-être ? C'est ça ? Tu veux parler à Sylvie ?

Louise est accroupie dans le noir derrière une clôture. On ne voit que ses deux grands yeux. Jean-Guy continue de parler. Elle ne bronche pas.

JEAN-GUY *(voix hors champ)*

Tu peux me le dire, à moi. On se parlait, avant. *(Des larmes coulent sur les jours de Louise. On sent la frustration monter dans la voix du paternel :)* Pourquoi t'es allée dire ça, au procès… l'affaire de tes arrangements funéraires ?

On voit le visage de Jean-Guy. Il rit nerveusement.

JEAN-GUY

C'est une menterie, ça. *(L'humiliation apparaît tout à coup sur les traits de son visage.)* Ça pas d'allure, dire des choses pareilles! *(Tristesse.)* Pis l'autre affaire. Que j'ai abusé de toi! C'est pas croyable que tu dises quelque chose de même!

Derrière la clôture, de grosses larmes coulent sur les joues de Louise. Elle reste tapie dans le noir.

JEAN-GUY *(voix hors champ)*

T'as toujours été ma princesse!

Debout dans la ruelle, Jean-Guy pleure maintenant. Et il se trouve ridicule.

JEAN-GUY

Regarde c'que tu me fais faire, là!

Sans insister, il se retourne et se dirige vers la maison en essuyant ses larmes… et sans savoir si Louise était bien là.

INT. / JOUR	BAR DU CENTRE-VILLE

Sylvain Gamache est assis au comptoir dans un bar chic du centre-ville, deux verres vides devant lui. Frank Lemieux est plus loin, tout comme Luc Paquette, le *morning man*. L'endroit grouille de journalistes, de photographes et autres chroniqueurs croisés au palais de justice.

FRANK LEMIEUX

T'avais peur d'avoir rien à dire sur les Lavigueur! T'étais à côté de la coche pas à peu près, mon Gamache!

LUC PAQUETTE

C'est le procès le plus « quétaine » des annales judiciaires du Québec!

SYLVAIN GAMACHE

Ouais, mais là, j'trouve que ça dérape!

FRANK LEMIEUX

Ç'aurait été plus simple si le bonhomme lui avait donné son million en partant.

SYLVAIN GAMACHE

Ça, c'est une chose. *(Un temps.)* Mais se faire planter de même…

FRANK LEMIEUX

T'es ben mal placé pour parler, je trouve!

Gamache l'entend à peine. Le nez dans le verre qu'on vient de lui servir, il marmonne:

SYLVAIN GAMACHE

Trente-deux séances, toujours pas de décision. Imagine la beurrée que ça doit lui coûter!

Sylvain Gamache a le vin triste. C'est la première fois qu'on le voit ainsi. Mais personne ne s'en formalise.

LUC PAQUETTE

C'est le meilleur téléroman en ville!

FRANK LEMIEUX

Et si tu veux mon avis, c'est pas fini!

SYLVAIN GAMACHE *(mi-figue, mi-raisin)*

J'ai bien peur!

INT. / JOUR   **CHAMBRE DE JEAN-GUY, LOGEMENT LAVIGUEUR**

Jean-Guy est devant le miroir. Il a passé son beau costume. L'air décidé, il fait son nœud de cravate au moment où l'oncle Souris passe dans le corridor. Ce dernier s'arrête et le regarde:

L'ONCLE SOURIS

Qu'est-ce que tu fais? Y a pas de séance, à matin!

JEAN-GUY

J'm'en vas voir l'avocat.

L'ONCLE SOURIS *(il entre dans la chambre)*

Il se passe-tu quelque chose?

JEAN-GUY

Je vais lui dire d'arrêter tout ça. J'en ai assez!

L'ONCLE SOURIS

Es-tu fou! On est en train de gagner!

JEAN-GUY

Gagner quoi? *(Il fait face à l'oncle Souris:)* J'avais une
famille, moi, avant que ça commence, tout ça! Astheur,
à les écouter, on est une gang de malades! *(Un temps.)*
J'suis tanné!

*Jean-Guy termine son nœud de cravate, ajuste son veston et relève le
menton.*

L'ONCLE SOURIS

Ça achève, là!

JEAN-GUY

Ça fait des mois que ça dure! J'suis cassé comme un
clou. C'est assez!

*Jean-Guy sort de la chambre sans plus discuter. L'oncle Souris part à ses
trousses.*

INT. / JOUR   ÉPICERIE RICHARD

Michel et Yves vont et viennent dans l'épicerie en préparant des com-
mandes à livrer. Yves travaille nonchalamment. Les bras chargés,
Michel dépose des boîtes de conserve et de pâtes alimentaires dans un
panier. Il est contrarié.

MICHEL

Le sacrament de Paquette, à CKTL! Tous les jours, tous
les jours, il nous tape dessus! Il fait des *jokes* sur nous
autres!

YVES

T'es pas obligé de l'écouter!
Les frères vont et viennent dans les allées en consultant leurs listes respectives.

MICHEL

Pis l'autre, là... Gamache! Il me rend malade!

YVES

Faut pas que tu prennes ça au sérieux! T'en ris pis c'est
toute!

MICHEL

Non, mais... qu'est-ce qu'ils ont?! Qu'est-ce qu'on leur
a fait?
*Yves et Michel aboutissent au comptoir avec leurs paniers chargés. Pendant
que Michel compare sa liste avec ce qu'il y a dans son panier, Yves réfléchit à
haute voix:*

YVES

C'est pas les journalistes qui me dérangent, moi. C'est
les avocats. C'est eux autres qui vont ramasser le *cash*!
Quand ils vont avoir fini avec leur show, il nous *restera*
plus rien! *(Comme s'il n'y avait pas pensé, Michel délaisse
sa commande. Yves prend plaisir à en remettre :)* C'est pour
ça qu'ils ont gelé les comptes de banque. Pour pouvoir
se servir tranquillement!

MICHEL

Ah oui, tu penses?
Yves se met à taper du doigt sur le comptoir.

YVES

Ça va être les premiers à se payer, tu peux être sûr! *(Il tape avec insistance.)* Pis plus Louise fait niaiser ça, plus ça fait leur affaire!

Yves frappe du doigt avec plus d'intensité encore.

INT. / JOUR	CABINET DE MAÎTRE PROVENCHER

Jean-Guy donne un grand coup de poing sur le bureau de maître Provencher, faisant sursauter l'avocat et l'oncle Souris.

JEAN-GUY

Toute ma vie, j'ai travaillé à la United Bedding et je me suis fait dire: «Farme ta gueule pis écrase!» Là, j'suis rendu millionnaire, mais ça continue: «Tu te farmes!» «Pas de commentaires!»...

MAÎTRE PROVENCHER

Voyons, monsieur Lavigueur!

JEAN-GUY

Y a pas de «monsieur Lavigueur»! Y a rien qui a pas été dit sur moi pis ma famille depuis que c'est commencé, cette affaire-là! J'suis un abuseur, j'suis un alcoolique! J'suis un illettré! On est rendus les «quétaines» du Québec astheur! C'est quoi ça, ce mot-là? Ils l'ont-tu inventé pour nous autres? Non, non! On arrête ça tout de suite! J'veux savoir combien ça va coûter. On paye, pis on met une croix là-dessus!

Maître Provencher ne sait plus que faire. L'oncle Souris intervient le plus délicatement possible:

L'ONCLE SOURIS

Dans deux, trois jours, ça va être fini! Il l'a dit!

JEAN-GUY

C'est ça, mets-toi de son bord, toi! L'argent devait être gelé pour deux, trois jours aussi!

MAÎTRE PROVENCHER

Écoutez! Le juge Dubuc s'apprête à trancher… jusqu'ici, on s'en est bien sortis!

JEAN-GUY

On s'en est bien sortis?! On parle pas du même procès, d'après moi! *(Un temps.)* Moi, j'suis déjà condamné!

Jean-Guy s'est levé. Maître Provencher tente de le retenir:

MAÎTRE PROVENCHER

Restez un peu! On va discuter! *(Insistant:)* J'ai besoin d'une semaine encore.

Intraitable, Jean-Guy quitte le bureau sans se retourner.

EXT. / JOUR   **RUELLE DERRIÈRE L'APPARTEMENT DE JOHNNY**

Jean-Guy et Louise sont face à face à l'ombre d'un vieux hangar, dans la ruelle derrière chez Johnny. Louise est nerveuse.

LOUISE

Johnny est sorti pour une couple de minutes. *(Elle regarde vers l'appartement, au deuxième.)* S'il me voit avec toi…

JEAN-GUY

Johnny, Johnny! Il te laisse-tu aller aux toilettes sans lui demander?!

LOUISE *(du tac au tac)*

Écoute, papa! J'peux pas arrêter le procès. C'est pas moi qui décide. Ça se fait pas!

JEAN-GUY

Mais c'est toi qui nous poursuis! Pas lui!

LOUISE

Trop tard! J'savais pas dans quoi je m'embarquais. Mais
là, j'peux plus reculer! *(Il y a quelque chose de désespéré
dans cette rencontre. On le voit dans le regard de Jean-
Guy. On le sent dans l'espèce d'abandon qu'il affiche.)* J'le
sais ben, tout le mal que ça vous a fait… *(Elle se passe
les mains dans les cheveux. Ses yeux se remplissent d'eau.)*
J'capote ben raide, moi, là! J'vas me ramasser avec rien,
si ça continue!

JEAN-GUY

Tout le monde a perdu dans cette affaire-là!
*Les yeux tournés vers le deuxième étage, Louise ne tient plus en place. Elle
s'approche de l'escalier en colimaçon.*

LOUISE

Faut que je remonte, moi, là! Il va arriver.

JEAN-GUY *(cherchant à la retenir)*

T'as cassé quelque chose, Louise. Quelque chose qui
pourra peut-être pas se réparer! *(Un temps.)* T'es sûre
que…
Elle se précipite dans l'escalier de métal.

LOUISE

J'savais pas… j'ai pas pensé…
Elle monte les marches à toutes jambes dans un tapage de métal.

JEAN-GUY *(fort)*

Viens plus brailler sur mon épaule! Asteur, tu t'arran-
ges toute seule!
*Le visage de Jean-Guy s'est refermé. Quelque chose vient effectivement de se
briser sous nos yeux.*

DEVANT LE LOGEMENT LAVIGUEUR,
                                                    RUE LOGAN

Jean-Guy descend de sa vieille Chrysler, claque la portière et se dirige vers son logement. Au même moment, une voiture passe dans la rue. Son conducteur ralentit et lance :

CONDUCTEUR DE L'AUTO

Hey, Séraphin ! Ta fille, c'est pas Donalda ! T'en mourras pas, si tu lui donnes une couple de piastres !

Jean-Guy lui fait un bras d'honneur.

JEAN-GUY

Mêle-toi de tes affaires, toi !

La voiture s'éloigne. Le paternel pousse la porte comme s'il défonçait pour entrer chez lui.

INT. / JOUR   CORRIDOR / SALON, LOGEMENT LAVIGUEUR

Yves est en compagnie de Sylvain Gamache dans la cuisine. L'attention que lui porte le journaliste lui donne de l'importance. Il pérore :

YVES

Nous autres la famille, on a une position… pis on bougera pas d'un pouce. Elle a pas gagné…

Jean-Guy entre dans la pièce. Yves la boucle. Le paternel fusille le journaliste du regard.

JEAN-GUY

Qu'est ce que tu fais icitte, toi ? *(Sans lui donner la chance de répondre, il ouvre sèchement la porte du frigo.)* Il restait pas une bière ?

Yves se lève. Il perd toute son assurance.

YVES

Ah euh, c'est parce que… je l'ai donnée à monsieur Gamache.

JEAN-GUY *(explosant)*
TABARNAK ! VEUX-TU MA CHEMISE AVEC ÇA,
AUSSI ?!
Interpellé, le journaliste balbutie :

SYLVAIN GAMACHE
S'cusez-moi, monsieur Lavigueur. J'voulais pas…
Yves s'interpose.

YVES
C'est parce que monsieur Gamache a une bonne
nouvelle.
Jean-Guy est hors de lui.

JEAN-GUY
Où ça, une bonne nouvelle ? J'en ai jamais vu, moi, des
bonnes nouvelles dans ton ostie de journal !
Sylvain Gamache tente de rester calme.

YVES
Y a des rumeurs qui courent au palais de justice, il pa-
raît. Notre jugement va sortir demain…
Jean-Guy reste de glace.

SYLVAIN GAMACHE
Ça va être bon, j'pense. *(Sourire.)* Ça va être bon pour
vous autres.

JEAN-GUY
J'm'en sacre !
Gamache perd le sourire. Il dépose sa bière sur la table et se lève.

SYLVAIN GAMACHE
Écoutez… j'pense que je vais vous laisser.

JEAN-GUY

Ouais! Fais ça! Fais de l'air! On t'a assez vu!

Le journaliste croise le regard de Yves, le salue comme on salue un ami et se retire par la porte arrière. Jean-Guy semble le chasser avec la seule puissance de son regard.

YVES

Il est de notre bord, lui. C'est pas une bonne idée de se le mettre à dos!

JEAN-GUY *(tranchant)*

Y en a pas, de journalistes qui sont de notre bord! Enlève-toi ça de la tête!

INT. / JOUR   **HANGAR, LOGEMENT LAVIGUEUR**

Cigarette au bec, Jean-Guy dénude ses vieux fils. L'oncle Souris s'approche. C'est d'une petite voix qu'il lance:

L'ONCLE SOURIS

C'est dans une heure.

JEAN-GUY

…

L'ONCLE SOURIS

Envoye, Jean-Guy! On nous attend au palais de justice! Viens!

JEAN-GUY

Ça m'intéresse pas! Ils vont encore rire de nous autres. *(Un temps.)* J'ai assez fait le singe de même!

L'ONCLE SOURIS

Jean-Guy…

JEAN-GUY

Tu comprends pas, hein ? Pour moi, le procès, il est fini
depuis longtemps. Ils m'ont condamné.

L'ONCLE SOURIS

C'est pas vrai !

JEAN-GUY *(le coupant)*

Ah oui, c'est vrai ! Pis j'irai pas entendre ça une deuxième fois.
L'oncle Souris ouvre la bouche, mais Jean-Guy ne le laisse pas parler.

JEAN-GUY

Essaye pas ! J'changerai pas d'idée. C'est de même, c'est
de même !

INT. / JOUR   TRIBUNAL, SALLE D'AUDIENCE

**On voit le visage grave du juge Dubuc. Il regarde par-dessus ses lu-
nettes. De son point de vue, on peut voir les Lavigueur d'un côté de
la salle, assis autour de maître Provencher, et de l'autre Louise, assise
seule avec François Léonard. Derrière eux, Pierre Thibault, la tante
Alice et le reste du conseil de famille. Et bien sûr Johnny, plus loin au
fond de la salle, perdu parmi les journalistes.**

JUGE DUBUC

Bien que la partie demanderesse ait tenté de démontrer
qu'il y a eu fraude, la Cour n'a pas retenu cette hypo-
thèse, considérant que la plaignante ne comprenait pas le
sens des mots qu'elle utilisait pour incriminer sa famille.
Pour elle, le fait qu'elle ne figure pas parmi les gagnants
implique une fraude. Or, la définition juridique de ce
mot ne s'applique pas aux faits qui ont été rapportés
devant cette cour. *(Dans le camp Lavigueur, des sourires
s'inscrivent sur les visages. On se retient encore pour l'instant.)* Si la demanderesse est fautive dans le choix des
mots pour incriminer sa famille, le blâme en incombe

en bonne partie à son avocat, maître Léonard, qui, selon la Cour, a très mal conseillé sa cliente durant ce procès. *(Yves, Michel, Sylvie et l'oncle Souris n'en peuvent plus. Des cris étouffés montent autour de maître Provencher, qui tente de les faire taire. Sentant la gravité de la situation, la tante Alice regarde du côté des Lavigueur, incrédule. Tout près, Louise, prostrée, fixe le plancher.)* Quiconque avance ou conteste des faits doit nécessairement comprendre le sens des mots utilisés. Dans le cas qui nous intéresse, la Cour considère donc qu'il n'y a eu ni fraude… ni faute. En conséquence, j'ordonne que la saisie sur la fortune de la famille Lavigueur soit levée et que l'affaire soit considérée close.

INT. / JOUR   APPARTEMENT DE JOHNNY, RUE FRONTENAC

Johnny est assis au bout de la table. Il y a déjà deux bouteilles vides devant lui. Il en est à sa troisième bière lorsque la porte de l'appartement s'ouvre doucement. Louise entre sans bruit.

JOHNNY

Ousque t'étais?

LOUISE

Tu m'as pas attendue après le procès. *(Haussant les épaules.)* J'suis r'venue à pied.

Johnny détourne le regard, pousse un long soupir et ajoute:

JOHNNY

Ça l'air pire que c'est. J'ai parlé avec l'avocat. *(Un temps.)* On peut aller en appel. *(Louise le regarde sans comprendre.)* Tu vas l'avoir, ton argent!

INT. / JOUR   TAVERNE DU QUARTIER

Un verre de bière à la main, Jean-Guy est d'humeur splendide. On reconnaît des visages. Colette et Gaétan Richard ainsi que Mariette, Pete et Roch. Une table chargée de nourriture a été aménagée dans un

coin. Il y a des petits sandwichs «pas de croûte», des trempettes et de la bière à volonté. Yves, Michel et Sylvie sont déchaînés. Maître Provencher, lui, semble intimidé par cette fête bruyante. Yves s'approche de son père :

YVES

On les a eus !

SYLVIE

Youhooooo !!!

Michel attrape son père par le bras pour le faire danser. Celui-ci renverse sa bière mais il s'en moque. L'oncle Souris se bidonne. Pour une fois, celui-ci a une bière à la main… mais c'est une bière d'épinette.

L'ONCLE SOURIS

On est millionnaires !

Il y a un bon moment qu'on n'a vu Jean-Guy en si grande forme. Il danse un peu avec Michel, mais s'arrête, le souffle court. Quelqu'un lui apporte aussitôt une autre bière (dans un verre). À travers l'écho de tous ces cris du cœur, Sylvain Gamache se faufile dans le restaurant. À peine a-t-il fait un pas dans le salon privé que Michel le repère. Aussitôt, il donne un coup de coude à son père. Celui-ci se retourne, aperçoit le journaliste du Quotidien de Montréal *et perd instantanément le sourire.*

MICHEL *(geignant)*

Ça finira donc jamais !

PRISE 4

Le procès (*bis*)

Le «procès» des Lavigueur et la restitution de leur fortune ont confirmé en quelque sorte le statut de vedettes qu'avaient acquis les membres de la famille. Leur rocambolesque histoire et leur passage pour le moins remarqué au palais de justice de Montréal les avaient consacrés. Pour les médias, et plus particulièrement la presse à sensation, c'était un cadeau du ciel. Mettre cette «famille de B.S.» à la une faisait vendre de la copie et grimper les cotes d'écoute. Ainsi commença un deuxième procès, plus sournois celui-là. Un procès de mots. Un procès médiatique. Même si Jean-Guy Lavigueur avait survécu aux démêlés juridiques l'ayant opposé à sa fille, on sentait déjà qu'il allait perdre la bataille de l'image. Un drame annoncé, une situation qui irait de mal en pis sans aucune chance de rémission. On est une fois encore dans l'univers de la tragédie.

Lors de nos conversations quotidiennes, Sylvain Archambault et moi avions parfois d'intenses moments d'euphorie. Il était à son téléphone cellulaire dans un studio quelque part, j'étais devant l'écran de mon ordinateur. L'échange se résumait parfois à des rires entrecoupés de «Ça s'peut-tu!». L'attention démesurée que recevaient *Les Lavigueur* nous dépassait. Les questions soulevées par la série, les réactions qu'elle suscitait et les controverses qu'elle attisait dépassaient l'entendement. Nous nous étions attaqués à un mythe, nous en avions changé le sens, la perception, mais les passions soulevées par cette famille et son histoire étaient aussi vives qu'en 1986.

Ce petit plaisir, à peine coupable, était chaque fois accompagné de rappels à la prudence. Le procès télévisuel des Lavigueur avait en quelque sorte signalé le début de notre procès à nous. Les mises en demeure commençaient à pleuvoir depuis quelque temps. Des gens – certains représentés dans la série, d'autres pas – se plaignaient du traitement qui leur avait été réservé. D'autres récriminations relevaient carrément de la fantaisie. Cela venait un peu assombrir la fête, mais nous savions que rien de cela ne tiendrait la route. Les passions ont souvent maille à partir avec les tribunaux. Par contre, il y avait beaucoup à apprendre en cherchant à décrypter la séquence des événements depuis le début janvier.

L'inflation médiatique déclenchée par la mise en ondes de la série, n'était-elle pas une reproduction de la bulle médiatique qui avait éclaté en 1986 autour des Lavigueur et dont la série faisait état ? La similitude entre les deux événements était frappante. Est-ce que l'ironie du sort irait jusqu'à détruire notre série, comme elle avait détruit cette famille ? Pour voir venir les coups, il fallait se souvenir des raisons pour lesquelles nous avions écrit et réalisé cette histoire de cette façon.

Si on utilise des matériaux empruntés à la réalité pour écrire des œuvres de fiction, c'est pour leur insuffler une authenticité qu'elles n'auraient pas autrement. Mais où tracer la ligne entre la fiction et la réalité dans la recherche de cette justesse ? C'est une question vieille comme le monde. Dans les grottes de Lascaux, les chasseurs gravaient le récit de leurs exploits sur les parois de pierre, qui leur servaient aussi d'abris. Il est à parier qu'ils ne s'entendaient pas tous sur les histoires racontées sur ces murs. Ceux qui avaient été témoins de ces parties de chasse ne voyaient pas nécessairement les choses comme ceux qui les avaient gravées dans la pierre. Mais c'était une histoire. Une des premières histoires. Et elle s'est rendue jusqu'à nous. L'écho des querelles entre hommes de Cro-Magnon, au sujet de ces histoires vraies ou inventées, s'est tu depuis longtemps. Comme pour la querelle entre les Anciens et les Nouveaux, personne n'aura eu le dernier mot sur la question. Mais j'étais plutôt content de faire partie d'un débat où le meilleur était encore à venir.

VENDREDI 25 JANVIER

À part cette comédie dont j'ai parlé, je m'escrimais sur un autre sujet tout aussi délicat touchant également à un mythe : le Canadien de Montréal. La célèbre équipe de hockey fêtera son centième anniversaire en 2009 et un film de fiction était en préparation. Un premier projet avait été développé par une équipe d'auteurs mais n'était pas parvenu à faire l'unanimité. Sylvain, qui était pressenti pour réaliser le film, s'en désolait. Mais ce sont des choses qui arrivent. La magie ne se commande pas. En fait, elle n'est au rendez-vous que lorsqu'il lui plaît bien. On m'a donc demandé de prendre la relève, mais j'avais des réticences. Le mythe des Lavigueur m'avait déjà coûté cher. Cinq années de boulot sur un même sujet avant d'en voir la première image ne laissent pas indifférent. À ce rythme, combien de vies faut-il pour livrer toutes les histoires qu'on a à raconter ! Mais c'était surtout le mythe entourant le Canadien qui me faisait hésiter. Selon l'angle et la façon de raconter l'histoire, nous nous retrouverions certainement, Sylvain et moi, au centre d'une nouvelle controverse. Il y aurait assurément quelqu'un pour dire que notre histoire n'était pas la vraie histoire.

C'est au téléphone, au milieu de mes atermoiements, que Sylvain prononça quelques mots, qui réglèrent le sort de ma participation à ce projet. Il me lança simplement : « Nous allons construire ce film autour d'une valeur noble. » Le mot « espoir » me vint immédiatement à l'esprit. Était-ce par association ? D'année en année, la célèbre équipe a toujours l'espoir de remporter la Coupe Stanley. D'année en année, des milliers de jeunes ont espoir de se joindre au Canadien. Le film sur la vie de Maurice Richard, telle que racontée par Charles Binamé, avec Roy Dupuis dans le rôle-titre, n'était-il pas un film d'espoir ?

En tricotant un scénario autour de cette idée, je m'éloignais du mythe – que je ne souhaitais pas vraiment aborder – et je me rapprochais de ma tasse de thé, c'est-à-dire raconter des histoires qui véhiculent des valeurs. C'est sans doute ce que l'on appelle s'approprier un sujet. J'étais en tout cas très heureux d'écrire cette histoire tout en espoir, qui déjà avait des allures de *feel good movie*.

Autant de projets qui m'aidaient à garder la tête au-dessus de l'eau. Et chaque fois que l'occasion se présentait, je faisais l'école buissonnière. Je fuguais. Le « plan » était toujours le même. Une petite balade sur l'autoroute des Cantons-de-l'Est tôt le matin et, bien sûr, à la vitesse permise. Diana Krall au piano à l'aller et Gilberto Gill au retour. Entre les deux, trois heures de ski à fond de train sur les pistes désertes.

À ma première remontée, je m'arrêtai un moment tout en haut de la montagne pour regarder Montréal au loin. À peine un nuage de vapeur s'élevait-il du fleuve. La diffusion de *Les Lavigueur, la vraie histoire*, la comédie à laquelle je travaillais et le projet du Canadien dont j'imaginais déjà les images étaient si loin. Là-haut, plus rien n'existait. À cet endroit, on ne ressentait pas cet engouement dont on parlait de plus en plus à propos des Lavigueur. Ce mot me semblait inapproprié. Dans mon esprit, « engouement » est un mot qui s'emploie pour désigner quelque chose d'heureux, de réjouissant. Une invention, une découverte qui va simplifier la vie et que tout le monde voudra se procurer. Mais faut-il le rappeler, l'histoire des Lavigueur est une histoire épouvantablement triste. Comment pouvait-elle susciter de l'engouement ? Il y avait là matière à discussion.

J'allais m'élancer sur la Brome à l'ouverture des pistes lorsque mon portable se mit à sonner. Je l'oublie habituellement lorsque je fais de l'écriture buissonnière, mais Hélène Faubert m'avait fait promettre de le prendre. Cette discussion que je me promettais d'avoir au sujet de l'engouement, c'est avec le journaliste Patrick Lagacé de *La Presse* que je l'aurais. En effet, il demandait à me rencontrer en compagnie de Marc S. Je n'avais évidemment pas de réponse à offrir à Lagacé. Même pas l'ombre d'une explication. En fait, j'avais plutôt hâte de l'entendre pour savoir ce qu'il en pensait lui-même.

À mon arrivée aux bureaux de production, rue Sherbrooke, j'ai compris que la marmite chauffait pas mal fort. Marc S. Grenier ne pourrait assister à la rencontre. Il était dans le « jus ». L'engouement se traduisait de façon bien différente, à cet endroit. Les mises en demeure, plaintes et autres reproches continuaient d'affluer.

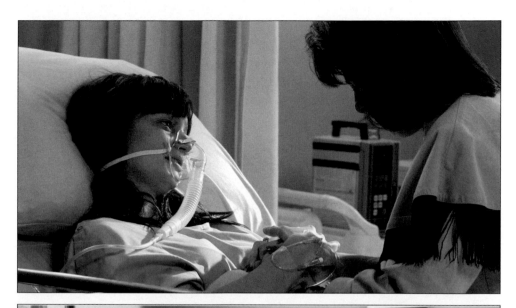
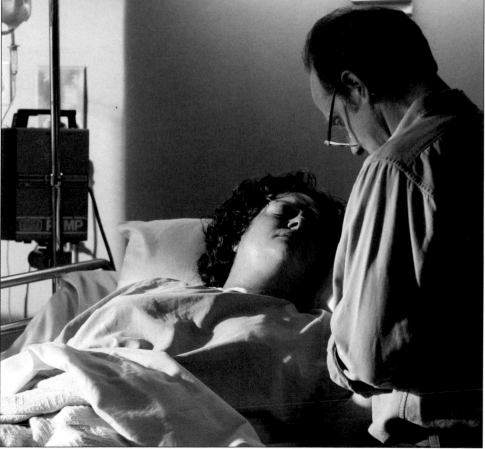

Nous avions toujours la conviction qu'aucune de ces attaques ne tiendrait et qu'après avoir reçu un peu d'attention ceux qui nous les jetaient à la figure finiraient par mettre de l'eau dans leur vin. Il reste que chacun semblait maintenant retenir son souffle dans les bureaux où nous avions conçu les Lavigueur. C'est dans cette atmosphère d'oxygène raréfié que j'entrai dans la salle de conférences, où Patrick Lagacé, assis au bout de la grande table, m'attendait. J'anticipais les questions habituelles. Pourquoi avoir appelé ça «La vraie histoire»? Les scènes de sexe n'étaient-elles pas trop osées? Et Johnny. Ce cher Johnny! Existait-il vraiment? Si oui, quel était son nom? Mais rien de cela ne se produisit. Écartant le rapport question/réponse, nous avons cherché pendant une heure à comprendre ce phénomène d'engouement, mot que je contestais un peu moins pour décrire le phénomène. L'identification y était certainement pour quelque chose. Toute histoire, qu'il s'agisse d'un roman, d'un film ou d'une série, tente de créer un lien entre les personnages fictifs mis en scène et le public. Le spectateur s'identifiera à l'un ou l'autre des personnages et cette histoire lui parlera. Chez les adolescents, par exemple, on disait qu'ils étaient légion à s'identifier à Louise, l'adolescente rebelle de la famille Lavigueur. D'autres se retrouvaient dans les parents de la jeune fille. Mais ce point d'analyse ne suffisait pas à tout expliquer.

Conversation à bâtons rompus, donc, sur la scénarisation, sur le développement en fiction de personnages réels. Mais peu de réponses sur l'engouement. Cette histoire touchait une corde sensible, que nous n'arrivions ni l'un ni l'autre à identifier. Pour prévenir les coups toutefois, je prévins mon interlocuteur que Johnny, le détestable motard, céderait la place à Gamache, le journaliste, dans l'épisode à venir. Et que ce Sylvain Gamache, on finirait par le détester tout autant que le motard! J'insistai même pour dire que le rôle écrit pour ce journaliste fictif – sorte de synthèse de plusieurs journalistes ayant couvert l'affaire à l'époque – n'était pas très flatteur pour la profession. Sans doute parce qu'il en a vu d'autres, ces propos soulevèrent peu d'émotion chez Patrick Lagacé. C'était à une autre époque, me fit-il remarquer. Le journalisme a beaucoup changé depuis. J'avais envie de le croire. C'est en tout cas la position qu'il adopta dans l'article qu'il signa quelques jours plus tard. Les excès de certains scribes de l'époque, relevés dans la série *Les Lavi-gueur, la vraie histoire*, ne pourraient se reproduire aujourd'hui !

MARDI 29 JANVIER

La diffusion en plusieurs tranches d'une même histoire comporte des dangers. Le plus grand étant, bien sûr, que le spectateur perde le fil. Le «procès» avait créé un tel remous, qu'on était en droit de se demander si le tapage entourant cette saga n'était pas en train de supplanter la série elle-même. Ou du moins de lui faire ombrage.

Fin janvier, la neige tombait toujours. De mémoire de skieur, il n'y avait pas eu de saison aussi faste depuis dix ans. Les rues de la ville étaient gonflées à blanc, le mont Royal était dans la ouate et l'hiver, c'est ce que je m'imaginais du moins, concourait à étouffer le bruit de la controverse. C'était ce même complice qui, le soir venu, gardait les gens à la maison. À 21 heures, ils seraient sans doute aussi nombreux à regarder la suite. Nous avions indéniablement établi un lien avec le public. Je commençais d'ailleurs à avoir ma petite idée sur le pourquoi. En dramatique, on cherche à peu près toujours à reproduire la réalité. Or, la réalité ne se reproduit pas. Le temps passe. Au mieux, nous parvenons à faire des œuvres dont le réalisme crée l'illusion de la réalité. De la même manière que Pierre Verville était devenu Jean-Guy Lavigueur, le réalisme des images de Sabourin et de la mise en scène d'Archambault avait réussi l'illusion. Il y avait eu jusque-là plusieurs rebondissements calqués sur la réalité. Mais voilà que se produisait le plus improbable des retournements, celui qu'un scénariste n'aurait osé proposer sans se faire reprocher de forcer la note. Après avoir été traîné dans la boue par sa fille Louise, Jean-Guy se réconciliait avec elle. C'était sa «princesse» après tout ! Un *happy end* à l'américaine, donc ! Le paternel irait jusqu'à la reprendre à la maison, pour qu'elle vive elle aussi la vie de millionnaire. Une affaire arrangée avec le gars des vues, aurait-on envie de dire ! Ce sont pourtant les faits. Mais l'histoire n'était pas terminée. Loin de là !

ÉPISODE 4

L'oncle Souris s'avance dans la rue, une femme tout en rondeurs à son bras. Cabotin, il porte des chaînes en or et fait un numéro pour l'impressionner :

L'ONCLE SOURIS

… non, non, c'est vrai ! J'avais dix-huit, dix-neuf ans.
On avait notre orchestre… Les Cha Cha Combos ! Moi,
j'étais le chanteur.

Il se met à danser et à chanter devant elle.

L'ONCLE SOURIS

J'aime les nuits de Montréal,
Pour moi ça vaut la place Pigalle,
Je ris, je chante,
La vie m'enchante…

L'oncle Souris attrape le bras de Francine Trudel et la fait danser. Elle rigole.
Des curieux dans la rue les regardent.

L'ONCLE SOURIS *(chantant)*

Il y a partout des refrains d'amour,
Je chante encore, je chante toujours…

FRANCINE TRUDEL *(crampée de rire)*
Arrête!

D'humeur splendide, l'oncle Souris continue de danser et de faire le pitre en s'engageant dans la ruelle.

EXT. / JOUR   COUR ARRIÈRE, LOGEMENT LAVIGUEUR

Debout sur la galerie, les bras croisés, Jean-Guy n'est pas du tout amusé de voir le beau-frère s'avancer en rigolant au bras de Francine Trudel.

JEAN-GUY
Elle a téléphoné!

L'ONCLE SOURIS
Qui ça?

JEAN-GUY
Louise.

L'oncle Souris cesse de rire. Jean-Guy fait un petit signe de tête à Francine. Ils se connaissent.

L'ONCLE SOURIS
Écoute euh… monte, je vais aller te rejoindre!

FRANCINE
J'vais me faire couler un bain!

La rondelette Francine adresse un sourire aux deux hommes. Seul l'oncle Souris le lui retourne. Elle s'engage dans l'escalier en colimaçon. Jean-Guy escamote l'entrée en matière :

JEAN-GUY
Elle veut revenir!

L'ONCLE SOURIS
Ça se peut-tu?! Elle a compris… enfin?

JEAN-GUY

Non, mais attends, là! Elle m'a traîné dans la marde! J'ai
fait rire de moi!

L'ONCLE SOURIS

Wo! Wo!

JEAN-GUY

Il faudrait peut-être que j'y ouvre tout grands les bras!
Jamais, m'entends-tu! Jamais!

*L'oncle Souris regarde autour, comme s'il craignait qu'on les entende. Mi-
sérieux, mi-amusé, il souffle:*

L'ONCLE SOURIS

As-tu envie que ce soit dans les journaux demain matin,
c'que tu dis là?

Roulant les yeux, il lui suggère de passer à l'intérieur.

INT. / JOUR   **CUISINE, LOGEMENT LAVIGUEUR**

Assis autour de la table, les deux hommes parlent à voix basse.

L'ONCLE SOURIS

Qu'est-ce que ça va te donner de te chicaner avec elle
jusqu'à la fin des temps? Y a un moment donné où
il faut que ça arrête! *(Mesurant son effet.)* Si t'es trop
« bucké » pour comprendre ça!

JEAN-GUY

J'suis pas « bucké »!

L'ONCLE SOURIS

Oui, t'es « bucké »! T'as toujours la face longue de
même. T'es enragé contre tout le monde! Reviens-en!
Décroche!

Jean-Guy se recule, étonné. Secoué, même. L'oncle Souris plastronne:

L'ONCLE SOURIS

Regarde-moi! J'ai du fun! *(Un temps.)* Si tu veux bouder, c'est ton affaire… mais demande-moi plus de te tenir par la main!

Jean-Guy est vexé.

JEAN-GUY

J't'ai rien demandé!

INT. / JOUR	CABINET DE MAÎTRE LÉONARD

Johnny entre dans le bureau et parcourt la pièce, l'œil sombre.

JOHNNY

Louise est pas encore arrivée?

MAÎTRE LÉONARD

On l'attend. *(Léonard se tourne vers un deuxième avocat.)* J'te présente Tom Dessurault. C'est lui qui va reprendre le dossier.

Johnny lui serre la main. Ce nouveau joueur semble encore plus crapuleux que celui qu'il remplace.

JOHNNY

Elle est jamais en retard, d'habitude. Elle va arriver.

TOM DESSURAULT

J'espère! J'ai pas juste ça à faire!

Johnny n'aime pas ce ton. Il regarde François Léonard, comme s'il cherchait une explication. Celui-ci hausse les épaules.

MAÎTRE LÉONARD

Aller en appel, c'est ben beau… mais c'est pas le temps de se mettre à branler dans le manche!

JOHNNY

Y a personne qui branle dans le manche ! On va aller le chercher, c'te million-là ! *(Un temps.)* Elle a dû se tromper d'heure, c'est toute.

TOM DESSURAULT

J'espère pour elle !

EXT. / JOUR   **PARC**

Plein cadre sur le visage de Louise. Crispée, elle fume une cigarette.

LOUISE

Qu'est-ce qu'il a dit p'pa, après mon téléphone ?

YVES

Il veut rien savoir !

Yves porte des verres fumés griffés et une chaîne en or au cou. Ses traits sont fermés. À ses côtés, Sylvie, très chic elle aussi, se montre plus nuancée :

SYLVIE

Il l'a pas dit comme ça…

LOUISE *(désolée)*

Mais ça revient au même !

Yves et Sylvie ne répondent pas. Elle continue de tirer sur sa cigarette en regardant autour d'elle par moments.

LOUISE

Moi, j'veux pas y aller, en appel ! J'ai trouvé ça tellement dur, le procès !

YVES *(glacial)*

Ça recommence !

LOUISE

Johnny a trouvé un nouvel avocat. Il manque juste ma signature pour déposer les papiers. *(Un temps.)* Mais là, j'peux pas. J'suis plus capable!

Sylvie croise le regard d'Yves. Il est sceptique. Elle lui fait signe de la laisser faire.

SYLVIE

Si tu les signes pas, ces papiers-là, toute s'arrête? Ils retourneront pas devant les tribunaux sans toi? C'est ça que tu dis? *(Louise fait signe que oui. Yves veut intervenir mais Sylvie lève la main.)* Faut pas que tu retournes chez Johnny! Tu viens avec nous autres!

YVES *(s'y opposant)*

Wo! Attends un peu, là!

SYLVIE *(ferme)*

Elle vient avec nous autres!

INT. / JOUR   **CABINET DE MAÎTRE LÉONARD**

L'oreille collée au combiné, Johnny est contrarié.

JOHNNY

Qu'est-ce qu'a fait, la p'tite christ! *(Tom Dessurault rassemble ses papiers et les glisse dans sa valise. Furieux, il prend un bout de papier sur lequel il inscrit le chiffre 200. Toujours pendu au téléphone, Johnny voit le chiffre.)* C'est quoi, ça?

Johnny raccroche doucement.

TOM DESSURAULT

Deux cents piastres. C'est ce que tu me dois! *(Johnny se tourne vers François Léonard, qui fuit son regard. Tom Dessurault referme sa valise d'un coup sec.)* Moi, je charge à l'heure… en plus de prendre une part sur l'argent qu'on va chercher.

JOHNNY

J'vais aller la chercher.

Sans faire ni une ni deux, Johnny quitte le bureau, laissant la porte toute grande ouverte. Le nouvel avocat sourit, plutôt content de l'effet qu'il a eu sur son client.

INT./JOUR   APPARTEMENT DE JOHNNY, RUE FRONTENAC

Dès la première image, on sent la tension. Louise ramasse ses affaires en catastrophe dans la chambre. Plus ou moins rassurés, Yves et Sylvie attendent dans la cuisine.

YVES

Où est-ce qu'il est, Johnny?

LOUISE

Avec l'avocat. Ce sera pas long, j'arrive, là.

Encore irrité, Yves se tourne vers Sylvie :

YVES

C'est quoi, ton plan? La ramener à la maison? Pour que l'père saute au plafond!

SYLVIE

Aimes-tu mieux retourner en cour? *(Affolée, Louise sort de la chambre sa valise à la main. Elle fait un crochet vers les toilettes, où elle ramasse maquillage et brosse à dents en catastrophe.)* L'important, c'est qu'elle signe rien! Sinon, le cauchemar va recommencer!

En sortant des toilettes, Louise échappe sa valise. Tout se renverse par terre. Elle est en larmes. Sylvie vient l'aider. Dans la rue, le bruit d'une Harley Davidson retentit. Yves tend l'oreille. La moto s'est arrêtée devant la maison. Affolé, il court vers la porte arrière et l'ouvre.

DEVANT L'APPARTEMENT DE JOHNNY,
                                       RUE FRONTENAC

Johnny descend de sa moto. Le temps d'enlever son casque et de chercher ses clefs, il se précipite vers la porte et tente de l'ouvrir, mais il
est trop pressé. La clef se coince.

INT. / JOUR   APPARTEMENT DE JOHNNY, RUE FRONTENAC

Sylvie sort par la porte arrière avec la valise de Louise mal fermée dans
les mains. Elle se précipite dans l'escalier en colimaçon. Yves s'impatiente sur le seuil. Louise est retournée dans la chambre.

YVES

Envoye Louise! *Let's go*!

LOUISE (voix hors champ)

Faut que j'prenne mon *coat*!

Un immense coup de pied retentit dans la porte avant. Yves s'impatiente et
rejoint Louise dans la chambre.

YVES

Laisse faire. Viens-t'en!

Louise cherche frénétiquement dans la garde-robe :

LOUISE

Voyons christ! Où c'é qu'il l'a mis? C'est mon *coat* de
cuir!

On entend des pas dans l'escalier. Johnny grimpe les marches quatre à quatre.
Yves s'engouffre dans la chambre et pousse sa sœur dans la garde-robe. Elle n'a
pas le temps de comprendre que Johnny débouche dans l'appartement.

JOHNNY (voix hors champ)
LOUISE!!!

Dès que Johnny met le pied dans le logement, il comprend ce qui vient de se
passer. La porte arrière est toute grande ouverte. Dans la chambre, les tiroirs
de la commode le sont aussi. C'est du point de vue de Johnny qu'on s'avance

vers le petit balcon. En bas, on voit quelqu'un disparaître dans la ruelle. Au milieu de la cour, la valise a été abandonnée toute grande ouverte.

4

JOHNNY

CHRIST!!!

Il revient dans l'appartement en regardant autour de lui. Devant la porte de la chambre, il hésite… fait un pas et contemple le lit défait.
Dans la pénombre de la garde-robe, Louise et Yves retiennent leur souffle. On voit Johnny de leur point de vue. Incapable de contenir sa colère, il passe son poing à travers la porte. Louise sursaute… fait un bruit avec sa bouche. L'a-t-il entendue?
Furieux, Johnny y va d'un coup de pied dans le mur et quitte la pièce. On l'entend descendre l'escalier et sortir en claquant la porte. Dans la garde-robe, Yves et Louise respirent fort.

INT. / JOUR	BUREAU DE SYLVAIN GAMACHE

Frank Lemieux s'est arrêté au bureau de Sylvain Gamache. Le plan de travail est couvert de journaux. Renversé en arrière sur sa chaise, le journaliste vedette du *Quotidien* est songeur. Appuyé contre la porte, Lemieux tourne le fer dans la plaie :

FRANK LEMIEUX

Pendant le procès des Lavigueur, le tirage est monté jusqu'à cent mille.

SYLVAIN GAMACHE

Mais là, on plonge.

FRANK LEMIEUX

Fait que… ils en veulent plus en haut? C'est ça?
Gamache nous surprend en imitant son patron :

SYLVAIN GAMACHE

Ça me prend des scoops, Gamache! Des scoops! Fouille!
Déterre! Trouve quelque chose!!!
Lemieux a un sourire en coin. Il semble amusé de voir Gamache contrarié.

SYLVAIN GAMACHE

Mais moi, j'dis qu'il faut passer à autre chose. On a assez pressé le citron!

FRANK LEMIEUX *(catégorique)*

Ben non! C'est pas le temps de lâcher l'os! Il a raison, l'*boss*. C'est une bonne histoire. Y va arriver quelque chose!

GAMACHE *(se raidissant)*

J'te remercie pour le cours de journalisme!

FRANK LEMIEUX *(du tac au tac)*

Est pas finie, c't'histoire-là!
Sylvain Gamache se lève pour être d'égal à égal.

SYLVAIN GAMACHE

Et ça va être quoi, la fin, d'après toi?

FRANK LEMIEUX

Ah ça, j'le sais pas. Il va falloir attendre. *(Le défiant à son tourl.)* Ils sont pas comme les autres, les Lavigueur. Ils ont un p'tit quelque chose.

SYLVAIN GAMACHE

C'est vrai. Ils ont un p'tit quelque chose. Ils sont normaux. *(Un temps.)* C'est nous autres qui en faisons des bêtes de cirque!

FRANK LEMIEUX *(méprisant)*

Gamache, t'es un sensible, toi! T'es pas fait pour ça. Ça va te perdre!

INT. / JOUR   CUISINE, LOGEMENT LAVIGUEUR

Encadrée de Sylvie et de Yves, Louise est debout dans l'entrée de la cuisine. Devant elle, Jean-Guy est raide comme une barre.

LOUISE

Inquiète-toi pas! J'viens pas pour rester. C'est juste en attendant… de me trouver une autre place. *(Michel arrive dans la cuisine par l'autre côté. Pour la première fois depuis longtemps, toute la famille est réunie.)* Là, j'suis prise entre deux feux! Les avocats m'attendent. Pis j'veux pas y aller.

SYLVIE

Personne veut un autre procès!
On voit le visage de Jean-Guy. Intense, il mesure chacun de ses mots :

JEAN-GUY

C'est les menteries surtout qu'on veut plus ici! *(Il est ému.)* Pis tout le reste. Tout ce qui a été dit… *(Jean-Guy est incapable de finir sa phrase. Louise ravale bruyamment sa salive.)* … Si tu restes, c'est parce qu'on est une famille! *(Ces mots d'ouverture soulagent Sylvie. Yves enlève ses verres fumés. Les regards se croisent. Michel reste en retrait.)* C'est ça que ta mère aurait voulu. Qu'on reste ensemble… *(Il a du mal à le dire.)* Même après ce qui est arrivé! *(Louise a les yeux dans l'eau. Le paternel dodeline de la tête… comme s'il avait quelque chose de plus pénible encore à dire.)* J'te dirai pas ce que ça m'a fait, ce procès-là. Parce que j'ai pas les mots… j'sais même pas si ces mots-là existent. *(Un temps.)* Fait que… c'est ça! C'est la famille ou rien!

Louise est bouleversée. Au bord des larmes, elle écarte les bras, espérant que son père la serre contre elle :

LOUISE

P'pa!
Incapable de le faire, Jean-Guy recule d'un pas. Elle est surprise. Il balbutie :

JEAN-GUY

Faut que j'aille fumer une cigarette, là… *(Et comme s'il cherchait à se reprendre :)* Installe-toi, là.

LOUISE

J'ai rien.
Elle écarte ses mains vides. De plus en plus confus, il marmonne :

JEAN-GUY

On reprendra ça plus tard.
Jean-Guy s'éloigne vers le salon.

EXT. / JOUR   **PARC À LA CAMPAGNE**

Le clan Lavigueur au grand complet – l'oncle Souris et Francine Trudel compris – est réuni à ce pique-nique, qui en rappelle un autre. À la différence qu'on joue au frisbee cette fois. Seul Jean-Guy pêche le long du ruisseau. Une certaine bonhomie plane sur la scène. Puis un cri retentit près du cours d'eau :

JEAN-GUY

J'en ai une !!!
Seul l'oncle Souris se rend compte que Jean-Guy a attrapé un poisson. Il s'approche alors que celui-ci exhibe une magnifique truite.

L'ONCLE SOURIS

Hey, ça vaut ben une bière, ça !
Le paternel est heureux. Lui et l'oncle Souris se dirigent vers la table de pique-nique, alors que Francine Trudel, Sylvie, Louise, Yves et Michel continuent de jouer au frisbee.

EXT. / JOUR   **COIN PIQUE-NIQUE, PARC À LA CAMPAGNE**

Même en pique-nique, l'oncle Souris a trouvé le moyen de se faire un thé. Pendant qu'il trempe une poche de Salada dans de l'eau chaude, il regarde amoureusement Francine lancer le frisbee.

L'ONCLE SOURIS

Elle est belle, hein!

Souriant, Jean-Guy acquiesce et avale une gorgée de son verre de bière.

JEAN-GUY

Pas pire!

L'ONCLE SOURIS

Tu dois être content! C'est ça que tu voulais, être avec ta famille!

Jean-Guy approuve en continuant de regarder toute la bande.

L'ONCLE SOURIS

Tu les as, là! Toute la gang!

JEAN-GUY

A fait vraiment des efforts, Louise!

L'ONCLE SOURIS

Ouais. J'ai vu ça. On dirait que c'est la Louise d'avant. *(Se reprenant.)* Ben… la Louise d'y a longtemps.

JEAN-GUY

Si ça peut tenir!

L'ONCLE SOURIS

Au bout du compte, c'est toi qui te ramasses avec les meilleures cartes dans ton jeu!

JEAN-GUY

Y a juste les maudits journalistes, là! S'ils peuvent nous lâcher!

L'ONCLE SOURIS *(avec assurance)*

Ah, c'est fini, ça! Ils vous ont oubliés! Les journaux, ils s'intéressent pas aux gens heureux. *(Jean-Guy hoche la*

tête tellement il a envie d'y croire. L'oncle Souris le regarde,
l'air amusé.) En fait, je dirais que tout ce qui te manque,
c'est d'apprendre à être millionnaire !

Jean-Guy l'interroge du regard.

L'ONCLE SOURIS

Pis te trouver une femme, peut-être…

EXT. / JOUR	DEVANT L'ÉPICERIE RICHARD

Jean-Guy descend la rue Logan, vêtu d'une chemise de soie à motifs et
d'un pantalon ajusté. Il porte des verres fumés et a fière allure. Alors
qu'il passe devant l'épicerie Richard, une voix l'interpelle :

SYLVAIN GAMACHE

C'est ici que tout a commencé ! *(Surpris, Jean-Guy s'arrê-*
te. Gamache, le journaliste, est en train de choisir des toma-
tes dans un panier.) Ça va bien, monsieur Lavigueur ?

JEAN-GUY *(sec)*

NON ! *(Il l'assassine du regard. Gêné, le journaliste s'éclair-*
cit la voix. Jean-Guy est frondeur :) Vous restez dans le
boutte, asrheur ?

SYLVAIN GAMACHE

Je passe comme ça, des fois. *(Un temps.)* Vous devez être
content que ce soit terminé, le procès ? Qu'est-ce que
vous allez faire, maintenant ?

Jean-Guy secoue la tête comme s'il n'en revenait pas.

JEAN-GUY

Hey ! C'est pas vrai !

SYLVAIN GAMACHE

J'ai entendu dire que Louise est revenue à la maison ?

JEAN-GUY *(piqué)*

Comment tu sais ça, toi?

SYLVAIN GAMACHE *(louvoyant)*

De même… ça se parle. *(Jean-Guy en est interdit. L'autre insiste:)* Ça se passe bien? Malgré tout ce qui s'est dit au procès…

JEAN-GUY *(le coupant)*

Hey, j'ai rien à dire, O.K.!!! Nous autres, on avait une vie ben ordinaire avant. Pis là, on aimerait ça que ça revienne comme c'était!

SYLVAIN GAMACHE

Vous êtes aussi bien d'oublier ça, monsieur Lavigueur. Ça reviendra pas comme avant.

Jean-Guy se pompe en le désignant du doigt:

JEAN-GUY

R'tourne t'occuper des meurtres pis des accidents… pis lâche-nous, O.K.!

Sans lui donner la chance de répondre, Jean-Guy s'éloigne sur le trottoir.

JEAN-GUY *(se retournant pour gueuler)*

Oublie-nous, tabarnak! C'est-tu dur à comprendre, ça?!

Gamache abandonne ses tomates dans le panier. Il n'est pas fier de lui. On sent sa frustration monter.

INT. / JOUR	CHAMBRE, LOGEMENT LAVIGUEUR

Quelqu'un pleure mais on ignore de qui il s'agit. L'image nous fait plutôt voir des objets et des vêtements neufs jetés pêle-mêle sur un lit. Des cassettes, un walkman tout neuf, un ghetto blaster rutilant et même un téléviseur miniature. Plus loin, on s'arrête sur une revue ouverte. On y voit une bande dessinée qui a pour titre *Les Ravibreur*. Les personnages sont inspirés de la famille Lavigueur.

LOUISE

Qu'est-ce que t'as? *(Louise caresse les cheveux de Michel tout en cherchant à comprendre. Il montre la bande dessinée où il est lui-même représenté.)* C'est ça qui te fait pleurer?

Louise regarde les caricatures plutôt mesquines.

MICHEL

C'est nous autres, la gang de malades!

LOUISE

C'est pas grave, ça! C'est juste pour rire!

MICHEL

Non, mais as-tu regardé?! Une vraie gang de «fuckés»!

Louise sort un paquet de cigarettes écrasé de la poche arrière de son jeans et en allume une.

LOUISE

On s'appelle-tu les Ravibreur, nous autres?!

Michel ne répond rien. Louise est presque affectueuse avec lui:

LOUISE

C'est pas notre nom, ça!

Après avoir allumé sa cigarette, elle se remet à flatter son frère sur les épaules et dans le dos.

INT. / JOUR   CORRIDOR / CUISINE, LOGEMENT LAVIGUEUR

Sylvie entre dans la cuisine où elle trouve Jean-Guy, toujours vêtu de sa chemise de soie et de son pantalon ajusté, en train de fumer une cigarette et de boire une bière dans son éternel verre de Coke. Elle dépose trois grands sacs remplis de ses nouvelles acquisitions.

SYLVIE

Louise! Viens voir! *(À son père.)* J'ai trouvé plein de belles affaires. LOUISE!!!

Sylvie sort des vêtements aux couleurs vives de ses sacs. Il y a aussi des bijoux et des breloques.

JEAN-GUY

Où est-ce que tu vas mettre ça? Y a déjà plus de place dans ta chambre!

Louise sort de la chambre de Michel et s'approche.

SYLVIE

Viens! J't'ai acheté plein d'affaires! *(Elle déplie une petite robe verte.)* Comment tu la trouves?

LOUISE

Le vert, ça me fait pas!

Elle en sort une rouge d'un autre sac.

SYLVIE

Tiens, prends celle-là à la place!

Un bruit sourd retentit dans le corridor. Le ghetto blaster tout neuf vient d'atterrir sur le plancher! D'autres objets suivent. La télévision miniature, les cassettes, le baladeur, tout le matériel aperçu dans la chambre des garçons. Déchaîné, Michel crie:

MICHEL

Les maudites cochonneries d'Yves! J'suis plus capable!

JEAN-GUY

Ben voyons! Qu'est-ce qui lui prend, lui?

Michel pousse les objets à coups de pied dans le corridor!

MICHEL

Y a plus de place dans ma chambre! J'étouffe! *(Jean-Guy s'approche et tente de le maîtriser, mais Michel se dégage.)* Lâche-moi!

Jean-Guy s'impatiente. Michel enjambe le fatras dans le corridor et fonce vers la cuisine, passant devant Sylvie qui le regarde d'un air étonné. Jean-Guy la rejoint, toujours sans comprendre:

JEAN-GUY

Il s'est-tu passé quelque chose?

LOUISE

C'est correct. J'm'en occupe. Je vais lui parler, moi.
Jean-Guy approuve d'un signe de tête. Il est à la fois étonné et ravi de l'initiative de Louise.

EXT. / NUIT   **RUELLE**

Michel et Louise marchent côte à côte dans une ruelle mal éclairée. Le cadet parle sans arrêt:

MICHEL

On est tous les deux pareils, là-dedans. Moi, c'est parce que j'ai pas encore mes dix-huit ans. Mon argent est à la banque. Toi, c'est parce que t'as pas mis ton deux piastres... *(Louise a du mal à le suivre. Elle n'a jamais vu son frère ainsi.)* ... même chose. *(Un temps.)* Dans la famille, y a trois millionnaires pis deux cassés.

LOUISE

Ouais...
Elle n'a pas le temps d'en dire plus.

MICHEL

Tu penses pas?
Louise s'arrête sous un réverbère. Il se tait. La nuit est calme. Elle sort le paquet de cigarettes écrasé de sa poche et cette fois lui en offre une:

LOUISE

Prends ça *cool*...

Il refuse. Elle allume une cigarette. Il lui fait comprendre qu'il prendrait plutôt une puff. *Ils partagent la même cigarette sous le réverbère. La scène ne s'apaise pas pour autant.*

LOUISE

Si tu savais comme elle m'énerve, Sylvie! Elle arrive avec toutes les affaires qu'elle a achetées! *(L'imitant.)* Tiens, essaye ça, Louise… j'suis sûre que ça va te faire! *(Changeant de ton.)* Elle m'invite jamais à magasiner, par exemple! C'est elle qui a le *cash*, c'est elle qui choisit!

Michel approuve de la tête mais s'étouffe avec la cigarette. Il la remet à sa sœur et s'éclaircit la voix:

MICHEL

P'pa, il parle toujours de la famille! Mais c'est quoi une famille quand on est pas égal. C'est pas une famille, ça!!! C'est rien!

INT./NUIT	TAVERNE DU QUARTIER

Verres qui s'entrechoquent, ambiance de taverne. Ti-Paul, le serveur, dépose un plateau plein de verres de bière à une table voisine de celle de Jean-Guy et de l'oncle Souris.

TI-PAUL

C'est Jean-Guy qui vous l'offre.

Spontanément, les quatre clients se tournent vers le paternel et le beau-frère. Jean-Guy leur envoie la main. L'oncle Souris a son éternel verre de lait devant lui. Les deux hommes sont au milieu d'une discussion sérieuse.

JEAN-GUY

Sylvie pense qu'il fait une dépression.

L'ONCLE SOURIS

Michel? *(Réfléchissant.)* Juste à cause des *comics* dans les journaux?! Voyons donc!

JEAN-GUY

Il est jeune. Ça l'a brassé, le procès. Y a pas dit grand-chose, mais… *(Il avale une gorgée.)* Là, il pense que tout le monde nous prend pour des caves.

L'ONCLE SOURIS

Ben voyons, Jean-Guy! On fait pas une dépression à cet âge-là!

Jean-Guy murmure, la voix remplie de colère:

JEAN-GUY

Les maudits journalistes!!!

L'ONCLE SOURIS

Lâche les journalistes! T'en vois partout! Même quand y en a pas!

Agacé de se faire parler sur ce ton, Jean-Guy dépose son verre bruyamment:

JEAN-GUY

R'garde! Michel file pas. Pis j'ai pas envie que ça se retrouve dans les journaux… *(Faisant un geste.)* … écrit grand de même!

Des clients d'une autre table les interpellent:

UN AUTRE CLIENT

Hey, les millionnaires! On en prendrait bien une, nous autres aussi, une petite tournée!

Se désintéressant des jérémiades de Jean-Guy, l'oncle Souris attire l'attention du serveur:

L'ONCLE SOURIS

Hey, Ti-Paul! Une tournée générale! *(Jean-Guy esquisse un vague sourire alors que des voisins de table les saluent.)* Tu t'inquiètes pour rien!

EXT. / JOUR   CIMETIÈRE

Jean-Guy se recueille devant la pierre tombale de Micheline. Elle est toute récente et la photo de sa femme est incrustée dans la pierre. De chaque côté, il y a deux pierres plus petites. Les tombes de Manon et de Nancy, aussi pourvues de photos. L'endroit est propret. Comme un petit jardin entretenu.

Après s'être signé, Jean-Guy revient vers sa voiture. Une Ford Taurus *station wagon* toute neuve. Alors qu'il va monter, il aperçoit Sylvain Gamache, debout près de sa voiture. Le journaliste l'épiait. Jean-Guy se glisse derrière son volant.

INT. / JOUR   NOUVELLE VOITURE DE JEAN-GUY / CIMETIÈRE

Jean-Guy est assis dans sa voiture. Le moteur tourne au ralenti. Il ne bronche pas. Dans son rétroviseur, il épie Sylvain Gamache, qui est monté dans la sienne. Dans l'allée devant eux, un employé s'apprête à descendre un petit tracteur d'une remorque. Au moment où la tondeuse va toucher au sol, Jean-Guy enfonce l'accélérateur. Les pneus crissent, la voiture passe juste avant que le tracteur ne bloque la voie.

JEAN-GUY

Youhou…

Grimpé sur son engin, l'employé du cimetière est outré. Il lève le poing vers la voiture de Jean-Guy, qui s'éloigne en vitesse. Lorsque Gamache se met à klaxonner furieusement, l'homme descend du tracteur et donne un grand coup de poing sur le capot de la voiture du journaliste.

Gamache fait marche arrière, contourne l'obstacle et parvient à passer. La voiture de Jean-Guy a disparu dans la verdure depuis longtemps.

EXT. / JOUR   ROUTE DE CAMPAGNE

On est encore dans la verdure, mais en plus sauvage, en rase campagne. Une route traverse le paysage mais on ne la voit pas. On entend des oiseaux. Il y a des petites fleurs dans les champs. Et tout à coup la Ford Taurus de Jean-Guy qui passe à petite vitesse dans ce décor bucolique.

INT. / JOUR	VOITURE DE JEAN-GUY

Jean-Guy a rangé sa voiture sur le bas-côté de la route. De son point de vue, on peut voir une affiche à l'entrée d'un domaine : PROPRIÉ-TÉ À VENDRE. Une jolie route s'enfonce dans un boisé. En fait, le paternel n'est pas du tout perdu. Il est curieux. Manœuvrant sa voiture, il s'engage sur la route menant au domaine. Presque aussitôt, le « Château de l'île aux Pruches » apparaît. Véritable illumination, c'est le domaine aperçu dans les premières images de la série, cette demeure qui avait momentanément fait rêver Micheline.

EXT. / JOUR	CHÂTEAU, ÎLE AUX PRUCHES

Les quatre portes de la Ford Taurus s'ouvrent en même temps. Les enfants Lavigueur descendent, éblouis par la maison où les a conduits leur père.

YVES, LOUISE, MICHEL ET SYLVIE
WOW !!!

Devant le garage, une agente d'immeubles circonspecte descend de sa BMW et se dirige vers Jean-Guy.

LUCIE BOILEAU
Bonjour ! *(Tendant froidement la main.)* Lucie Boileau.

Sylvie, Yves et Michel se précipitent vers la maison. L'agente d'immeubles regarde Jean-Guy comme si son visage lui disait quelque chose.

LUCIE BOILEAU
C'est bien à vous que j'ai parlé au téléphone ?

JEAN-GUY
Oui, oui ! J'vous ai pas dit mon nom, parce que… on veut pas de publicité. *(Il lui donne la main.)* Jean-Guy Lavigueur.

LUCIE BOILEAU *(étonnée)*
Le Jean-Guy Lavigueur?! *(Sourire amusé de Jean-Guy.*
Lucie Boileau n'a plus du tout la même attitude:) Ah,
mais v'nez! *(Le laissant passer.)* Je vais vous faire visiter!
Jean-Guy est radieux.

INT. / JOUR — CHAMBRE À COUCHER, CHÂTEAU, ÎLE AUX PRUCHES

Louise et Sylvie sont debout au milieu d'une immense chambre vide.
Une porte donne sur une luxueuse salle de bains.

LOUISE
Penses-tu vraiment que c'est une chambre à coucher?
(Regardant autour.) Me semble que c'est grand!
Sylvie s'approche de la salle de bains et y jette un coup d'œil. Louise la suit.

SYLVIE
Y a des toilettes dans chaque chambre, hey!

LOUISE
Non!

SYLVIE
Gages-tu?! *(Elle se tourne,)* On va aller voir.
Sylvie sort de la chambre en courant. Louise la suit tout en regardant autour
d'elle, émerveillée.

INT. / EXT. / JOUR — GARAGE, CHÂTEAU, ÎLE AUX PRUCHES

Yves est devant une porte de garage qui s'ouvre doucement. Michel
apparaît de l'autre côté, affichant un large sourire.

YVES
Comment t'as fait ça?
Il brandit la commande à distance.

MICHEL

Tu pèses sur le piton, là! *(Yves entre dans le garage à trois places, prend la commande à distance et appuie sur le bouton. La porte s'arrête et se met à descendre. Michel s'intéresse déjà à autre chose.)* Hey, *check* ça... le tracteur!

Les deux frères se dirigent vers le tracteur à gazon pendant que la porte se referme.

INT. / JOUR	SALON, CHÂTEAU, ÎLE AUX PRUCHES

Pendant que Lucie Boileau se fait discrète dans le hall d'entrée, les Lavigueur se réunissent autour de Jean-Guy devant le foyer du grand salon. Le paternel sort son paquet de cigarettes, saisit son briquet à roulette dans sa poche et en allume une.

JEAN-GUY

Notre problème, c'est qu'on reste encore sur la rue Logan, dans notre logement!

SYLVIE

C'est vrai que ça commence à être serré. On manque de place.

LOUISE *(du tac au tac)*

Avec tout ce que t'achètes, aussi!

JEAN-GUY

C'est pas ça que je veux dire. *(Les esprits n'ont pas le temps de s'échauffer. L'œil inspiré, Jean-Guy s'explique:)* On est trop connus dans le quartier. Quand les journalistes nous cherchent, ils savent où nous trouver!

MICHEL

On va être tout seuls ici. Le monde va nous oublier.

Yves, qui regarde par la fenêtre, est impressionné par les jardins.

YVES

C'est une belle place!

Louise acquiesce. Mais c'est la réaction de Sylvie que Jean-Guy attend surtout. Réfléchie comme toujours, elle finit par dire:

SYLVIE

En fait, c'est pas une maison, qu'on achète. C'est la paix.

Jean-Guy approuve d'un signe de la tête. Dans le hall d'entrée, l'agente d'immeubles continue de les épier.

INT./NUIT **CUISINE, LOGEMENT LAVIGUEUR**

La suite du conciliabule se passe dans la cuisine du logement de la rue Logan. Jean-Guy s'est versé une bière dans son éternel verre de Coke, Sylvie est à la calculatrice et Yves semble particulièrement concentré, pour une fois.

JEAN-GUY

C'est clair qu'à huit cent cinquante mille piastres… j'peux pas payer ça tout seul! *(Un temps.)* Mais si on se met en gang…

YVES

Ça veut dire combien, ça? *(Sylvie pitonne sur sa calculatrice.)* Mettons qu'on négocie à huit cent mille, divisé par cinq… *(Son regard croise celui de Louise. Elle se ravise aussitôt:)* En quatre disons… ça fait…

JEAN-GUY *(rectifiant)*

En trois! Tant que Michel a pas dix-huit ans… son argent reste à la banque! *(Michel, Yves et Sylvie interrogent leur père du regard.)* En quatre ou en trois, c'est quoi la différence?! L'idée, c'est qu'on l'achète en famille! *(C'est comme si Louise n'existait pas dans cette discussion. Les échanges de regards ne l'incluent jamais.)* Quand Michel aura dix-huit ans, il paiera sa part!

MICHEL

D'accord!

On sent la frustration de Louise monter.

SYLVIE *(faisant le calcul)*

En trois, ça fait deux cent soixante-six mille six cents
chacun.

MICHEL

Pour avoir la paix, j'trouve pas ça cher!

JEAN-GUY

Là, tu parles! *(Se tournant vers Yves.)* Toi, qu'est-ce que
t'en penses?

YVES

Y a quand même un problème! *(Faussement grave.)* Va
falloir expliquer le chemin à mes chums!

Le commentaire fait rigoler tout le monde dans la cuisine. Louise laisse tomber sèchement:

LOUISE

Et moi, ma part là-dedans, c'est quoi? *(Elle dévisage son
père.)* Ça fait un bout de temps que tu me promets de
l'argent. Mais des fois, j'pense que j'en verrai jamais la
couleur!

YVES

Pourquoi on parle de ça, là? On est en train de s'acheter
une maison!

SYLVIE *(sèchement)*

Parce qu'il va ben falloir en parler un jour!

*Elle s'est tournée vers Jean-Guy en disant ces mots. Michel approuve de la
tête.*

Jean-Guy baisse les yeux. Gros malaise dans la cuisine. Louise attend toujours sa réponse.

INT./NUIT   **SALON, LOGEMENT LAVIGUEUR**

Jean-Guy et Louise sont assis l'un devant l'autre dans le salon. Les fesses posées sur le bout d'un coussin, le paternel est nerveux. Il allume une cigarette et s'éclaircit la voix:

JEAN-GUY

Ben, c'est ça! On en a parlé, pis on s'est mis d'accord.

LOUISE *(sèchement)*

C'était-tu si compliqué que ça?
Jean-Guy dodeline de la tête, comme s'il ne savait pas par quel bout commencer.

JEAN-GUY

Pour la maison, y a pas de problème, t'as ta place. On l'achète en famille. Toi, tu fais partie de la famille.

LOUISE

Tu sais très bien que c'est pas de ça que je veux parler!
Sentant la tension monter, le paternel en vient au fait:

JEAN-GUY

O.K.! Tu vas avoir dix-huit ans... dans cinq, six mois. *(Elle hoche la tête.)* Le jour de ta fête, on va te donner chacun vingt-cinq mille piastres.

LOUISE *(bondissant)*

Hein? C'est pas ça qu'on avait dit!

JEAN-GUY

Attends, attends! J'ai pas fini. *(Louise ne tient plus en place, comme si elle se méfiait de la suite.)* Si t'es correcte, j'veux dire si tu recommences pas tes folies...

LOUISE

Quelles folies?

JEAN-GUY *(haussant les épaules)*

Si tu retournes pas avec ta gang de bums…! *(Louise a un mouvement de recul en entendant ces mots.)* Attends, attends! Laisse-moi finir! On va te donner deux cent mille piastres.

LOUISE

Ouais, mais juste si je fais la bonne p'tite fille, c'est ça! Si j'dis pas un mot plus haut que l'autre!

Elle tourne les talons, furieuse. Mais elle se ravise. Sur le seuil de la porte, elle désigne son père du doigt.

LOUISE *(criant)*

Si tu penses que je vais me mettre à genoux pour l'avoir, mon argent!

JEAN-GUY

Attends, j'vas t'expliquer!

Elle sort en pleurant de rage.

LOUISE

J'sais pas c'que j'fais icitte, moi!

JEAN-GUY

Louise!

On entend une porte claquer. Le silence revient dans le logement, alors qu'on s'attarde sur le visage de Jean-Guy.

INT. / NUIT	BAR DU CENTRE-VILLE

On reconnaît le chic bar du centre-ville fréquenté par les journalistes. Il se fait tard. Sylvain Gamache est seul au bout du comptoir. Une femme s'approche en lui tendant la main.

LUCIE BOILEAU

Bonsoir! Lucie Boileau.

SYLVAIN GAMACHE *(se retournant)*

J'vous attendais plus.

Une enveloppe brune dans les mains, l'agente d'immeubles grimpe sur le tabouret voisin de celui du journaliste.

LUCIE BOILEAU

C'est toujours long, les papiers.

Elle ouvre l'enveloppe brune et en sort une photo aérienne du nouveau domaine des Lavigueur.

SYLVAIN GAMACHE

Mmmm…

Boileau pousse l'enveloppe brune vers lui.

LUCIE BOILEAU

Y a d'autres photos à l'intérieur.

SYLVAIN GAMACHE

Ça doit faire une jolie commission, ça?

L'agente d'immeubles se raidit. Elle veut reprendre les photos.

SYLVAIN GAMACHE *(désamorçant la situation)*

Non, non! J'ai dit que je vous payais. J'vais vous payer.

Lucie Boileau retrouve le sourire.

EXT. / NUIT	COUR ARRIÈRE, LOGEMENT LAVIGUEUR

Un camion U-Haul est stationné dans la cour arrière. À l'intérieur, l'oncle Souris empile savamment les meubles qu'Yves et Michel lui apportent.

YVES

Mes chums seraient venus nous aider… mais quand je
leur ai dit qu'on faisait ça la nuit!

L'ONCLE SOURIS

Continue de crier de même là, pis tout le monde va le
savoir que vous déménagez!

Yves hausse les épaules. Besogneux, Michel se dirige vers la maison pour aller
chercher d'autres meubles. L'oncle Souris continue son travail savant.

INT./NUIT	SALON, LOGEMENT LAVIGUEUR

Jean-Guy enlève la photo de mariage accrochée au mur au-dessus du
divan. Avec beaucoup de précaution, il l'emballe dans du papier jour-
nal. Yves et Michel reviennent.

MICHEL

Bon, c'est quoi après?

Jean-Guy montre le vieux divan. Sylvie, qui entre dans la pièce, s'empresse
d'intervenir:

SYLVIE

Quoi? Tu veux apporter ça!

JEAN-GUY

Ben… oui, pourquoi pas?

SYLVIE

Voyons, p'pa! C'est ben trop vieux! Ça marchera pas
avec les meubles qu'on a achetés!

JEAN-GUY

C'est nos affaires! On les emporte!

SYLVIE

Il est complètement fini, c'te sofa-là!

JEAN-GUY

Je l'ai acheté avec ta mère! *(S'entêtant.)* On l'emmène
pis c'est toute!!!

Yves et Michel agrippent le vieux divan.

MICHEL

C'est correct, Sylvie ! Y a de la place en masse dans le camion.

Elle hausse les épaules. Jean-Guy reprend son travail.

JEAN-GUY

Pis Louise, elle est où ?

SYLVIE

J'sais pas. Elle est pas rentrée hier soir ! *(Un temps.)* De toute façon, elle a pas grand-chose à ramasser ! J'vais m'en occuper !

EXT. / NUIT **PARC, QUARTIER CENTRE-SUD**

On retrouve Louise à moitié *stone* sur un banc de parc. Elle regarde autour, l'air perdu. Le geste las, elle s'étend pour dormir. Son sac à main lui sert d'oreiller. Au même moment, un jeune homme passe par là. Il s'arrête.

TI-MI

Louise ? *(Elle ouvre un œil et le dévisage.)* Qu'est-ce que tu fais là ?

Louise se redresse sur le banc. Elle le reconnaît.

LOUISE

Ti-Mi ?

Il continue de la dévisager.

LOUISE

J'sais plus trop où aller… je…

Touché, Ti-Mi s'assoit près d'elle, lui passe un bras autour de l'épaule et la serre contre lui.

EXT. / JOUR **DEVANT LE CHÂTEAU, ÎLE AUX PRUCHES**

Accompagné de Francine Trudel, l'oncle Souris arrive devant le château au volant de sa toute nouvelle Oldsmobile. Lui et sa blonde descendent et se dirigent vers l'entrée de l'imposante demeure. Francine est visiblement impressionnée. L'oncle Souris tient une copie du *Quotidien de Montréal* dans les mains.

INT. / JOUR	PIÈCE DE RANGEMENT, CHÂTEAU, ÎLE AUX PRUCHES

Jean-Guy met de l'ordre dans les meubles du logement de la rue Logan, entassés pêle-mêle dans une grande pièce de rangement. L'oncle Souris s'arrête devant la porte.

L'ONCLE SOURIS

Qu'est-ce que tu fais?

JEAN-GUY *(sursautant)*

Ah! J't'ai pas entendu venir.

On peut voir Francine dans le corridor derrière l'oncle Souris. Émerveillée, elle examine les chambres.

JEAN-GUY

Je cherche quelque chose. On a tout empilé le stock…

L'ONCLE SOURIS

As-tu vu le journal?

Jean-Guy perd le sourire quand l'oncle Souris déplie Le Quotidien de Montréal *devant ses yeux. On voit la photo aérienne du domaine de l'île aux Pruches. Le titre à la une:* CHÂTEAU D'UN MILLION POUR LES LAVIGUEUR! *La photo de Sylvain Gamache est en mortaise, bien sûr. Francine Trudel, qui s'est approchée, y va de son grain de sel:*

FRANCINE TRUDEL

Ils donnent même l'adresse et le chemin pour se rendre!
(Énumérant.) Combien il y a de pièces dans la maison…
les dépendances, combien vous l'avez payée!

Jean-Guy sort de la pièce de rangement, prend le journal des mains du beau-frère et regarde la photo.

JEAN-GUY

Ben voyons! C'est quoi, c't'affaire-là?

Francine continue d'écornifler dans les chambres.

FRANCINE TRUDEL

En tout cas, c'est vraiment beau, chez vous!

INT. / JOUR   STUDIO DE RADIO

Des éclats de rire en boîte retentissent. On est sur le visage de Luc Paquette alors qu'il s'approche de son micro.

LUC PAQUETTE

Hey, vous savez pas la dernière? Les Lavigueur ont envoyé leur avocat à la réunion du Conseil de ville de Laval, hier soir. Ils veulent faire changer le nom de l'île aux Pruches. Ça va s'appeler «l'île aux cruches», maintenant!!!

Paquette appuie sur le bouton des rires en boîte. Un public imaginaire rit aux éclats.

INT. / JOUR   CUISINE, APPARTEMENT DE TI-MI

Les rires en boîte s'estompent. La voix de Paquette nous parvient maintenant d'un poste de radio, posé sur le comptoir de cuisine de l'appartement de Ti-Mi. Plus loin dans la pièce, on aperçoit Louise couchée tout habillée sur le divan.

LUC PAQUETTE *(voix hors champ)*

Non, mais on le sait qu'ils sont riches, les «Ravibreur»... euh, j'veux dire les Lavigueur! Le château, c'était pas nécessaire! On avait compris!

Louise a les yeux grands ouverts. On entend la chasse d'eau des toilettes. La porte s'ouvre, Ti-Mi sort dans ses habits de travail. Il s'approche du comptoir pour prendre sa boîte à lunch.

LOUISE *(se redressant)*

Tu fermerais pas la radio?!

Il s'exécute sans hésiter… puis interroge Louise du regard.

LOUISE

Ils parlaient encore de nous autres!

Ti-Mi n'est pas du genre loquace. Il se dirige vers la porte et attrape son casque de construction. Avant de sortir pourtant:

TI-MI

Vas-tu être là quand j'vas revenir?

LOUISE

J'sais pas.

TI-MI

J'finis de travailler à quatre heures… tu peux rester tant
que tu veux.

Elle lui sourit. Ti-Mi sort en faisant un petit signe de la main. On entend ses pas dans l'escalier. Louise se lève et fait le tour de l'appartement, en slip et en T-shirt. La cuisine est propre et bien organisée. L'endroit est modeste mais plutôt sympathique. Sur un petit babillard, près du téléphone, il y a une photo de Ti-Mi en compagnie de Yves et de Michel. Il a les cheveux très longs. Louise est amusée par ce cliché.

EXT. / JOUR	CHÂTEAU, ÎLE AUX PRUCHES

Une voiture de livraison de pizza remonte la route menant au château. La petite Volks s'arrête devant un gros autobus rempli de touristes. Sur les flancs du véhicule, stationné devant l'entrée de la maison, on peut lire: TOUR DE VILLE MONTRÉAL. Louise descend.

LOUISE

Merci pour le *lift*!

Elle s'approche de l'imposante maison en tirant sur sa cigarette. On entend la voix d'un guide dans l'autobus:

GUIDE

Le château de l'île aux Pruches a été construit en 1976
sur un terrain de trente-cinq acres. La demeure compte
pas moins de dix-sept pièces, dont six chambres à coucher, trois salons, sept salles de bains…

Tous les touristes dans l'autobus sont du même côté, le nez collé aux vitres.
Certains braquent leur caméra sur Louise. Elle jette sa cigarette par terre,
l'écrase du bout du pied et leur fait un « doigt d'honneur ».

LOUISE

C'est pas icitte, le zoo! C'est à Granby!

Devant les touristes stupéfaits, Louise entre dans le château sans frapper.

INT. / JOUR   CUISINE, CHÂTEAU, ÎLE AUX PRUCHES

Assis au comptoir d'une somptueuse cuisine, Jean-Guy fume nerveu-
sement en gueulant au téléphone :

JEAN-GUY

C'est le deuxième autobus qui vient depuis hier! Ça
entre dans la cour comme si c'était chez eux… ils prennent des portraits! Ç'a le nez fourré partout! *(Il y a des*
boîtes ici et là. L'emménagement n'est pas terminé. Louise
entre dans la cuisine. En l'apercevant, Jean-Guy perd ses
moyens :) Louise… où est-ce que t'étais, toi?

LOUISE

C'est qui la bande de singes devant la maison?

JEAN-GUY

Attends une minute… *(Il revient au téléphone.)* Comment vous dites ça? Une injonction? Écoutez, je connais
pas ça, là… mais si c'est ce que ça prend! *(Un temps.)*
Quoi? Le nom de la compagnie d'autobus? J'le sais-tu,
moi?

LOUISE *(soupirant)*

J'peux-tu te parler?

JEAN-GUY *(contrarié)*

Écoutez, j'vais me renseigner, pis je vous rappelle, O.K.?
C'est ça, on se reparle!

Il raccroche. Louise est agitée. À son regard vitreux, à ses gestes, on voit bien qu'elle est stone.

LOUISE

J'te dérangerai pas longtemps. Je veux juste mon argent.
Pis j'aimerais ça l'avoir tout de suite! J'en ai besoin!

JEAN-GUY

Ça fait deux semaines qu'on t'a pas vue. Où est-ce que t'étais?

LOUISE

Peux-tu me répondre?!

JEAN-GUY

Regarde, le *bargain*, c'est ça. Quand t'auras dix-huit ans... pis que tu m'auras prouvé que t'es capable de t'en occuper, de cet argent-là, tu l'auras!

LOUISE *(haussant le ton)*

Prouve-moi donc que t'es un bon père, toi!

JEAN-GUY

QUOI! QUE CÉ QUE TU VIENS DE DIRE, LÀ!?!
(Louise est allée trop loin et elle le sait.) Dis-moi plus jamais une affaire de même, toi, m'entends-tu! *(Le doigt accusateur:)* Parle-moi plus jamais comme ça!

LOUISE *(avec défi)*

R'garde! J'veux juste ma place, moi. C'est ça que j'veux.
Ma place!

JEAN-GUY

T'en as une place! T'as une chambre icitte!

Louise regarde son père. Cette fois, il n'y a pas d'équivoque possible, elle est givrée.

LOUISE

Tu veux pas m'en donner, d'argent!? C'est ça?

Louise perd l'équilibre mais se rattrape. Jean-Guy n'est pas dupe.

JEAN-GUY

Regarde-toi! Regarde comment t'es!

Louise est sur la défensive.

LOUISE

Qu'est-ce que j'ai? *(Bredouillant.)* J'suis correcte, moi.
J'ai rien.

JEAN-GUY

C'est ça que tu vas faire avec ton argent... prendre d'la
drogue! La jeter par les fenêtres.

LOUISE

T'es ben mal placé pour parler, toi!

JEAN-GUY

Fais attention à ce que tu vas dire, là!

LOUISE

Non, mais t'as-tu vu la cabane! *(Se montrant du doigt.)*
Moi, je jette l'argent par les fenêtres?! D'abord quel
argent? J'en ai pas! *(Elle le vise d'un doigt accusateur:)*
Mais toi? Toi, qu'est-ce que tu fais avec ton argent?

Louise lui tourne le dos et quitte la cuisine, laissant Jean-Guy en plan.

EXT. / JOUR	ENTRÉE, CHÂTEAU, ÎLE AUX PRUCHES

Michel fait deux pas dehors pour s'assurer que l'autobus de TOUR DE VILLE MONTRÉAL est bien parti. Louise arrive sur ses talons. Elle s'allume une cigarette. Il marmonne :

> MICHEL
>
> On s'est juste calés un peu plus en déménageant ici !

Le commentaire reste sans écho. Louise lui offre sa cigarette, sur laquelle Michel tire une bouffée, par dépit. Une fois encore, il s'étouffe.

> LOUISE
>
> Pourtant, p'pa disait que le monde allait nous oublier !

> MICHEL
>
> Ils parlent encore plus de nous autres dans les journaux !!! *(Un temps.)* Pis c'est pas parti pour s'arrêter.

Louise reprend sa cigarette.

> LOUISE
>
> Sais-tu, j'vous envie pas pantoute. Je regarde ça, là… *(Mesquine.)* A me tente, pas votre vie ! A me tente vraiment pas.

Louise s'éloigne. Michel reste seul et sans doute blessé.

EXT. / JOUR	IMAGES DU QUARTIER

C'est un court montage de *stock shots* d'hiver, nous faisant voir les ruelles et le Faubourg à m'lasse. Rien de très long mais avec une certaine recherche esthétique et peut-être graphique. Dans ces dernières images, il se met à neiger. En sous-titre, on apprend :

SIX MOIS PLUS TARD

Cette amorce, évoquant l'ouverture du premier épisode, marque le premier retour de Yves dans son quartier depuis le déménagement de la famille. Le temps a passé.

INT. / JOUR   **CUISINE, APPARTEMENT DE TI-MI**

Yves avance dans l'appartement de Ti-Mi, son manteau et son chapeau couverts de neige. Louise vient à sa rencontre alors qu'il enlève et secoue ses vêtements.

LOUISE

Hey! Qu'est-ce qui se passe?

YVES

Ben… C'est Noël!

Yves enlace affectueusement sa petite sœur. Ti-Mi se faufile dans l'image.

TI-MI

Salut!

YVES

Hey! *Man*! Comment ça va?!

TI-MI

O.K.!

Louise demeure méfiante. Yves enfonce une main dans sa poche et en sort une enveloppe pleine d'argent.

YVES

On s'est pas vus le soir de Noël… fait que, ça vient de
Sylvie. *(Il remet l'enveloppe à Louise, qui regarde tous ces
billets.)* Ça, c'est la première chose. *(Il lui fait un clin
d'œil.)* Elle a pas eu le temps de l'emballer…

*Louise a retrouvé le sourire. Il y a des décorations de Noël dans le salon du
petit logement. Et des guirlandes autour de la porte de la cuisine.*

TI-MI

Veux-tu une bière?

YVES

J'espère ben! *(Pendant que Ti-mi se tourne vers le frigo, Yves s'avance dans le petit logement.)* L'autre affaire, c'est que… après demain, c'est le jour de l'An. Sylvie a organisé un gros *party* à la maison. P'pa aimerait ça que tu viennes.

Louise fait la grimace en cherchant Ti-Mi du regard. Toujours aussi loquace, celui-ci soulève vaguement les épaules en revenant avec trois bières.

YVES

On va avoir du fun. Vous pouvez pas manquer ça!

LOUISE

J'suis pas sûre que ça me tente.

YVES

Il va y avoir plein de monde! On va avoir du fun. *(Le regard brillant.)* C'est une autre année qui commence! *(Louise fait obstinément signe que non. Ti-Mi semble déçu.)* C'est sérieux! Il serait vraiment content si tu venais, l'père!

Moins sûre d'elle, Louise cherche encore l'approbation de Ti-Mi. Celui-ci se surpasse:

TI-MI

C'est la première fois qu'il nous invite!

Louise se sent coincée. Elle regarde encore les billets.

LOUISE

On verra. Si je trouve quelque chose à me mettre…

SALON, CHÂTEAU, ÎLE AUX PRUCHES

Bruyant *party* du jour de l'An dans le grand salon du château de l'île aux Pruches. Les Lavigueur ont réuni tous leurs amis. Il y a l'oncle Souris, sa Francine, les Richard de l'épicerie, Pete et Roch, d'anciens voisins. Au milieu de la fête, on retrouve Sylvie en grande conversation avec sa copine Mariette :

MARIETTE

… j'me suis inscrite à l'université.

SYLVIE

Ah ouais !

MARIETTE

En médecine.

SYLVIE *(jalouse)*

J'suis contente pour toi !

MARIETTE

Mais ça va être dur. J'ai pas beaucoup d'argent.
(On sent tout de suite le malaise de Sylvie. Mariette insiste :)
C'est peut-être pas le bon temps pour parler de ça…

SYLVIE

Euh…
Au même moment, le carillon retentit dans l'entrée.

SYLVIE *(en profitant)*

Attends une minute, j'vais aller voir !

INT./ NUIT ENTRÉE, CHÂTEAU, ÎLE AUX PRUCHES

D'un grand geste, l'oncle Souris ouvre la porte. Grelottants, Louise et Ti-Mi sont en train d'enlever leurs bottes dans le portique :

L'ONCLE SOURIS

Ah ben, maudit! R'garde donc qu'est-ce que le chat nous ramène! *(Le beau-frère se tourne vers le salon et crie:)* Jean-Guy! Viens voir!

Sylvie et Jean-Guy sont les premiers à arriver. Louise et Ti-Mi ont mis leurs plus beaux vêtements. Ils s'avancent timidement.

SYLVIE

Ben voyons! Entrez! Entrez!

Jean-Guy enlace sa fille:

JEAN-GUY

Ah ben maudit, j'suis content de te voir, moi! *(Elle se laisse embrasser mais ne retourne pas l'affection.)* Bonne année!

LOUISE

Toi aussi…

JEAN-GUY *(se tournant vers Ti-Mi)*

Allô, Ti-Mi!

TI-MI

Monsieur Lavigueur!

Michel, Yves, l'oncle Souris, Francine, Sylvie et la plupart des invités se sont pointés dans le hall pour accueillir Louise et son nouveau chum. Jean-Guy passe un bras autour du cou de sa fille et l'entraîne dans le salon.

JEAN-GUY

T'arrives juste à temps. On allait prendre un portrait de famille.

C'est dans un joyeux brouhaha que tout le monde revient au salon.

INT. / NUIT	SALON, CHÂTEAU, ÎLE AUX PRUCHES

C'est la photo de famille, comme on en fait dans chaque maison le soir de Noël. Pour l'occasion, chacun offre son plus beau sourire, y compris Louise et Ti-Mi, qui se tiennent par la taille. Le flash crépite.

INT. / NUIT	CUISINE, CHÂTEAU, ÎLE AUX PRUCHES

La flamme monte brusquement du briquet Saint-Laurent serti de diamants de Jean-Guy. Il allume la cigarette de Louise. Le père et la fille se sont retranchés dans la cuisine. On entend la musique qui vient du salon. La fête va bon train.

> LOUISE

C'est Ti-Mi qui voulait qu'on vienne… moi, je…

> JEAN-GUY

Il a ben fait! *(Petit sourire.)* Surtout que… c'est le temps qu'on se parle, là. *(Ils font «tchin-tchin». La musique s'estompe.)* D'abord, j'veux te dire que… que j'suis content que tu sois avec Ti-Mi. C'est mieux que Johnny. *(Il se mord aussitôt la lèvre, regrettant ses paroles. Malaise.)* En tout cas.

> LOUISE

C'est ça… en tout cas.

> JEAN-GUY *(s'enthousiasmant)*

Mais j'ai repensé à notre affaire, par exemple. C'est même une de mes résolutions du jour de l'An. *(Il lève le doigt.)* Faut qu'on règle ça!

> LOUISE

Pour mon argent?

Jean-Guy précise:

> JEAN-GUY

Ouais. *(Un temps.)* De toute façon, tu vas avoir dix-huit ans, là!

Une lueur d'espoir apparaît dans le regard de Louise.

INT. / NUIT	SALON, CHÂTEAU, ÎLE AUX PRUCHES

Gaétan et Colette Richard sont un peu à l'écart dans le grand salon. Devant le poste de télé en fait, où l'on peut voir les premières images d'un sketch du *Bye Bye*. On sent tout de suite le malaise chez eux. Mariette s'approche, jette un œil elle aussi… puis se tourne vers Sylvie. On comprend tout dans leur échange de regard.

INT. / NUIT	CUISINE, CHÂTEAU, ÎLE AUX PRUCHES

L'oncle Souris entre dans la cuisine en coup de vent. Il interrompt l'échange entre Jean-Guy et Louise :

L'ONCLE SOURIS

Hey! V'nez voir! C'est le *Bye Bye*. Ils parlent de vous autres.

Le beau-frère a perdu son habituel sourire.

INT. / NUIT	BAR DU CENTRE-VILLE

Sylvain Gamache est au comptoir d'un bar chic du centre- ville, où beaucoup de gens se pressent à quelques minutes seulement du coup de minuit. Frank Lemieux est également de la partie. À moitié ivre, il est coiffé d'un ridicule chapeau d'anniversaire. Ici aussi, on regarde le *Bye Bye*. Le sketch des Lavigueur peut être vu sur les quatre téléviseurs accrochés au plafond. C'est le moment du sketch où Louise s'accroupit devant son père et lui baise les pieds, tout en lui demandant de l'argent. Lemieux est celui qui rit le plus fort dans le bar. Gamache, lui, est outré. On l'entend dire.

GAMACHE

Ça va trop loin, là! C'est trop!

Dans le bar pourtant, il est le seul à penser ainsi. Même les serveurs se sont arrêtés pour rire des Lavigueur.

INT. / NUIT	SALON, CHÂTEAU, ÎLE AUX PRUCHES

Jean-Guy et Louise entrent dans le salon à la suite de l'oncle Souris. Tous les invités sont devant la télé, maintenant. On s'écarte pour leur faire une place. Louise vient se coller contre Ti-Mi. Dans le sketch, Jean-Guy encourage Louise à se trouver un chum «qui ne la trouvera pas trop niaiseuse». On passe d'un visage à l'autre dans le somptueux salon des Lavigueur. Personne ne rit, ici. Le malaise est terrible. Jean-Guy n'ose même pas regarder sa fille.

INT. / NUIT	BAR DU CENTRE-VILLE

On revient dans ce bar tapageur, où les clients – Frank Lemieux en tête – rient toujours du sketch qu'ils viennent de voir. Le décompte de minuit s'engage :

TOUS LES CLIENTS DU BAR *(en chœur)*
… dix, neuf, huit, sept, six…
Écœuré, Gamache vide son verre, le dépose sur le comptoir et quitte les lieux.

INT. / NUIT	SALON, CHÂTEAU, ÎLE AUX PRUCHES

C'est avec un enthousiasme mitigé que le décompte se poursuit dans le salon des Lavigueur.

LES LAVIGUEUR *(en chœur)*
… cinq, quatre, trois, deux, un.
Encore sous le choc du sketch, Sylvie s'est approchée de son père pour l'embrasser. La gorge serrée, les larmes aux yeux, on l'entend marmonner :

SYLVIE
Bonne année, papa !
Yves et Michel s'approchent aussi.

YVES ET MICHEL
Bonne année !
Jean-Guy s'efforce de sourire et s'approche de Louise, qu'il prend dans ses bras. Cette fois, elle s'y abandonne sans offrir la moindre résistance.

PRISE 5

Le cinéma

Nous nous croyons très raffinés, très civilisés, mais au fond nous sommes des primates quand vient le moment d'assurer notre survie. Les bouleversements politiques et les catastrophes naturelles nous le rappellent régulièrement. En revanche, on voudrait croire que dans l'abondance, l'instinct grégaire de l'homme s'atrophie ou disparaît. Rien n'est moins certain. En l'absence d'un projet de vie – et surtout lorsqu'il vous tombe des millions sur la tête –, chacun continue de se débattre seul pour assurer sa survie. C'était le sujet, des deux derniers épisodes : la descente aux enfers de la famille Lavigueur et leur retour dans leur quartier, le Faubourg à m'lasse.

Sylvain Archambault et son complice Jérôme Sabourin, directeur-photo, avaient choisi des éclairages chauds et des ambiances intimes pour illustrer ce quartier ouvrier, d'où étaient issus les Lavigueur. Les deux derniers épisodes, qui se déroulent en majeure partie dans la luxueuse demeure de l'île aux Pruches, sont inondés de lumière et frappés de couleurs vives et froides. Les ombres ont disparu pour nous permettre, dirait-on, de voir la déchéance faire son œuvre. Ici, les avant-plans ne cachent plus les défauts. Tout est cru. Yve se drogue, Louise est en chute libre, Michel est plus parano que jamais et Jean-Guy a trouvé plus simple de devenir le jardinier de son domaine plutôt que d'en être le châtelain. Symboliquement, il a repris la place sociale qui était la sienne au début. Mais cela ne constitue pas un projet. Tout au plus une fuite.

En fait, seule Sylvie parvient à se projeter dans l'avenir, en mettant sur pied un commerce et en s'associant à des gens qui possèdent des compétences. Mais, faut-il le rappeler, elle joue le rôle de la mère depuis le décès de Micheline, et c'est ce rôle justement qui la ralentit, qui la ramène constamment à son point de départ. Bien qu'elle soit la seule à avoir des projets, elle porte l'absence de projet des autres.

C'est le cœur de l'histoire des Lavigueur. Cette idée de faire quelque chose de sa vie, que l'on soit riche ou que l'on soit pauvre. C'est ce que Sylvain Archambault et moi-même souhaitions qu'il reste de cette allégorie. Mais les médias ne l'entendaient pas ainsi. Narcissique, la presse s'était arrêtée au troisième épisode – le procès – et surtout au rôle que nous avions fait jouer aux journalistes. Il était impensable que les scribes de l'époque se soient trompés à ce point! Et encore plus agaçant de voir un Sylvain Gamache, dégoûté par son propre rôle dans cette affaire, remplacé par un Frank Lemieux sans scrupules et un peu niais.

Jean-Guy Lavigueur et sa famille, comme on le sait, ont vécu dans l'urgence, dans la survie. L'idée de développer un projet – quel qu'il soit – était un rêve inaccessible pour eux, un luxe qu'ils ne pouvaient se permettre. C'est cette dysfonction que nous avons tenté de mettre en scène dans ces deux derniers épisodes. Le grand public l'a bien compris d'ailleurs, puisqu'il a continué de suivre. C'était un baume sur tout le tapage qui commençait à nous éreinter.

* * *

J'aime parler scénarisation avec les réalisateurs. C'est comme faire de la musique sans partition. «Jazzer» avec Sylvain Archambault, c'est un jeu. Il a l'instinct du conteur. Pas besoin d'un GPS pour s'y retrouver. Une simple question suffit. Que raconte cette scène? Une réponse est exigée. Et si par hasard la scène ne raconte rien, elle est inutile. Donc elle ne sera pas tournée. Aussi simple que ça. Il existe pourtant des repères dans cet art, qui n'est pas si mystérieux qu'il en a l'air.

J'ai évoqué les axes dramatiques un peu plus tôt. Connaître les archétypes peut également être utile. Les archétypes sont ces histoires qui reviennent sans cesse dans les livres, dans les films, mais chaque fois dans des habits différents. On pense aux nombreuses déclinaisons de Roméo et Juliette, de Cendrillon, de Candide ou de Faust. Ces références sont pratiques à connaître lorsqu'on s'égare dans son récit. Comme les axes dramatiques et la psychologie des personnages, ce sont des balises indiquant approximativement la route à suivre… et les écueils à éviter. Mais ces modèles ne remplaceront jamais en fiction l'instinct et l'intuition. Les bons sujets s'écrivent souvent au pif. Il faut s'en approcher comme le font les missiles munis de têtes chercheuses. C'est la chaleur qu'ils cherchent. Au point de contact, l'émotion survient. C'est le but recherché, mais pour y arriver, le tâtonnement est presque inévitable. Il n'y a que Picasso qui osait dire : « Je ne cherche pas, je trouve. » Pour le commun des scénaristes, des écrivains et des mortels, il faut chercher mais on ne trouve pas toujours. C'est une position inconfortable, il faut le reconnaître. D'autant que ce ne sont pas toutes les histoires qui se racontent, ou même toutes les histoires qui méritent d'être racontées. Mais qui a dit que le travail de création était confortable ?

Pour l'intérêt qu'elle suscitait, la série *Les Lavigueur la vraie histoire* avait passé ce test. Pour ce qu'on en retiendrait toutefois, c'était une autre histoire.

DIMANCHE 3 FÉVRIER

« Le diable est aux vaches ! » C'est ce que disait mon père lorsqu'une situation se compliquait ou lui échappait. Il n'était ni cultivateur, ni fermier. Plutôt intellectuel. Il ne connaissait surtout rien aux mammifères ni aux ruminants. Mais l'heure était grave lorsqu'il les prenait à témoin. Depuis les loges célestes, d'où il me salue habituellement le jour de mon anniversaire, je l'entendais me confirmer : « Jacques, le diable est vraiment pris aux vaches ! »

Il est amusant de noter que l'épisode sur le point d'être diffusé s'intitulait « Le cinéma ». Profitant du phénomène Lavigueur, un distributeur de films avait acheté les droits d'un long métrage étranger, l'avait doublé en québécois et avait changé le titre pour *Les Lavigueur déménagent*. À ce point, la vie de la famille elle-même était du cinéma. Chacun se faisait son cirque au château. À tel point qu'Yve, le fils aîné, croyait que le film en question racontait vraiment leur histoire.

L'événement médiatique autour de la diffusion de la série, qui continuait de prendre de l'ampleur, était du même ordre. Du vrai cinéma ! Ou peut-être de la téléréalité.

MARDI 5 FÉVRIER

Pour y mettre du sien, Louis Champagne, l'interprète inspiré de l'oncle Souris, faisait circuler une idée parmi les comédiens et les artisans de l'équipe : une rencontre informelle pour marquer la diffusion du dernier épisode, le mardi 12 février. Le plan était simple. Rendez-vous à la taverne Fullum – tout près de l'endroit où le tournage avait eu lieu – une demi-heure avant le début de l'émission. Le projet ne devait pas être ébruité. Ce serait une affaire entre nous.

Voilà pour les bonnes nouvelles. Quant au reste, un grand quotidien montréalais publiait sur huit pages, dans son édition du jour, plusieurs articles consacrés aux *Lavigueur*, la série. Tous étaient défavorables. Pour ajouter à l'injure, en première page pleine grandeur, un gros titre laissait entendre que la série *Les Lavigueur* était de moins en moins vraie. L'entrée en scène du deuxième journaliste, Frank Lemieux, plus exécrable encore que Gamache, avait peut-être jeté de l'huile sur le feu ? Il y avait là tous les ingrédients d'une accélération de la flambée médiatique. L'affaire était d'autant plus cocasse que dans l'épisode à venir, on faisait justement état du dérapage médiatique de l'époque.

ÉPISODE 5

AUTOUR DU CHÂTEAU, ÎLE AUX PRUCHES

Jean-Guy s'est transformé en jardinier. Mais un jardinier bien spécial. Au volant d'une voiturette de golf, il a la main sur une bière posée dans le porte-gobelet de l'engin et distribue les tâches et les conseils aux jardiniers engagés. L'endroit est immaculé. Les fleurs sont splendides, le gazon est impeccable, le tour de la piscine est manucuré. C'est en suivant le paternel dans sa voiturette que l'on découvre Yves, dans le garage, en train de laver sa Toyota Supra sport toute noire. Buck, un berger allemand, lui tourne autour, alors qu'un messager s'amène sur la propriété. Jean-Guy est déjà reparti. Yves fait signe au courrier d'aller frapper à la porte.

INT. / JOUR   **CUISINE, CHÂTEAU, ÎLE AUX PRUCHES**

Michel vient de s'acheter un ghetto blaster. L'appareil fait très gadget avec tous ses boutons, ses haut-parleurs détachables et son double lecteur de cassettes. Il y a même une antenne sur le dessus. Repoussant l'emballage sur le comptoir, Michel branche l'appareil, touche à tous les boutons et finit par allumer la radio. On n'entend que de la friture au début. Il fait d'autres ajustements et une voix surgit :

> LUC PAQUETTE
>
> … Hey, vous connaissez pas la nouvelle *joke* sur les Lavigueur…

Michel change instantanément de poste. Au même moment, le carillon de l'entrée retentit. Il jette un coup d'œil vers l'entrée. Une nouvelle voix se fait entendre à la radio :

UNE VOIX SUR UNE
TRIBUNE TÉLÉPHONIQUE

… moi, j'vais vous dire ben franchement, leur château
sur l'île aux cruches, là…

Michel ferme le poste et ouvre plutôt la porte d'un des lecteurs de cassettes. Il cherche furieusement dans un deuxième sac, trouve une cassette heavy metal, *la déballe et la glisse dans l'appareil. De nouveau, il appuie sur un bouton et une explosion musicale retentit dans la cuisine. Michel retrouve le sourire : celui de la colère retenue.*

INT. / JOUR   ENTRÉE / SALON, CHÂTEAU, ÎLE AUX PRUCHES

D'un signe de tête, Sylvie remercie le courrier et referme la porte. Ouvrant l'enveloppe, elle jette un œil sur un carton d'invitation dont la photo est rigolote. On peut lire : LES LAVIGUEUR DÉMÉNAGENT. La musique tonitruante se répand dans toute la maison.

SYLVIE *(criant)*

Michel ! Peux-tu baisser ta musique, s'il te plaît !?!
Visiblement agacée, Sylvie rejoint une femme très élégante qui l'attend dans le salon, assise sur un grand divan blanc.

MADAME BOULAY

Ça va ?

SYLVIE

Oui, oui… c'est une invitation. La première d'un film.
On en reçoit plein, comme ça.

MADAME BOULAY

C'est ça, la célébrité !
La musique de Michel s'estompe. Madame Boulay est sympathique. D'entrée de jeu, on sent qu'elle ne veut pas de mal à Sylvie.

5

SYLVIE

Bon! J'vous disais que j'ai suivi un p'tit cours de coiffure… pis j'ai vraiment aimé ça. Je serais prête à me
lancer…

MADAME BOULAY

Sauf que… ce serait mieux si vous aviez votre salon à
vous? *(Sylvie hoche ostensiblement la tête en tournant et
retournant le carton d'invitation qu'elle vient de recevoir.
Madame Boulay est chaleureuse :)* Vous aimez ça, coiffer?
*(Sylvie continue de hocher la tête. Madame Boulay pon-
dère :)* Moi, j'ai aimé ça. Maintenant, administrer un
salon, ça me suffit. J'ai plus les jambes. J'peux plus passer des journées debout.

SYLVIE *(triomphante)*

On est faites pour s'entendre!

MADAME BOULAY

On dirait.

SYLVIE

Même que…. mon père serait prêt à investir!

MADAME BOULAY

Ah oui?

*Faisant signe que oui, Sylvie baisse les yeux sur le carton d'invitation, qu'elle
tient toujours dans ses mains. Autant elle semble heureuse de son échange avec
madame Boulay, autant elle semble méfiante au sujet de cette invitation, qui
accapare maintenant toute l'image.*

INT. / JOUR   **CABINET DE MAÎTRE LEMIEUX**

Donald Pednault aussi regarde le carton d'invitation du film *Les Lavigueur déménagent*. Il est en conciliabule avec Frank Lemieux dans le
bureau en désordre de celui-ci.

DONALD PEDNAULT

Ils ont acheté les droits d'un film *cheap* tourné en Hollande. Ils l'ont traduit en québécois et ils ont changé le titre pour *Les Lavigueur déménagent…* *(Frank Lemieux prend le carton et le regarde de plus près.)* Ça va pogner, ça! *(Il interroge Pednault du regard.)* Tu veux que je couvre ça? *(Pednault lui fait signe que oui. Lemieux l'interroge du regard.)* C'est pas les plates-bandes de Gamache ça, les Lavigueur?

DONALD PEDNAULT

Il est en congé, Gamache. Pour une couple de semaines.

Sans en dire plus, Pednault se retire. Le carton toujours dans les mains, Lemieux se lève et sort de son bureau. Coup d'œil à gauche, coup d'œil à droite. Depuis l'intérieur du bureau voisin, Gamache pousse une boîte de carton dans le corridor. Ses affaires. Quelques livres, des dictionnaires.

FRANK LEMIEUX

T'en amènes, des affaires, pour un congé!

SYLVAIN GAMACHE

Y a des limites à pisser du vinaigre!
Gamache dépose sa mallette sur la boîte, se penche et ramasse le tout.

FRANK LEMIEUX

Faut payer pour se faire un nom, Gamache! Y a rien de gratuit aujourd'hui. *(Gamache l'ignore et s'éloigne.)* Pourquoi on laisserait une affaire comme ça à la compétition? *(Faisant tourner le carton d'invitation.)* Tant pis pour toi! J'ai toujours aimé ça, moi, le cinéma.

EXT. / JOUR   **PISCINE, CHÂTEAU, ÎLE AUX PRUCHES**

C'est au tour d'un Michel méfiant d'examiner le carton d'invitation. Yves jette un œil par-dessus son épaule. Il est enthousiaste:

YVES

Ç'a l'air comique! On va y aller!

SYLVIE

J'suis pas sûre, moi.

MICHEL

Une autre affaire pour rire de nous autres!

SYLVIE

Faudrait en parler à p'pa!

Plus loin dans le jardin, on voit passer Jean-Guy dans sa voiturette de golf. Il est pompette et renverse un pot de fleurs au passage. Lorsqu'il s'arrête un peu plus loin pour discuter avec un jardinier, il perd pied en descendant du petit véhicule.

MICHEL *(bougon)*

On l'a assez vue, ta face, dans le journal!

YVES

Ils font un film sur nous autres. On est pas des sauvages! On va y aller! C'est quoi le problème?

MICHEL

T'invites des artistes à maison. Tu cours après les journalistes...

SYLVIE

Ben voyons, Michel! Calme-toi!!!

Yves commence à bouillir.

MICHEL

Que cé que ça t'a donné, hein? Que cé que ça t'a apporté... à part du trouble?

Voyant le ton monter, Sylvie se lève et tente d'attirer l'attention de Jean-Guy.

SYLVIE

P'pa! Viendrais-tu ici une minute?

YVES *(irrité)*

Attends un peu, là. On n'a pas besoin de p'pa!

SYLVIE

Hey! C'est de ses affaires, quand même! Si c'est un film sur nous autres! *(Yves se lève, belliqueux. Il dévisage Michel qui se lève à son tour, déterminé à ne pas s'en laisser imposer. Sylvie s'énerve:)* P'PA!

Yves attrape la laisse de son chien. Jean-Guy, qui a entendu, regarde dans leur direction.

YVES

Qu'est-ce que ça va vous prendre pour avoir un peu de fun? *(Michel est prêt à se battre. Mais Yves se défile.)* Gagner un autre million, ostie?!

Yves s'éloigne. Jean-Guy est remonté sur sa voiturette et fonce vers la piscine. Avant même qu'elle ne s'arrête, il lance:

JEAN-GUY

Qu'est-ce qu'y a? *(Il descend.)* Qu'est-ce qui se passe?

Pour toute réponse, Sylvie lui remet le carton d'invitation.

INT. / JOUR   **CABINET DE MAÎTRE PROVENCHER**

Le carton d'invitation est posé sur le bureau en chêne de maître Provencher. Le poing de Jean-Guy s'écrase juste à côté, faisant sursauter l'avocat:

JEAN-GUY

J'SUS TANNÉ! *(Faisant le geste.)* J'EN AI JUSQUE-LÀ!!! *(Maître Provencher cherche ses mots. Jean-Guy enchaîne:)* D'où est-ce qu'il sort, ce film-là? Ils nous ont pas demandé la permission pour faire ça! Ils nous ont pas parlé!

MAÎTRE PROVENCHER

Je ne sais pas encore de quoi il s'agit. Qu'est-ce qu'il y a dans ce film ?

JEAN-GUY *(du tac au tac)*

Mettons qu'on s'en doute un peu, quand même !

Jean-Guy fait les cent pas. Maître Provencher regarde le carton d'invitation, dont les coins sont racornis tellement on l'a examiné sous toutes ses coutures.

MAÎTRE PROVENCHER

C'est vrai que… qu'on peut présumer…

JEAN-GUY *(le devançant)*

On va encore passer au *bat* !

MAÎTRE PROVENCHER

Oui et non. Si ces gens-là avaient quelque chose à se reprocher, ils ne vous inviteraient pas à la première !

Malgré son beau costume, la fragilité revient vite chez Jean-Guy lorsqu'il faut argumenter. Provencher le voit bien et se fait rassurant :

MAÎTRE PROVENCHER

On peut demander de voir le film avant sa sortie. Visionnement privé. *(Jean-Guy est sur la défensive.)* Si vous n'aimez pas la façon dont vous êtes représentés, on demande une injonction et on bloque sa sortie en salle !

JEAN-GUY

Ça se fait, ça ?

MAÎTRE PROVENCHER

Il y a des précédents, oui. J'ai vérifié. Mais c'est comme toute chose. Il y a un prix à payer.

Jean-Guy est cinglant.

JEAN-GUY

Hey! J'tombe sur le cul, moi, là! J'me serais jamais douté!

Maître Provencher cligne des yeux… mais conserve son petit air supérieur.

EXT. / JOUR   **RUE DEVANT L'APPARTEMENT DE TI-MI**

La Toyota Supra d'Yves s'arrête dans une rue du Faubourg à m'lasse. À travers le pare-brise, il jette un coup d'œil vers un logement du deuxième. S'étirant, il ouvre le coffre à gants et en sort une pochette en cuir. À l'intérieur, il y a de la *coke*. Yves fouille dans ses poches, sort un billet de cent dollars et le roule. Sur un petit miroir, il se tire grossièrement une ligne et la renifle à la volée. En moins de deux, l'opération est terminée. Il remballe le tout et sort de sa voiture comme si de rien n'était.

INT. / JOUR   **CUISINE, APPARTEMENT DE TI-MI**

Debout sur le seuil de la porte, Yves a l'œil chancelant. Et la bouche pâteuse. Il remet une enveloppe à Louise. Elle est *stone* elle aussi, de toute évidence.

YVES

C'est Sylvie qui t'envoie ça.

Louise met la main dans l'enveloppe et en sort une liasse de billets de banque.

LOUISE

Ouais, est généreuse, la grande sœur!

YVES

Ou ben elle se sent coupable!

D'un signe de tête, Louise l'invite à entrer.

LOUISE

En tout cas, elle pense à moi. C'est déjà ça!

Yves ressort l'étui en cuir aperçu dans la voiture. Il se dirige vers la table de la cuisine et s'y installe comme s'il avait ses habitudes.

YVES

Moi, je paye ta *dope*; elle, a paye ton épicerie. La vie est belle! *(Ouvrant l'étui.)* Ti-Mi est pas ici?

LOUISE

Il travaille.

Louise glisse l'enveloppe de Sylvie dans un tiroir de la cuisine. Yves tire une nouvelle ligne de coke *sur la table, tout en cherchant le billet de cent dollars qu'il a utilisé tout à l'heure.*

YVES

J'te dis, ça capote pas à peu près à la maison de ce temps-là!!!

LOUISE

Parle-moi-en pas, O.K.! Si t'aimes pas ça, déménage!

Yves s'envoie une deuxième ligne de coke.

YVES

On est comme des enfants de dix ans! C'est p'pa qui décide tout. Et quand il est pas sûr, c'est l'avocat!

Il en tire une pour Louise, aussi.

LOUISE

J't'ai dit que j'veux pas le savoir!!!

Louise lui prend le billet roulé des mains et se penche à son tour.

YVES

C'est sûr que… *(Sans trop y croire.)* Y a des beaux côtés, quand même!

LOUISE

Ben là, décide-toi! T'aimes ça ou t'aimes pas ça?

Elle a déroulé le billet de cent dollars et le regarde. Le sourire figé et l'œil déjà trouble, Yves murmure:

YVES

Garde-le! *(Louise le fait disparaître dans sa poche.)* Moi, ce que j'aime, c'est venir triper avec ma p'tite sœur, parce qu'elle a encore du fun dans la vie, elle! *(Amusé.)* Au château, y a plus personne qui s'amuse! Y a plus personne qui rit!

Louise est trop gelée pour l'entendre.

EXT. / NUIT	RUE DE MONTRÉAL

Louise et Ti-Mi marchent bras dessus, bras dessous dans les rues du quartier. Ils ont l'air heureux, mais il y a quelque chose dans la démarche de Louise qui intrigue. Alors qu'ils passent devant un édifice abandonné placardé d'affiches, elle s'arrête pour se masser la jambe.

TI-MI

Qu'est-ce qu'il y a?

LOUISE

J'ai mal dans les jambes des fois. J'sais pas...

Ti-Mi la regarde, inquiet:

TI-MI

Es-tu correcte?

LOUISE

Ouais, ouais. C'est rien.

Maladroit, il la serre tout contre lui.

TI-MI

Tant mieux! Parce que s'il t'arrivait quelque chose... *(Un temps.)* Je t'aime, moi!

Louise se redresse. Touchée, elle murmure:

LOUISE

Depuis que maman est partie, y a pas grand monde qui m'a dit ça!

TI-MI

Penses-y pas! *(Il la serre contre elle alors qu'elle se redresse.)*

Pense pas à ça!

Ils sortent de l'image, sans remarquer l'immense affiche devant laquelle ils se sont arrêtés et qui annonce la sortie prochaine de Les Lavigueur déménagent.

EXT. / JOUR	ROUTE MENANT AU CHÂTEAU, ÎLE AUX PRUCHES

Frank Lemieux vient de garer sa voiture sur la petite route à la sortie du boisé, à un jet de pierre du château. Il épie le domaine avec des jumelles. Au bout d'un moment, il se tourne vers sa voiture et en sort du matériel photographique. Trépied, caméra impressionnante équipée de *zooms*. Lemieux s'installe.

INT. / JOUR	SALLE À MANGER, CHÂTEAU, ÎLE AUX PRUCHES

La salle à manger est impressionnante. Les Lavigueur mangent du poulet Saint-Hubert sous un candélabre. Les boîtes de livraison sont empilées au bout de la table. L'ambiance est à trancher au couteau.

YVES

P'pa, y a une affaire que tu comprends pas! On peut pas revenir en arrière. On peut pas empêcher des films de sortir!

JEAN-GUY

Parle-moi pas sur ce ton-là!

YVES *(encore plus baveux)*

Ça marche pas de même! Tu peux ben nous dire quoi faire à maison… mais t'es pas le bon Dieu! Y a personne qui empêche les films de sortir!

JEAN-GUY *(élevant la voix)*

À force de traîner avec Louise, t'es rendu que tu parles comme elle!

SYLVIE

Êtes-vous obligés de crier? Ça se fait, parler comme du monde normal!

Le mot « normal » fait sursauter Michel. Sylvie s'en rend bien compte. Yves continue de faire son numéro:

YVES

C'est toujours la faute de Louise! *(Cinglant.)* A paye cher en maudit, elle… pour avoir un père qui comprend jamais rien!

JEAN-GUY

Hey! Je paye son loyer, je paye son linge, j'lui donne de l'argent de poche! Mais elle flambe toute! *(Agité.)* Penses-tu que je vais lui donner cent mille piastres? Non, non! C'est pas vrai, ça!

YVES

On a juste une vie! Moi, j'ai envie d'en profiter!

JEAN-GUY

Quand t'étais livreur à l'épicerie Richard, tu me parlais plus poliment que ça!

YVES

J'avais dix-sept ans! Il s'en est passé, des choses, depuis ce temps-là, p'pa… *(Un temps.)* Mais toi, y a une affaire que tu comprends toujours pas. On peut pas arrêter le temps! On peut pas revenir en arrière! Pis on peut pas empêcher des films de sortir!

Michel, qui n'en peut plus, disjoncte:

MICHEL
HEY, AS-TU FINI, CHRIST ?!

YVES
Tiens ! Toi aussi ? *(Tout le monde est surpris par le cri du cœur de Michel. Yves en profite pour se lever et repousser violemment sa chaise.)* On est supposés avoir gagné des millions ! Je vous regarde, là. Une vraie gang de *losers* !
Yves s'en va en furie.

INT. / JOUR   CHAMBRE, CHÂTEAU, ÎLE AUX PRUCHES
Sylvie entre dans sa chambre de princesse, suivie de Mariette. Elle s'arrête devant un petit secrétaire, ouvre un tiroir et sort une enveloppe qu'elle remet à son amie.

SYLVIE
Tiens ! C'est pas grand-chose, mais… tout compte quand on étudie, hein ?

MARIETTE
Tu peux pas savoir comment ça me dépanne… mais je vais te le rendre, hein ! Promis !

SYLVIE
Non, non… j'te le donne.
Mariette glisse l'enveloppe dans sa poche.

MARIETTE
Dès que j'ai fini mon cours, j'te rembourse. Promis !
Sylvie agite la main. Au même moment, un cri retentit d'une pièce voisine :

MICHEL *(voix hors champ)*
Y A JAMAIS PERSONNE QUI ME DEMANDE CE QUE JE PENSE, MOI ! MAIS LÀ, J'LE DIS !
Gênée, Sylvie se retourne et ferme la porte de sa chambre. Les cris de Michel s'estompent.

MARIETTE

Ça fait que… là tu serais une patronne? Ça serait ta
business à toi?

SYLVIE

Ouais, pis j'ai même trouvé le nom, *(Elle s'imagine la
marquise de son commerce en faisant un geste de la main:)*
Ça va s'appeler Style de Vie. *(Levant le doigt.)* Tsé…

On entend d'autres cris venant de la chambre de Yves. Sylvie s'énerve.

INT. / JOUR	CHAMBRE DE YVES, CHÂTEAU, ÎLE AUX PRUCHES

**Michel et Yves se mesurent au billard. Le cadet empoche les boules
les unes après les autres. Non content de réussir tous ses coups, il
malmène Yves:**

MICHEL

Tu t'en sacres complètement, de c'te film-là! C'est juste
pour faire damner p'pa que tu veux y aller!

Yves ronge son frein.

YVES

Hey! Laisse-moi donc tranquille, O.K.!

*Michel rate enfin une boule. Ce qui ne l'empêche pas de continuer de défier
son frère:*

MICHEL

Tu vas aller faire rire de toi là-bas! *(Yves joue un coup…
et le rate. Michel continue de l'aiguillonner:)* Pis là, ils
vont dire toutes sortes d'affaires sur nous autres!

YVES

O.K.! Tu te la fermes, là!

*Alors que Michel se remet à jouer et sans doute à battre Yves, celui-ci dépose
violemment sa baguette sur la table, faisant rouler les boules et mettant ainsi
un terme à la partie.*

MICHEL
Viens donc me la farmer pour voir!

INT. / JOUR   CHAMBRE, CHÂTEAU, ÎLE AUX PRUCHES

Sylvie, qui est toujours avec Mariette dans sa chambre, blêmit en entendant ces nouveaux cris.

SYLVIE
Ils me rendent malade!
Elle ouvre la porte de sa chambre, fait un pas à l'extérieur et crie:

SYLVIE
Si vous voulez vous battre, allez dehors!!!
Déjà on entend des bruits de bousculade dans le corridor.

EXT. / JOUR   ENTRÉE, CHÂTEAU, ÎLE AUX PRUCHES

La porte s'ouvre. Michel roule dans les marches et atterrit sur le gravier devant la grande maison. Enragé, Yves sort et se jette sur lui. Mais le cadet est rapide. Il roule sur le côté tout en lui donnant un croc-en-jambe. L'arcade sourcilière en sang, Michel se relève alors qu'Yves roule dans l'herbe. Michel en profite, se jette sur lui et tape tant qu'il peut.

EXT. / JOUR   CHEMIN MENANT AU CHÂTEAU, ÎLE AUX PRUCHES

Frank Lemieux photographie tout avec sa caméra de paparazzi. Il est servi! Non seulement Yves et Michel se battent-ils devant le château, mais voilà que Jean-Guy et Sylvie sortent pour les séparer. L'œil ensanglanté de Michel donne un effet dramatique à travers la lentille de Lemieux. On entend le moteur de la caméra qui multiplie les photos. On s'attarde sur une dernière image de la bagarre.

INT. / JOUR   SALLE DE BAINS, CHÂTEAU, ÎLE AUX PRUCHES

Michel a la tête penchée au-dessus d'un lavabo aux robinets en or. Mariette nettoie son arcade sourcilière ouverte. Le cadet papillonne des yeux, comme s'il était sur le point de s'évanouir. Jean-Guy implore:

JEAN-GUY

Tu dois être capable de lui arranger ça? T'es pas garde-
malade, toi?

MARIETTE *(nerveuse)*

J'pense que ça va prendre des points de suture. Faut
l'emmener à l'urgence.

Jean-Guy s'inquiète. Sylvie dit tout haut ce que son père pense tout bas:

SYLVIE

Non! À l'hôpital, ça va être la grosse affaire! Les
journalistes…

MICHEL

Ayoye!!!

Mariette ne sait plus où donner de la tête. Sylvie insiste:

SYLVIE

Tu pourrais lui coudre ça, non? Tu pourrais faire ça.

INT. / JOUR   **BAR CHIC DU CENTRE-VILLE**

**Les photos prises plus tôt par Lemieux s'étendent à pleines pages dans
la dernière édition du *Quotidien de Montréal* posé sur le comptoir.
Quand les Lavigueur font la une, c'est de moins en moins joli. Frank
Lemieux parle à voix basse avec son patron en buvant un verre:**

FRANK LEMIEUX

Je l'ai vu, moi, le film. Si c'est pas de la fausse représentation, j'sais pas c'que c'est! Ça se passe même pas ici.
C'est une histoire qui est arrivée en Europe, quelque
part.

Pednault vide son verre.

DONALD PEDNAULT

Pis?

FRANK LEMIEUX

C'est pas encore trop tard pour un procès! *(Comme s'il était aux courses.)* Si les Lavigueur y vont... c'est sûr qu'ils gagnent.

DONALD PEDNAULT

S'il y a un procès, je veux le scoop! Avec toute la publicité qui a été faite autour du film, on va «scorer»!

FRANK LEMIEUX

Attends un peu! Laisse-moi «checker» mes affaires. J'sais pas s'ils veulent poursuivre, moi!

DONALD PEDNAULT

Pas grave! Pars la rumeur! Dis que t'en as entendu parler dans les corridors du palais de justice. «Les LAVIGUEUR s'en viennent!»

Lemieux sourit.

INT. / JOUR   **CHAMBRE DE MICHEL, CHÂTEAU, ÎLE AUX PRUCHES**

Michel entre dans sa chambre avec une copie du *Quotidien de Montréal*. Un large diachylon au-dessus de l'œil gauche, il est catastrophé. Il ouvre le journal sur son lit, se penche et regarde sa photo de plus près. Le visage ensanglanté, la photo ne l'avantage certainement pas. Dans les pages intérieures, d'autres photos montrent Jean-Guy s'engueulant avec Yves, et Sylvie, en larmes, consolée par Mariette.

INT. / JOUR   **ENTRÉE / SALON, CHÂTEAU, ÎLE AUX PRUCHES**

Jean-Guy, Sylvie et maître Provencher sont au salon. L'avocat est très posé, très mesuré. Et certainement moins enthousiaste que la dernière fois:

MAÎTRE PROVENCHER

Il y a des centaines de personnes qui s'appellent Lavigueur au Québec! Quand on porte un nom aussi répandu que le vôtre… on n'en a pas l'exclusivité. Et si on le prétend, il faut le prouver. *(Un temps.)* Entre-temps, les distributeurs du film peuvent l'utiliser tant qu'ils veulent.

SYLVIE

C'est de la fraude! Pourquoi ils ont pas pris Blanchette… ou Tremblay? C'est notre nom qu'ils veulent!

MAÎTRE PROVENCHER

Alors, démontrez-moi qu'il est seulement à vous et pas aux autres!

JEAN-GUY

Cou'donc, toi, câlisse! Pour qui tu travailles?

MAÎTRE PROVENCHER

J'ai étudié la question en long et en large…

JEAN-GUY *(le coupant)*

Arrête de tourner autour du pot! C'est notre nom qui va le faire vendre, leur maudit film!

Maître Provencher s'impatiente. Il prend une grande respiration :

MAÎTRE PROVENCHER

Laissez-moi le dire autrement. *(Jean-Guy est surpris par le changement de ton. Sylvie a l'esprit ailleurs. Elle sent quelque chose. Une odeur qui vient de la cuisine peut-être.)* Si on parle strictement en termes de loi, votre nom ne vous appartient pas! On peut bien aller devant un juge, mais je sais déjà ce qu'il nous dira. Ce nom, Lavigueur… tout le monde peut l'utiliser!

Jean-Guy grimpe au plafond.

JEAN-GUY

Toi, ton nom, il t'appartient-tu ? *(Postillonnant.)* Sûrement que oui, hein ? Parce que les avocats, c'est pas pareil. Vous avez la loi de votre bord, vous autres !

MAÎTRE PROVENCHER *(d'une voix lasse)*

Monsieur Lavigueur…

JEAN-GUY *(frondeur)*

J'vais le faire au nom de quelqu'un d'autre, ton prochain chèque. Tu vas voir ! Tu vas voir comment c'est quand ton nom t'appartient pas !!! *(L'avocat secoue la tête.)* Non, mais c'est le boute de la marde, ça ! Il appartient à qui s'il m'appartient pas, mon nom ?

Sylvie sort du salon, toujours attirée par cette odeur qui l'intrigue.

JEAN-GUY *(gueulant)*

C'EST QUOI LA PROCHAINE AFFAIRE QU'ILS VONT INVENTER ?

INT. / JOUR   CUISINE, CHÂTEAU, ÎLE AUX PRUCHES

Michel a allumé un feu dans le lavabo de la cuisine. Il y brûle les pages du *Quotidien de Montréal* roulées en boule. Une épaisse fumée flotte dans la pièce quand Sylvie y entre.

SYLVIE

MICHEL ! QU'EST-CE QUE TU FAIS LÀ ?!

Comme s'il n'avait pas entendu, Michel jette d'autres journaux dans le feu. Sylvie le pousse et se met à crier :

SYLVIE

IL A MIS LE FEU DANS LA CUISINE !

Elle tente d'ouvrir le robinet pour noyer la flamme. Michel regarde le brasier, l'air hypnotisé, lorsque Jean-Guy et Maître Provencher entrent à leur tour dans la cuisine

EXT. / NUIT   DEVANT UN CINÉMA

Une limousine blanche s'arrête devant un cinéma. Tapis rouge. Quelques photographes de presse. On reconnaît Frank Lemieux au premier rang. La portière s'ouvre et Yves apparaît, vêtu d'un smoking. Souriant, il entre dans le cinéma suivi de Pete et de Roch.

INT. / NUIT   CINÉMA, DANS LA SALLE

Extrait du film *Les Lavigueur déménagent* sur grand écran. La scène se passe dans une cuisine à l'européenne. La famille Lavigueur qu'on y voit découvre le fonctionnement des appareils électroménagers. Les rires se multiplient dans la salle alors que les gags désolants s'enchaînent. Dans la pénombre, Yves a les traits crispés. Au bout d'un moment, il se penche vers Roch :

YVES

J'trouve pas ça drôle pantoute, moi ! *(Même malaise chez les deux amis. Autour d'eux, les gens les regardent d'un drôle d'air.)* J'en ai assez vu !

Yves se lève, suivi de Pete et de Roch. Ils remontent l'allée d'un pas décidé, alors qu'on rit de plus en plus dans la salle.

EXT. / NUIT   L'HORIZON DISCO CLUB

Yves, Pete et Roch descendent de la Toyota Supra dans le stationnement du bar. On entend le rythme sourd du disco venant de l'immeuble. Un portier baraqué discute avec quelques clients à l'entrée. Yves a du mal à marcher tellement il est gelé.

LE PORTIER *(levant la main)*

Non ! Pas à soir, Yves !

YVES *(la bouche sèche)*

Tasse-toi, là ! J'ai soif !

Le portier lui agrippe vigoureusement le bras. Pete et Roch sont étonnés.

PETE

C'est quoi le problème ?

LE PORTIER

Toi, j't'ai pas parlé! *(Revenant à Yves.)* T'es compètement
gelé, Yves. Va-t'en te coucher!

YVES *(recroquevillé sur lui- même)*
J'viens icitte tous les soirs.

LE PORTIER

T'as l'air d'un infirme! T'es tout croche! *(Yves est insulté. Le portier en remet :)* Essaye pas! Tu passeras pas!
*Une fois encore, on se retrouve derrière la lentille d'une caméra. Les déclics à
répétition nous font comprendre que Frank Lemieux est sur le coup. À travers
son objectif, on voit Yves bousculer le portier, qui le lui rend bien. Pete et Roch
l'entraînent vers la voiture avant que l'ouvreur ne perde patience.*

EXT. / NUIT STATIONNEMENT DE L'HORIZON DISCO CLUB

**Les trois larrons s'engouffrent dans la voiture sans échanger un mot.
En refermant la portière, Yves croise le regard de Lemieux. Engourdi,
il lance le moteur, monte le son de la chaîne stéréo et démarre sur les
chapeaux de roues.**

EXT. / NUIT   RUE, EST DE MONTRÉAL

**Coupe franche. Yves a les jambes écartées et les mains sur le toit de sa
voiture. Un policier le fouille. La Supra est rangée le long du trottoir et
le gyrophare d'une autopatrouille jette son éclairage cru sur la scène.
Très vite, le policier trouve l'étui en cuir dans lequel Yves garde sa**
coke.

POLICIER

C'est quoi, ça?
*La caméra de Frank Lemieux est braquée sur la scène. De l'autre côté de la
rue, le journaliste à potins prend des photos.*

INT. / PETIT MATIN CUISINE, CHÂTEAU, ÎLE AUX PRUCHES

**Sylvie regarde les photos de l'arrestation de son frère dans *Le Quoti-
dien de Montréal*. C'est la photo de Frank Lemieux que l'on voit en**

mortaise, maintenant. Elle s'attarde sur le sous-titre de l'article : *Il n'y aurait pas que l'alcool en cause !* Une main sur la bouche, elle secoue la tête.

JEAN-GUY

Il a appelé à cinq heures du matin. Il voulait que j'aille
le chercher.

Un café à la main, Jean-Guy est devant une immense porte-fenêtre. Tournant le dos à sa fille, il regarde son jardin.

SYLVIE

Il est où, là ?

JEAN-GUY

Provencher est allé le chercher.

MICHEL

Quand Louise se faisait embarquer, tu prenais pas un
avocat ! T'allais la chercher toi-même !

Michel s'est glissé dans la cuisine sans que personne ne le voie venir. Ses propos font grincer Jean-Guy :

JEAN-GUY

Y avait pas une demi-douzaine de photographes qui
nous attendaient à la sortie du poste de police, non
plus !

EXT. / MATIN   DEVANT LE CHÂTEAU, ÎLE AUX PRUCHES

Yves descend de la Mercedes de maître Provencher. Sylvie vient à sa rencontre devant la maison. Le fils Lavigueur a mauvaise mine. Sa chemise est ouverte et il tient le veston froissé de son smoking sur son avant-bras.

SYLVIE

Es-tu correct ?

YVES

Ouais, ouais!

Sans dire un mot de plus, il passe devant Jean-Guy et Michel, dont il fuit les regards, et disparaît à l'intérieur. Maître Provencher s'est approché de Sylvie.

MAÎTRE PROVENCHER

Ce sont les papiers pour sa caution. *(Jean-Guy s'y intéresse.)* Il n'y aura pas d'accusation pour possession de cocaïne…

JEAN-GUY

C'était-tu vrai, ça? C'est pas les journaux qui ont inventé ça?

Jean-Guy interroge tour à tour Sylvie et Michel du regard, sans obtenir de réponse. L'avocat ajoute:

MAÎTRE PROVENCHER

Il a perdu son permis de conduire. Peut-être que ça va le faire réfléchir!

INT. / JOUR	CORRIDOR / PIÈCE DE RANGEMENT, CHÂTEAU, ÎLE AUX PRUCHES

Debout dans le corridor, Michel épie son père par la porte entrouverte de la pièce de rangement. On peut voir Jean-Guy, cigarette au bec, en train de faire quelque chose mais on ne sait pas quoi. Alors qu'il va déplacer une boîte de carton, il retrouve le boulier qui leur servait jadis à choisir les numéros du Lotto 6/49. Jean-Guy l'examine longuement. L'air anxieux, Michel cesse d'épier son père et s'éloigne dans le corridor.

EXT. / JOUR	PISCINE, CHÂTEAU, ÎLE AUX PRUCHES

Michel est assis sur le bord de la piscine, les pieds dans l'eau. Il est complètement refermé sur lui-même. Sylvie et Yves discutent.

SYLVIE

Dix-neuf mille sept cent cinquante piastres!

Yves, qui est étendu au soleil, siffle:

YVES

Ouais, c'est des bidous, ça!
Confortablement installée dans un fauteuil de parterre, Sylvie additionne des factures.

SYLVIE

Là-dedans, y a l'injonction qu'on a envoyée à Tour de Montréal pour les autobus qui venaient tourner dans la cour, les lettres d'avocat pis les mises en demeure à Luc Paquette de CKCL, pis toute l'affaire du film... qui a rien donné, finalement!

YVES

Il peut bien se promener en Mercedes, l'avocat! *(Yves se redresse sur sa serviette de plage:)* Qu'est-ce qu'on fait?
Michel ne réagit toujours pas.

SYLVIE

Pis toi, Michel! As-tu une idée? Es-tu là? Qu'est-ce que t'en penses?
Acculé au mur, il se lève en geignant:

MICHEL

J'en pense... j'en pense que ça coûtait moins cher quand c'était mon oncle Souris qui s'occupait de papa!

YVES

C'est quoi, le rapport?

MICHEL

Le rapport, c'est que ça prend quelqu'un pour lui tenir la main! À cent cinquante piastres de l'heure, c'est sûr que ça monte vite! *(Un temps.)* Pis quand tu fais des niaiseries comme l'autre soir… ben ça monte encore plus!

Michel s'éloigne, l'air déprimé.

YVES

Qu'est-ce qui lui prend, lui? *(Sylvie revient à ses factures.)* Il est rendu comme p'pa! Il panique du matin au soir.

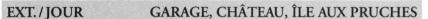

EXT./JOUR	GARAGE, CHÂTEAU, ÎLE AUX PRUCHES

Jean-Guy est seul dans le garage, dont la porte est grande ouverte. En fouillant dans le désordre, il vient de trouver le vieux téléviseur noir et blanc du salon de la rue Logan. Alors qu'il tire le vieil appareil jusqu'au centre du garage pour le nettoyer, une voix le fait sursauter:

FRANK LEMIEUX

Y a une question qui me tracasse, monsieur Lavigueur. *(Le photographe ajuste son appareil. Jean-Guy est debout près du vieux téléviseur. Le flash crépite.)* Votre fils s'est fait arrêter l'autre soir. Il avait de la drogue sur lui. Pourquoi les accusations de possession de cocaïne sont tombées? *(Jean-Guy se précipite vers la commande fixée au mur pour abaisser la porte.)* Ça vous a coûté combien, ça?

JEAN-GUY *(appuyant sur le bouton)*

Pas de commentaires!

La porte s'abaisse doucement. Le journaliste se penche et continue de le bombarder de questions:

FRANK LEMIEUX

C'est quand même drôle, vous trouvez pas? On était là l'autre soir, nous autres. On l'a vu. Il en avait un sac dans sa poche. On a même des photos! *(La porte continue de descendre.)* J'sais pas si vous achetez les juges, mais vous avez quelque chose à cacher pour agir comme ça! *(La porte se referme; Lemieux hausse le ton.)* Vous pouvez compter sur moi pour faire sortir la vérité…

INT./JOUR   ENTRÉE/SALON, CHÂTEAU, ÎLE AUX PRUCHES

Essoufflé, Jean-Guy s'avance jusqu'au pied de l'escalier :

JEAN-GUY

Sylvie! Viens ici! Vite! *(Sylvie s'avance en haut de l'esca-lier.)* Appelle l'avocat! Y a le journaliste! Le nouveau! Il est rendu dans la cour! Il a pas d'affaire icitte!!!

Yves et Michel arrivent de la cuisine, suivis de Buck, le berger allemand. Sylvie dévale l'escalier.

SYLVIE

Une minute, là!

Yves surprend Jean-Guy en s'en mêlant :

YVES

On appelle pas l'avocat, c'te fois-ci!

Le paternel le fusille du regard :

JEAN-GUY

J't'ai-tu sonné, toi?

SYLVIE

J'suis d'accord avec lui! Astheur, on va s'arranger tout seuls!

JEAN-GUY

Comment ça?

Lorsque le carillon retentit, Jean-Guy fige net. Resté silencieux depuis le début de la scène, Michel attrape Buck par le collier et se dirige vers la porte d'un pas décidé.

EXT./JOUR   DEVANT LE CHÂTEAU, ÎLE AUX PRUCHES

Frank Lemieux a le doigt sur le bouton de la sonnette lorsque la porte s'ouvre. Michel fait un pas à l'extérieur et lâche le chien. Buck se met aussitôt à aboyer. Lemieux et son photographe battent en retraite.

La silhouette de Jean-Guy apparaît derrière Michel. S'amènent également Yves et Sylvie. La déroute du journaliste et de son photographe les amuse. Lancé à fond de train, Buck les refoule jusqu'à la petite route alors que Yves lui crie :

YVES

Bon chien, Buck ! Bon chien !

Michel, qu'on a vu plutôt abattu depuis un moment, semble plutôt fier de son coup.

EXT. / JOUR   **JARDIN, CHÂTEAU, ÎLE AUX PRUCHES**

Jean-Guy est au volant de sa voiturette de golf. Il fait faire le tour de l'immense jardin à l'oncle Souris. Le petit véhicule passe devant de magnifiques rosiers.

L'ONCLE SOURIS *(émerveillé)*

Des fleurs de même, j'pensais qu'ils avaient juste ça au Jardin botanique, moi !

JEAN-GUY *(fier)*

Si Micheline voyait ça, hein ! Si elle était là ! *(L'oncle Souris le regarde du coin de l'œil mais ne dit rien.)* Les enfants pensent que j'capote. Les petites fleurs… Tout ce que je fais alentour. *(L'air heureux.)* Mais moi, j'aime ça !

L'ONCLE SOURIS

Ben, tant mieux pour toi ! *(Riant de bon cœur :)* Tout ce qui te manque astheur, c'est une femme !

Jean-Guy fait mine de ne pas entendre. Il arrête la voiturette près de la piscine et descend.

L'ONCLE SOURIS

Tu sais… y a une des chums de Francine… il me semble que tu t'entendrais ben avec. Elle s'appelle Jeannine. On a pensé organiser un p'tit *party*, juste pour que tu la rencontres.

JEAN-GUY

Ah non, non… ça m'tente pas… pas tout de suite!

L'ONCLE SOURIS

Jean-Guy! Micheline est partie! Est plus là! *(Un temps.)*
T'as le droit!

JEAN-GUY

Non, non… c'est pas ça! Faut que je m'occupe des
enfants.

L'ONCLE SOURIS

Les enfants, les enfants! Ils sont capables de s'occuper
tout seuls, les enfants! *(Jean-Guy hésite devant la voiturette.)* Si tu veux, on t'arrange ça, Francine pis moi. On
va te présenter quelqu'un, pas de problème.
Jean-Guy rit lui aussi. Mais sa timidité refait vite surface:

JEAN-GUY

Tu vas trop vite, là! Tu vas me gêner!

L'ONCLE SOURIS *(lui donnant du coude)*
Envoye, Jean-Guy!

INT. / JOUR CORRIDOR, ÉCOLE DE HAUTE TECHNOLOGIE

Une enveloppe brune dans les mains, Michel s'avance dans un corridor éclairé au néon. Sur des écriteaux au-dessus des portes de classe,
on peut lire: LABORATOIRE D'ÉLECTRONIQUE ou encore, PROGRAM-
MATION. Le fils Lavigueur semble égaré. En s'engouffrant dans un
second corridor, il tombe sur cinq ou six étudiants appuyés contre
les murs près d'une autre porte, au-dessus de laquelle est écrit: INS-
CRIPTION. Michel regarde autour et croise le regard de la seule fille du
groupe. Elle lui sourit.

MONIQUE

C'est ici!

Michel se détend quelque peu... et s'appuie au mur comme les autres. La porte du local d'inscription s'ouvre et un professeur pointe le nez:

PROFESSEUR

Paul Jacob!

Un jeune homme se redresse et rejoint le professeur. Tous deux disparaissent dans la pièce. Michel est si nerveux qu'il ne prête aucune attention à la jolie fille qui lui a souri.

MONIQUE

C'est-tu la première fois que tu t'essayes, toi, pour le cours d'informatique?

Il sursaute... et bredouille:

MICHEL

Euh, oui...

MONIQUE

Ils en prennent juste une demi-douzaine, tu sais. On passe un test... ils gardent les meilleurs.

MICHEL *(sourire en coin)*

Mais si on essaye pas, on a aucune chance! *(Ces mots semblent encourager Monique.)* Comment tu t'appelles?

MONIQUE

Monique.

Elle lui sourit à nouveau... mais n'a pas le temps de lui demander son nom car la porte du local d'inscription s'ouvre. Le même prof revient.

LE PROFESSEUR

Michel Lavigueur, aussi!

Les commentaires fusent aussitôt.

PREMIER ÉTUDIANT

Pas *les* Lavigueur de l'île aux cruches!?

AUTRE ÉTUDIANT

Les Lavigueur déménagent!
Michel rentre la tête dans les épaules et ne bronche pas. Même Monique a le sourire aux lèvres alors que le prof insiste:

LE PROFESSEUR

Michel Lavigueur?
La gorge serrée, Michel bafouille en se tournant vers Monique:

MICHEL

S'cuse-moi! Il faut que je m'en aille!
Michel s'éloigne en vitesse dans le corridor. Monique a perdu le sourire. Cherchant à comprendre, elle part à ses trousses:

MONIQUE

Hey! Attends!
Le professeur consulte sa liste devant la porte.

LE PROFESSEUR

Denis Bérubé?
Un nerd *sort des rangs. Le professeur l'invite à entrer.*

INT. / JOUR	CHAMBRE DE YVES, CHÂTEAU, ÎLE AUX PRUCHES

Yves fait des poids et haltères dans sa chambre. Le ménage a été fait et des appareils d'exercice ont été installés autour de la table de billard. Pete et Roch s'amènent.

PETE

Hey, *man*! Qu'est-ce que tu fais?

YVES

Ah, Pete!
Yves dépose ses poids.

ROCH

On avait plus de nouvelles! On se demandait ce qui
t'arrivait.

YVES

J'prends un *break*.

DAN

Tu peux prendre un *break* pis appeler tes chums quand
même!

YVES

J'ai plus de permis. J'peux pas conduire… *(Haussant les
épaules.)* Mais ça va, j'suis correct!
*Joueurs, Pete et Roch saisissent Yves chacun par un bras et l'aident à se
relever.*

PETE

À soir, on te sort!

YVES

Non, non! Ça me tente pas.

ROCH

T'es pas *game*!

YVES *(résistant)*

R'garde! J'essaye de me mettre en forme, là!
Pete tire trois lignes de coke *sur une commode voisine.*

PETE

J'ai quelque chose pour te mettre en forme, moi!
Yves se fait tirer la jambe.

YVES

Ah! *Come on, man*!!!

Pete se penche déjà pour s'envoyer la première ligne.

C'est la pénombre. Louise et Ti-Mi font la sieste. Ils ont sans doute fait l'amour, aussi. Ils ont l'air bien, heureux même. Ti-Mi rêve tout haut :

> TI-MI
>
> Moi, ce que j'aimerais, c'est qu'on se trouve une autre place. Mieux qu'ici…

> LOUISE
>
> Ouais, un beau logement avec une cour.

> TI-MI
>
> On pourrait chercher. *(L'embrassant.)* On pourrait s'installer comme du monde.

Louise partage le rêve de Ti-Mi.

> LOUISE
>
> Ouais. Pis je pourrais finir mon école ! *(Ti-Mi la regarde, étonné par ce qu'il entend.)* Ça serait plus facile après, pour me trouver une job. On serait deux à payer.

> TI-MI
>
> Pas besoin d'avoir des millions !

Louise enlace Ti-Mi. La scène pourrait devenir torride, mais quelqu'un se met à frapper à la porte. Comme le bruit est de plus en plus fort, Ti-Mi se lève.

La porte vient de s'ouvrir. Yves s'accroche au cadre de porte au bas de l'escalier. Il est visiblement soûl.

> YVES
>
> Hey, Ti-Mi !!! Dis-moi pas que t'étais couché ! En plein jour ?

TI-MI

Qu'est-ce qui arrive avec toi?

Pete et Roch apparaissent dans le portrait. Ti-Mi piétine, en shorts boxer, en haut de l'escalier.

YVES

Va chercher Louise! On monte à Québec!

TI-MI

À Québec? Que cé que vous allez faire là?

YVES

Le *party*, qu'est-ce que tu penses! *(Les deux copains d'Yves le trouvent bien drôle. Louise s'approche à son tour, enroulée dans la robe de chambre de Ti-Mi.)* Hey, Louise... viens-t'en! On s'en va faire un tour!!!

Ti-Mi et Louise échangent un regard.

LOUISE

Fais pas le fou, Yves! T'as pris de la *dope*, vous avez bu... c'est pas le temps d'aller à Québec!

YVES

Cou'donc toi, es-tu en train de virer *straight*?

LOUISE *(sèchement)*

R'tourne à maison avant de te mettre dans le trouble, encore!

Au pied de l'escalier, Yves s'est tourné vers ses chums:

YVES

Let's go, les *boys*! On y va!

Ils repartent en fous et referment la porte d'un coup sec.

Michel descend d'un taxi. Alors qu'il s'apprête à entrer dans le commerce, quelqu'un l'interpelle :

FRANK LEMIEUX

Michel! *(Il s'approche.)* Attends une minute, faut que j'te parle! *(Michel le fuit comme la peste. Mais le journaliste le rejoint.)* C'est important! *(Il s'attarde pour l'écouter.)* Toi là, il faut que tu fasses quelque chose! Que tu prennes avantage de la situation.

MICHEL

Quelle situation? De quoi tu parles?

FRANK LEMIEUX

C'que j'veux dire c'est que... *(Il cherche ses mots.)* Vous êtes rendus comme une *business*, vous autres, les Lavigueur. *(Un temps.)* Mais une *business* qui vous appartient pas. C'est les autres qui font l'argent!

MICHEL

Hey, laisse-moi tranquille, O.K.! Ça m'intéresse pas.
Michel regarde autour, comme s'il avait peur qu'on les entende.

FRANK LEMIEUX

Non, non, attends! *(Il le retient par le bras.)* La *game* a changé, Michel. C'est pas: «Quand il vous arrive quelque chose, on parle de vous autres dans les journaux...» *(Mimant une caméra.)* ... c'est: «Le Kodak est sur vous autres, pis on attend qu'il arrive quelque chose!»
Michel devient cynique.

MICHEL

Pourquoi tu me dis ça?
Lemieux prend bien son temps, marque bien chaque mot :

FRANK LEMIEUX

Si tu me tenais au courant de ce qui se passe, si on se parlait de temps en temps... *(Un temps.)* Tu sais, on a des budgets pour ça.

MICHEL *(révolté)*

Hey! T'es complètement malade, Lemieux. Tu veux me payer pour que je bavasse sur ma famille?

FRANK LEMIEUX

Non, non! C'est pas ça...

MICHEL *(hors de lui)*

Payais-tu Yves, aussi?

FRANK LEMIEUX

Arrête, là! Pars pas d'histoires.

Exaspéré, Michel ouvre la porte du commerce d'électronique.

MICHEL

J'en ai, de l'argent! Pis la tienne, tu peux te la câlisser...

Furieux, il passe à l'intérieur sans terminer sa phrase. Jouant les incompris, Lemieux soupire:

FRANK LEMIEUX

C'est pas ça! Laisse-moi t'expliquer!

EXT./JOUR	**ROUTE MENANT AU CHÂTEAU, ÎLE AUX PRUCHES**

Il fait chaud. Lunettes d'approche autour du cou, Frank Lemieux est aux abois sur le bord de la route menant au château. La Toyota Supra de Yves vient de s'arrêter devant la maison. C'est Pete qui conduit la bagnole, qui affiche de nouvelles éraflures et quelques bosses.

YVES *(descendant)*

Youhoo… on l'a fait!

ROCH *(de loin)*

Let's go… dans la piscine, les *boys*!

Pete attrape une caisse de vingt-quatre dans le coffre. Ils s'engouffrent tous les trois dans la maison. Frank Lemieux fait la moue sur le bord de la petite route. Il n'y a pas de quoi écrire un article. Le photographe continue de prendre des clichés jusqu'à ce que la porte se referme.

INT. / JOUR	TAXI

Il y a quelque chose de ludique dans cette scène. On retrouve Michel en compagnie de Monique, cette fille rencontrée dans un corridor de l'école d'informatique. Ils sont assis sur la banquette arrière d'un taxi, qui remonte la petite route menant au château. Joueur, il monte devant :

MICHEL

Juste là, là… tu vas voir. Après le croche. Il est toujours là! *(Le taxi amorce un virage et, comme de fait, la voiture de Frank Lemieux est stationnée sur le bord de la route. Comme ils l'avaient convenu avant, Michel et Monique se couchent à plat ventre sur la banquette. Fou rire. Michel lance au chauffeur:)* Arrêtez-vous devant la porte… ben collé!

Le chauffeur hoche la tête d'un signe entendu. Le château des Lavigueur apparaît devant eux.

EXT. / JOUR	DEVANT LE CHÂTEAU, ÎLE AUX PRUCHES

Le taxi s'est arrêté à deux pas de la grande porte. Après avoir payé la course, Michel et Monique descendent de la voiture. Michel ouvre la porte mais s'attarde un moment sur le seuil. Il y a un bref champ-contre-champ entre Frank Lemieux, ses lunettes d'approche sur les yeux, et le fils Lavigueur. Sans plus tarder, Michel entre dans la maison avec Monique et referme la porte.

Michel referme la porte derrière lui et s'y adosse, comme si le jeu continuait. Monique continue de trouver ça drôle.

> MONIQUE
>
> Fais-tu ça chaque fois que t'arrives chez vous?

> MICHEL *(charmeur)*
>
> Juste quand j'suis avec toi!

Elle continue d'être amusée. Lorsqu'elle se retourne et voit la splendeur de la maison, son expression change.

> MONIQUE
>
> Wow! C'est beau! *(Elle regarde partout.)* Pis c'est grand! *(Alertée par cette voix qu'elle ne connaît pas, Sylvie sort du salon. En l'apercevant, Monique lui tend spontanément la main.)* Allô! Moi, c'est Monique.

Le regard de Sylvie va de Michel à Monique. L'aînée se montre plus que chaleureuse:

> SYLVIE
>
> Allô! T'es… t'es une amie de Michel? C'est ça?

> MONIQUE *(spontanée)*
>
> On s'est rencontrés au cours d'informatique.

> SYLVIE
>
> Un cours d'informatique?

Jean-Guy émerge de la cuisine à son tour. Il s'approche, intrigué par ce ton jovial.

> MONIQUE
>
> J'étais allée pour m'inscrire en informatique. Michel aussi.

JEAN-GUY *(confus)*

Ah, tu vas à l'école ?

MICHEL *(confus)*

Je voulais suivre un cours, mais ç'a pas marché.

Monique s'empresse de préciser :

MONIQUE

C'est pas grave ! T'as pas besoin de suivre le cours quand
t'as un ordinateur.

SYLVIE *(sceptique)*

Ah ouais ?

MONIQUE

On va se mettre à deux. On va s'aider !

Jean-Guy approuve, tout content :

JEAN-GUY

En tout cas, il est ben équipé, Michel ! Pis si vous avez
besoin d'autre chose…

*Sylvie ne parvient pas à s'arracher les yeux de Monique et de Michel,
qu'elle semble voir d'une autre façon, maintenant. Celui-ci trépigne au pied
de l'escalier :*

MICHEL

Viens, viens, j'vais te montrer ça !

*Monique part aux trousses de Michel dans le grand escalier. Les yeux pé-
tillants, Jean-Guy a du mal à contenir son enthousiasme. Sylvie lui souffle à
l'oreille :*

SYLVIE

T'étais au courant de ça, toi, qu'il voulait retourner à
l'école ?

JEAN-GUY

Non. Il m'a rien dit.

Arrivée tout en haut de l'escalier, Monique, qui ne cesse de s'émerveiller de tout ce qu'elle voit, croise le regard de Jean-Guy, en bas, et lui sourit.

| EXT. / JOUR | PRÈS DE LA PISCINE, CHÂTEAU, ÎLE AUX PRUCHES |

Pete et Roch font les idiots dans la piscine. Une bière à portée de la main, Yves somnole sur une chaise longue. Un *ghetto blaster* crache une musique rock tonitruante. Lorsque les derniers accords tombent, la voix de Luc Paquette retentit :

LUC PAQUETTE

... hey, vous savez pas la dernière ? Les Lavigueur font des p'tits ! J'veux dire, des p'tits millionnaires ! On vient de recevoir un communiqué du distributeur. Le film *Les Lavigueur déménagent* aurait fait plus d'un million de dollars ! *(Un temps.)* C'est bien pour dire hein, plus t'es innocent, plus tu fais d'argent !

Yves, que l'on croit endormi, se lève brusquement, attrape le ghetto blaster et le lance dans la piscine.

YVES

Ta gueule !

L'appareil sombre doucement vers le fond, alors que Roch et Pete se bidonnent. Cette musique qui se noie devient une note très basse, qui évoque le danger. Un danger imminent.

| INT. / JOUR | SALON DE COIFFURE |

Très chic, Sylvie se tient debout devant madame Boulay. Il n'y a aucune cliente dans le salon. Le décor est défraîchi. La propriétaire est assise derrière son comptoir.

SYLVIE

J'le veux, mon salon de coiffure ! Pis j'suis prête à payer le prix qu'il faut. C'est important pour moi.

Madame Boulay consulte son agenda.

MADAME BOULAY

J'vois ça. *(Elle réprime un sourire.)* Tu m'as laissé quatre messages.

SYLVIE

Vous retournez pas vos appels? *(Madame Boulay semble amusée par la situation.)* Vous avez dit que vous alliez m'aider! Mais là, il se passe rien!

MADAME BOULAY

J'me demandais si t'étais vraiment sérieuse.

SYLVIE

Ah oui, j'suis sérieuse! Pis j'suis prête, à part de ça.

MADAME BOULAY

C'est ça que je voulais entendre! *(Madame Boulay lui fait un clin d'œil et regarde autour d'elle:)* Pis ici, comment tu trouves ça?
Sylvie est d'abord surprise. Elle balaie le salon du regard.

SYLVIE

Ah! Ici… *(Madame Boulay hausse les épaules. Sylvie ne peut cacher ses sentiments:)* Ç'aurait besoin d'être rafraîchi.
Sylvie regarde madame Boulay, craignant l'avoir insultée.

MADAME BOULAY

T'es franche. C'est bon, ça! *(Un temps.)* On va bien s'entendre!
Sylvie est flattée. Se prenant au jeu, elle s'avance dans le salon en regardant autour.

5

SYLVIE

Mais ça se ferait. Pis ça pourrait être beau. *(Faisant le geste.)* Tout repeinturer… changer le mobilier… des nouvelles chaises.

MADAME BOULAY

Si tu veux t'en occuper…

SYLVIE

Vous pouvez être sûre que j'veux m'en occuper! Ça va être très beau!

Sous le regard de la vieille coiffeuse, Sylvie continue d'imaginer son salon.

INT. / JOUR	CHAMBRE DE MICHEL, CHÂTEAU, ÎLE AUX PRUCHES

Comme des tourtereaux, Monique et Michel sont devant l'écran d'un ordinateur. Il est au clavier, elle montre l'écran :

MONIQUE

Il faut que tu répondes oui, là!

MICHEL

Es-tu sûre?

Monique se penche sur le manuel d'instructions. Toujours cette trame sonore évoquant un danger imminent.

MONIQUE

Attends, qu'est-ce qu'ils disent? *(Elle lit en diagonale et montre à nouveau l'écran :)* Oui, oui, c'est ça! Dans le carré, tu mets oui… et ça marche.

Michel enfonce quelques touches et une image apparaît à l'écran.

MONIQUE *(triomphante)*

Tadam!

VOITURE DE JEAN-GUY,
ROUTE MENANT AU CHÂTEAU

Jean-Guy est au volant de sa Taurus. Alors qu'il quitte le domaine, il aperçoit Frank Lemieux avec ses longues-vues et son appareil-photo sur le bord de la petite route. Pulsion cardiaque. Le rythme change. La voiture accélère. Comme dans la scène du cimetière, Jean-Guy fonce droit sur la voiture du journaliste.

JEAN-GUY

Youhou !

Lemieux a tout juste le temps de s'écarter. Le paternel est passé proche. La Taurus dérape d'ailleurs sur la route avant de se redresser.

FRANK LEMIEUX *(le doigt en l'air)*

Ostie de fou !

Le journaliste y va d'un bras d'honneur par-dessus le marché !

INT. / JOUR CHAMBRE DE MICHEL, CHÂTEAU,
ÎLE AUX PRUCHES

Le rythme ne décolère pas. Pete traverse le grand corridor du deuxième étage en courant. Toujours en maillot de bain, il crie :

PETE

Michel ! Michel… où est-ce que t'es ?

On entend une voix étouffée derrière une des portes :

MICHEL *(voix hors champ)*

Qu'est-ce qui se passe ?

Pete ouvre la porte en question. Michel et Monique sont au lit. Toujours habillés, ils étaient en train de s'embrasser.

PETE

Michel ! Faut que tu viennes ! Vite ! *(Monique ne sait plus où se mettre. Michel est embêté. Pete est inquiétant à voir.)*
Vite !!! C'est Yves !!!

Michel bondit sur ses pieds et part à la course, laissant Monique seule sur le lit.

| EXT. / JOUR | AU BORD DE LA PISCINE, CHÂTEAU, ÎLE AUX PRUCHES |

Michel est agenouillé près de Yves au bord de la piscine. L'oreille collée à sa bouche, il cherche à voir s'il respire toujours. Monique arrive.

MONIQUE

Qu'est-ce qu'il y a?

PETE *(à Monique)*

On se baignait. Ça lui a pris tout d'un coup!

ROCH

Il est sorti de l'eau. Bang… à terre!

MICHEL *(tranchant)*

Vos gueules! J'entends rien!

Le calme revient. Michel continue d'écouter, puis se redresse, inquiet.

MONIQUE

Il respire-tu?

MICHEL

Oui, oui…

PETE

J'sais pas c'qui lui est arrivé!

Michel se tourne vers Monique:

MICHEL

Appelle une ambulance! *(Sans poser de questions, Monique déguerpit. Michel donne des petites tapes sur le visage de son frère, comme pour le réveiller. Michel lève les yeux vers Pete:)* Il avait arrêté, pourtant. *(Les deux larrons affichent un air coupable.)* Ça fait-tu longtemps que vous êtes sur le *party* de même ? *(Les deux haussent vaguement les épaules. Au même moment, Yves reprend conscience. Il fait des bruits avec sa bouche et tente de se relever. Michel le retient sans le moindre signe de compassion.)* Tu vas trop loin, Yves ! Faut que tu lâches ça, c'te christ de *dope*-là !

Soudain, Yves se met à tousser. On a l'impression qu'il va vomir. L'image passe au noir.

INT. / NUIT	DANS LA PÉNOMBRE D'UN CINÉMA

On est dans le noir d'une salle de cinéma. Jean-Guy est assis au bout d'une rangée. On est sur son visage alors que les dernières images du film *Les Lavigueur déménagent* tombent, provoquant un éclat de rire général. Le générique défile. Le paternel essuie discrètement une larme alors qu'on se lève autour de lui. Parmi les gens qui quittent la salle, on entend :

PREMIER SPECTATEUR

En tout cas, ils nous auront fait rire, ces Lavigueur-là !

DEUXIÈME SPECTATEUR

Des méchants comiques !

Les lumières s'allument sur une salle vide. Le film est terminé. Seul Jean-Guy s'attarde dans la salle. Tête baissée, se couvrant les yeux d'une main, il ne bronche pas.

PRISE 6

La clôture

Le mercredi 6 février, nous nous sommes retrouvés dans les câbles. Comme un boxeur étourdi par les coups qui viennent de partout, on n'y voyait plus clair. À la suite des articles parus la veille dans ce quotidien à grand tirage, nous faisions face, Sylvain et moi, à trente-deux demandes pour des interviews. Point par point, nous avons revu les attaques dont nous étions la cible. Dans chacun des cas, il y avait une explication simple et des faits pour prouver ce que nous avancions. Johnny existait-il ? Oui ! Mais il ne s'appelait pas Johnny. Les avocats faisaient de l'avocasserie. L'un d'eux parlait essentiellement d'un procès qui n'avait pas eu lieu, mais qu'il aurait gagné si cela avait été le cas. Même le journal qui se sentait visé par la série ne l'était pas vraiment. La vaste majorité des articles consacrés aux Lavigueur à l'époque étaient parus dans des journaux à potins et des journaux de vedettes. Nous avons donc créé un « quotidien à potins » afin de réunir en un seul lieu, avec deux personnages, toute l'esbroufe écrite de l'époque.

Une fois encore, la dramaturgie me venait en aide pour décrypter le scénario qui s'était écrit de semaine en semaine, depuis le début de la diffusion. La chute – l'épisode final – était imminente, et je ne pouvais m'empêcher de penser à Achille. C'est un archétype très connu et très utilisé. Le héros sans peur et sans reproche est, malgré les apparences, un être vulnérable ; une faiblesse au talon en fait un géant aux pieds d'argile. N'était-ce pas ce qui était arrivé au cours des dernières semaines ? On avait d'abord acclamé la série, pour ensuite trouver son talon d'Achille. À force de taper dessus, le héros risquait de tomber. C'était une chute que nous ne souhaitions pas, Sylvain, Marc S., Hélène Faubert, Denis Martel et moi.

C'était donc sur ce talon d'Achille que nous devions concentrer nos efforts, afin d'avoir une influence sur la chute. J'avais tous les arguments en tête, Sylvain avait le cœur à la bataille, il ne manquait que l'occasion... qui se présenta bien vite d'ailleurs. Pierre Verville avait été invité à l'émission *Tout le monde en parle* quelques semaines plus tôt. Il y avait fait un tabac en faisant valoir, entre autres, son immense talent d'imitateur. Dans la semaine précédant la diffusion du dernier épisode, il était prévu que Laurence Lebœuf soit au nombre des invités sur le plateau de Guy A. Lepage. Comme l'attention se portait maintenant sur le contenu, sur les choix éditoriaux effectués par les auteurs, on imaginait mal envoyer Laurence au front et lui faire porter seule un fardeau qui n'était pas le sien.

J'ignore tout des tractations qui ont eu lieu autour de ce passage à *Tout le monde en parle*. Comme auteurs de scénarios, nous sommes protégés pour erreurs et omissions par des assurances payées à même les budgets de production. En revanche, ces mêmes assurances ne nous offrent aucune protection si, une fois le film tourné, nous allons dire des bêtises à la télé, nous attirant de nouvelles accusations et mises en demeure. Bref, un numéro de danse sur fil de fer, mais sans filet !

Guy A. Lepage tenait mordicus à avoir Sylvain Archambault en compagnie de Laurence Lebœuf à son émission. Il était 21 heures, mercredi soir. Les discussions s'étaient poursuivies pendant toute la journée. Sauf que la situation de Sylvain était délicate. Sur le plateau de *T.L.M.E.P.*, un article diffamatoire dont il avait fait l'objet ne manquerait pas de refaire surface. Cela donnerait de l'attention à des propos qui ne le méritaient pas, à du journalisme qui n'en était pas. Comme, de surcroît, Sylvain avait le cœur batailleur, l'affaire risquait de mal tourner. Il était le premier à le reconnaître d'ailleurs.

Il était 21 heures donc. Le lendemain, très tôt, je retournai sur les pentes. Je n'y avais pas mis les pieds depuis ma rencontre avec Patrick Lagacé, quinze jours plus tôt. Dommage de gaspiller un si bel hiver! Le téléphone sonna et je compris tout de suite que les dés étaient jetés. Ce n'était pas un cri du cœur qu'il fallait pousser à cette émission. La série elle-même l'avait déjà fait. Il fallait y aller pour se défendre et argumenter. Mais certainement pas pour s'excuser. Ce serait mon rôle. J'y voyais un geste de solidarité, dans le meilleur intérêt de la série. Mais cela ne m'empêcherait certainement pas d'aller faire du ski le lendemain, jour de l'enregistrement.

VENDREDI 8 FÉVRIER

Les pentes enneigées sont pour moi des pages blanches sur lesquelles je n'ai rien à écrire. Elles peuvent rester vierges même si je m'y attarde trois heures, ce qui n'est pas le cas dans ma pratique de l'écriture. C'est un peu comme jouer du piano. On ne pense à rien et c'est parfait ainsi. Après avoir ratissé les pistes pendant tout l'avant-midi toutefois, j'avais de plus en plus de mal à maintenir mon cerveau en état d'apesanteur. Une idée me trottait dans la tête. Elle venait d'une expression que j'avais entendue et lue à répétition depuis des semaines, voire des mois: une «guerre des réseaux» faisait apparemment rage dans le milieu, selon nombre de chroniqueurs et journalistes. Et là, en plein milieu d'une descente, je me suis dit que cette comparaison était boiteuse, ce que je pensais depuis un bon moment déjà. C'est à la Bourse qu'on devrait comparer le milieu médiatique, et non à la guerre. La perception que l'on a de soi-même définit invariablement le rapport qu'on entretient avec les autres. Ce qui m'agaçait, et m'agace toujours, à l'idée de faire partie d'une guerre, c'est que pour la gagner il faut emprunter une attitude de guerrier, ce qui pour moi exclut toute forme de plaisir. Qui plus est, les guerres ont une fin. Celle de 1939 s'est terminée en 1945. Celle du Vietnam a pris fin en 1975. J'imagine difficilement la fin de l'activité télévisuelle, parce qu'un des grands réseaux a remporté la mise face à ses concurrents!

L'idée d'apparenter le monde des médias à celui de la Bourse est bonne pour la perception que l'on a de soi-même, certes. Mais c'est également une plus-value si on se donne la peine de regarder de plus près. On «joue» à la Bourse. Le plaisir n'est pas nécessairement garanti, mais il n'est pas exclu non plus. À la guerre, on fait ce que le dalaï-lama nous suggère d'éviter: «Détruire son ennemi, c'est se détruire soi-même.»

Cette idée est beaucoup moins farfelue qu'elle n'en a l'air. Elle s'inspire en fait de la réalité. Prenons le cas Lavigueur. Cette minisérie ne comporte que six épisodes. Donc six heures de télévision. La valeur de l'action des *Lavigueur, la vraie histoire* s'est envolée le 8 janvier dernier. Comment a réagi le marché virtuel des médias montréalais? Pour employer un terme propre au jargon boursier, «tout le monde a "surfé" sur la vague»! Une chaîne concurrente a produit pas moins de dix-sept heures d'émissions, de reprises d'entrevues faites jadis avec la famille Lavigueur et tutti quanti. Et c'était très bien ainsi, d'ailleurs! La Bourse médiatique a fonctionné comme elle devait. Tout le monde a profité de cette locomotive. Lorsque la prochaine passera, tout le monde prendra le train.

Un avantage supplémentaire à se présenter, ou à se représenter, comme dans une Bourse réside dans le fait que l'activité boursière ne se finance pas comme une guerre. Une Bourse médiatique, tout en s'autoréglementant, pourrait mener une bataille plus efficace pour l'obtention de financement stable et la mise en place de règles, qui seraient davantage en adéquation avec l'aspect mixte du milieu – public/privé – et l'asymétrie qui en découle dans son mode de financement. Hubert Lacroix a bien raison de demander des ressources stables sur une période de sept ans. Pierre Karl Péladeau a bien raison de vouloir dégager des profits de l'entreprise qu'il dirige. Les deux peuvent cohabiter et prospérer dans un environnement où chacun s'emploie à être ce qu'il est vraiment, tout en essayant d'être meilleur que l'autre.

Une Bourse médiatique, par ailleurs, pourrait unir des forces en compétition sur le plan national, afin de les propulser sur la scène internationale. Il faut plus qu'un simple coup de pouce pour que des films et des séries rejoignent un public autre que celui auquel ils sont destinés dans leur pays d'origine. Mais cet aspect du rayonnement des œuvres et du savoir-faire d'ici semble stagner dans les eaux troubles de l'indifférence. La survie même de l'industrie n'en dépend-elle pas ?

L'idée de proposer une idée aussi audacieuse, et même de la défendre dans une émission de grande écoute, me rendait presque euphorique. L'analogie était intéressante. L'idée me semblait bonne et méritait d'être développée, mais j'avais oublié que j'étais sur des skis. Par distraction, je m'étais engagé sur une piste d'experts menant tout droit à un schuss. Il était trop tard pour revenir en arrière. Laissant derrière moi la Bourse médiatique de Montréal – invention éphémère – et la guerre des réseaux, qui du haut des airs m'apparaissaient tout à coup bien futiles, j'ai plongé !

Il y avait longtemps que je n'avais fait une chute pareille. Une chute où on a le temps de se dire : « Bon, quand est-ce que ça va arrêter ? » Je suis resté longtemps assis dans la neige à me demander quel membre je devais bouger en premier pour savoir s'il était cassé. Mais je n'avais rien. Des bleus sur les genoux et l'amour-propre un peu enneigé. Inconsciemment, j'avais peut-être cherché à me soustraire à cette émission, à cette entrevue qui pouvait aller dans tous les sens. Le stratagème n'avait pas fonctionné.

Dire qu'un passage à *Tout le monde en parle* est une entrevue de routine serait faux. La meilleure ligne de conduite à suivre dans un tel cas est de s'en tenir à l'essentiel et de ne pas chercher à être autre que ce qu'on est. La diffusion des Lavigueur avait soulevé un débat à la fois riche et varié. La performance irréprochable des comédiens avait été saluée et applaudie, le public avait suivi jusque-là, il fallait répondre aux détracteurs, signaler la similitude entre l'événement médiatique déclenché en 1986 et ce à quoi on assistait, mais surtout inviter le public à faire fi du chahut et à suivre l'histoire jusqu'à la dernière image.

MARDI 12 FÉVRIER

J'ai une affection toute particulière pour les dernières images de l'épisode final et pour le dialogue qui les précède. Dans son ultime rencontre avec un Sylvain Gamache repenti, Jean-Guy Lavigueur a ces mots : « Tu sais… quand j'ai gagné le million, j'pensais que c'était ma récompense pour toute la misère que j'avais mangée dans la vie. Mais dans le fond, c'était juste un dédommagement pour tout le trouble que ça m'a donné!» Ce bilan bien sombre est de Jean-Guy Lavigueur lui-même. C'est le seul dialogue repris texto du livre d'Yve Lavigueur. Apparemment, le paternel répétait cette phrase comme un mantra. Ce dialogue authentique – le seul de la série en fait – est suivi d'un long plan séquence. Après avoir rendu visite à sa fille Louise à l'hôpital, Jean-Guy rentre silencieusement chez lui et se réfugie au grenier d'où, par la fenêtre, il peut voir son ancien quartier. C'est là qu'il finira ses jours.

Voilà un dernier exemple du passage du scénario à la scène tournée. Dans les premiers textes, Sylvain Gamache était témoin du retour de Louise à la maison. Une chambre dotée d'un lit d'hôpital avait été aménagée pour elle au château. Après l'avoir aidée à s'installer, Jean-Guy revenait près de la clôture et avait le dialogue mentionné plus haut avec Sylvain Gamache. Mais l'autre Sylvain, Sylvain Archambault, trouvait dommage que la scène finale ne passe pas par l'appartement qu'avait aménagé le paternel au grenier de sa luxueuse demeure : une reproduction de la cuisine de la rue Logan. Somme toute, l'image était beaucoup plus forte. Et surtout, elle laissait entendre que Jean-Guy Lavigueur n'avait jamais vraiment quitté son quartier. De là à ce qu'il regarde par la fenêtre et revoie ce quartier, il n'y avait qu'un pas. La scène finale venait de trouver sa forme définitive : le retour rêvé de Jean-Guy dans le Faubourg à m'lasse.

C'est dans ce quartier en tout cas que nous avons une fois pour toutes tiré le rideau sur cette histoire. Comme cela avait été annoncé, Louis Champagne avait mis son projet à exécution. Secondé par Yve Lavigueur, il avait conclu une entente avec le propriétaire de la taverne Fullum. Le mardi 12 février à 21 heures, le match de hockey des Canadiens céderait la place au dernier épisode de la série sur les quatre écrans plasma de l'établissement. Certains clients avaient été prévenus. D'autres, qui s'arrêtèrent là par hasard, eurent droit à un spectacle des plus inusités. À l'heure dite, tous les comédiens de la distribution se pointèrent. Verre de bière à la main, agglutinés devant les télés, ils se regardaient jouer en grimaçant. Avec le temps, j'en suis venu à croire que les comédiens, les bons, n'aiment pas se voir jouer. Ils ne se trouvent que des défauts et n'y prennent donc aucun plaisir. Les gens du quartier, en revanche, ne leur voyaient que des qualités en les côtoyant. Cette fête spontanée, à laquelle s'étaient joints Denis Martel, Marc S. et un nombre important d'artisans, était un spectacle en soi. Ces clients du quotidien avaient pour la plupart connu les Lavigueur. Pendant les pauses publicitaires, la frontière entre le réel et la fiction se brouillait de façon troublante. Au hasard d'un échange avec un client particulièrement ému par l'interprétation du personnage de Ti-Mi, le dernier et sympathique chum de Louise, celui-ci me confia que le vrai Ti-Mi habitait à un coin de rue de là. Il avait envisagé de venir à cette petite fête mais s'était finalement ravisé. La diffusion de la série lui avait fait revivre la disparition prématurée de Louise. À quelques portes d'où nous étions, le vrai Ti-Mi vivait un second deuil et préférait être seul. Jamais il ne s'était demandé si cette histoire était vraie, lui. Vingt ans après les événements, l'émotion était encore la même. Malgré la représentation que nous en avions faite, elle était intacte.

J'aurais voulu le voir, ce vrai Ti-Mi. J'aurais aimé lui parler un moment. Mais pour cela, il m'aurait fallu traverser la frontière entre le réel et la fiction, une chose qu'on ne doit faire que lorsqu'on y est invité. Je me suis bien gardé de forcer les choses.

Le dernier épisode a pour titre « La clôture ». Le titre évoque le rempart électrifié qu'avait fait ériger Jean-Guy Lavigueur autour de sa maison, afin de chasser les curieux. Derrière les barreaux de leur château, les Lavigueur se sont en quelque sorte constitués prisonniers. Prisonniers de leur notoriété et de ce qu'il leur restait d'argent. Jean-Guy est resté debout jusqu'au dernier moment. Il a soutenu Louise et, jusqu'à la fin, il a cherché à aider ses enfants dans ce destin si particulier qu'était le leur. Avec ces dernières images évoquant son retour chez lui, rue Logan, la boucle était bouclée.

J. S.

Collioure, France, 14 juillet 2008

ÉPISODE 6

INT. / JOUR	ENTRÉE, CHÂTEAU, ÎLE AUX PRUCHES

Sylvie est à la fenêtre. Elle épie. Un taxi vient de s'arrêter devant la maison. De son point de vue, on peut voir Michel payer la course alors que Monique descend. Sans plus tarder, Sylvie revient vers le salon en courant :

SYLVIE

Ils s'en viennent !

La porte d'entrée s'ouvre. L'air espiègle, Monique entre la première. Michel suit, un sac dans les mains. Enthousiaste, il en sort un programme d'ordinateur qu'il vient d'acheter :

MICHEL

J'vais aller l'essayer tout de suite… !

Il s'élance vers le grand escalier.

MONIQUE

Attends…

En passant devant la porte du salon, Michel s'arrête net. Une douzaine de personnes s'y trouvent et le regardent, la bouche fendue jusqu'aux oreilles. D'une seule voix, tous s'élancent :

LES LAVIGUEUR ET AMIS
SURPRISE! (*Le cadet en reste interdit. Son programme d'ordinateur dans les mains, il se tourne vers Monique alors qu'on se met à chanter, tous en chœur:*) Mon cher Michel, c'est à ton tour de te laisser parler d'amour. Mon cher Michel…

La suite se perd dans le brouhaha. Le cadet s'approche de sa blonde et lui passe un bras autour de la taille.

MICHEL
T'étais au courant de ça, toi?

MONIQUE (*mignonne*)
D'après toi?

INT. / JOUR   SALON, CHÂTEAU, ÎLE AUX PRUCHES
Yves fait sauter le bouchon d'un magnum de champagne. À ses côtés, Pete tend deux flûtes.

PETE ET ROCH
Hey, *man*!!!

YVES (*en versant*)
Envoye! Goûte ça!
Boute-en-train, l'oncle Souris fait le clown autour d'eux:

L'ONCLE SOURIS
T'auras plus besoin de te cacher pour boire astheur!
Francine le rejoint. Tout le monde rigole dans le salon. On reconnaît les Richard de l'épicerie, Mariette, Roch et madame Boulay, la collègue coiffeuse. Lorsqu'on lui offre la première flûte, Michel se faire tirer la jambe:

MICHEL
Euh… non. J'pense pas. Je boirais un Coke à la place.

MONIQUE

Ben non! Quand c'est ta fête, tu bois du champagne!
*Elle force Michel à prendre le verre et attrape la deuxième flûte. Michel goûte
du bout des lèvres.*

MICHEL

C'est bon!
Lui et Monique font « tchin-tchin ».

YVES

Dire qu'au Salon des millionnaires, tu voulais même pas
y goûter!

L'ONCLE SOURIS *(vite)*

C'est parce qu'il avait pas encore gagné!
*Cette fois, Francine lui donne une tape. La fête est enjouée. Tout le monde
parle en même temps. Et personne ne semble entendre Jean-Guy:*

JEAN-GUY

Ben euh… moi, je voudrais dire que…
Sylvie s'en rend compte et intervient:

SYLVIE

S'il vous plaît… *(Un temps.)* Silence!!!
Personne ne l'entend elle non plus. L'oncle Souris se voit forcé d'intervenir:

L'ONCLE SOURIS

VOS YEULES!!! JEAN-GUY A QUELQUE CHOSE
À DIRE!!!
*On rigole encore un peu mais le silence finit par s'imposer. Jean-Guy s'éclaircit
à nouveau la voix:*

JEAN-GUY

J'suis ben content que vous soyez venus. C'est pas tous
les jours que… *(Il se tourne vers Michel et le regarde affectueusement:)* … ben que le bébé de la famille a dix-huit

ans! *(Michel est gêné en entendant ces mots.)* C'est pas tous les jours non plus qu'on a un nouveau millionnaire dans la famille! *(Réaction immédiate chez les fêtards. On applaudit. L'oncle Souris passe un bras autour du cou de Michel, tandis que Pete siffle.)* Fait que… on est ben contents pour toi, mon Michel! J'espère que tu vas profiter de ton argent… *(L'émotion le gagne subitement. C'est la gorge serrée qu'il termine sa phrase:)* … pis que tu vas rester avec nous autres encore ben ben longtemps. Bonne fête!!!

Affichant un sourire franc, Michel a fière allure au milieu de tous ces invités. On l'a déjà vu tellement plus mal!

INT. / NUIT	CHAMBRE, APPARTEMENT DE TI-MI

Ti-Mi entre dans l'appartement, sa boîte à lunch sous le bras. En passant devant la porte de la chambre, il se rend compte que Louise est couchée tout habillée.

TI-MI

T'es pas allée au *party*?

Elle se redresse, à moitié endormie.

LOUISE

Ah, j'filais pas. C'est mes jambes… *(Elle se masse.)* De toute façon, ça me tentait pas.

Ti-Mi entre dans la chambre, s'assoit sur le bord du lit et lui passe affectueusement une main sur le visage. Elle s'efforce de sourire. Sur la table de nuit, il aperçoit un sachet de coke et un billet de cinq dollars à moitié roulé. Il y a de la poudre blanche répandue tout autour.

TI-MI

Hey, le docteur t'a dit de pas toucher à ça tant que t'aurais pas les résultats de tes tests!

LOUISE

J'ai rien!

Ti-Mi lui sourit.

TI-MI

As-tu faim ?

LOUISE

Non, pas vraiment. Mais on peut aller au coin manger
un spaghetti si tu veux.

TI-MI *(joueur)*

J'vas te prendre dans mes bras.

LOUISE

Es-tu fou !?

*Louise se ressaisit. Debout, elle retrouve le sourire. Ti-Mi est un peu moins
sur de lui :*

TI-MI

T'es sûre que t'es correcte ?

LOUISE *(fière)*

Oui, oui… mais j'ai pas faim.

INT. / JOUR	SALLE DE LAVAGE, CHÂTEAU, ÎLE AUX PRUCHES

**Yves et Pete se sont isolés dans la salle de lavage. La musique et les
bruits de la fête nous arrivent en sourdine. Comme des petits garçons,
ils se cachent pour tirer une ligne. Mais Roch les surprend en entrant
dans la pièce.**

ROCH

Eh, *man* ! C'est là que vous êtes !

Yves est agacé.

YVES

Chuttt… farme la porte !

Roch entre et referme derrière lui. Posé sur la sécheuse, un petit miroir sur lequel deux lignes ont été tirées.

PETE

C'est au boute, quand même! Le p'tit cul d'la famille…
Millionnaire!!!

YVES

Ouais.
Il « sniffe » une ligne. Pete aussi.

ROCH *(à la blague)*
Il doit être pas mal plus riche que toi, astheur!

YVES *(mollement)*
Voyons…
Roch attend que Yves lui tire une ligne. Il n'en fait rien, reprenant plutôt son petit étui en cuir.

ROCH

Pis moi?
Vexé, le fils Lavigueur quitte la pièce sans se retourner :

YVES

Toi, tu parles à travers ton chapeau!
Pete part à ses trousses. Roch en reste interdit.

INT. / NUIT   **CHAMBRE DE MICHEL, CHÂTEAU**

On entend aussi les bruits de la fête dans la chambre de Michel. Monique et lui sont en train de s'embrasser et de se déshabiller. Elle n'a aucune pudeur. Il est maladroit mais ils sont beaux.

EXT. / NUIT   **AU BORD DE LA PISCINE, CHÂTEAU**

Jean-Guy et l'oncle Souris sont au bord de la piscine. La fête se poursuit à l'intérieur. Pendant que Jean-Guy fume une cigarette, Souris enlève ses souliers, roule le bas de ses pantalons, s'assoit sur le bord et se met les deux pieds dans l'eau.

L'ONCLE SOURIS

Tu sais que moi pis Francine, on s'en va bientôt. Cette année, on passe six mois en Floride. *(Jean-Guy acquiesce, l'air intéressé.)* Hey, mon homme, c'est la grosse paix là-bas! Il fait beau… Y a personne qui t'achale. Faudrait que t'essayes ça une bonne fois!

L'attitude de Jean-Guy change.

JEAN-GUY

Ah, pas cette année! J'pense pas!

L'ONCLE SOURIS

Que cé que t'as? Tu regardes à l'argent, astheur?

JEAN-GUY *(vague)*

C'est pas ça! Y a eu un paquet de dépenses!

Souris scrute le regard de Jean-Guy. Se sentant examiné, celui-ci hausse les épaules.

L'ONCLE SOURIS *(surpris)*

Ah! T'es euh… T'es serré?

JEAN-GUY

Non, non, non! Je fais attention. C'est tout! *(Souris n'est pas certain de le croire. Jean-Guy fait diversion:)* J'suis content! Ça va bien pour le p'tit Michel. Il a repris du pic.

L'ONCLE SOURIS

Ouais. Je l'ai trouvé en forme, moi aussi.

JEAN-GUY

C'est pas le temps de m'en aller!

L'ONCLE SOURIS

T'es sûr que t'es correct, pour l'argent?

JEAN-GUY

Ouais, ouais… *(Un geste d'impuissance.)* Mais des fois quand j'y pense, c'était tellement plus facile avec Micheline! Ça balançait tout le temps.

L'ONCLE SOURIS

Jean-Guy, tu t'inquiètes pour rien. Quand tu travaillais à l'usine, t'avais peur d'en manquer. *(Un temps.)* Là, t'es millionnaire, t'as encore peur d'en manquer!

Bon joueur, Jean-Guy rit de lui-même en finissant sa cigarette.

INT. / NUIT	CHAMBRE DE MICHEL, CHÂTEAU, ÎLE AUX PRUCHES

La fête est terminée. Tout le monde dort dans la grande maison, sauf Michel, qui peut enfin essayer son nouveau programme. La boîte est ouverte. Le guide de l'utilisateur est sur sa table à portée de la main. Jean-Guy entre discrètement dans la pièce.

JEAN-GUY

Monique est partie? *(Michel fait signe que oui, son regard allant toujours de l'écran au guide d'utilisateur.)* Écoute, euh… j'sais pas si c'est le temps de parler de ça, mais… on avait dit que quand t'aurais dix-huit ans, t'achèterais ta part de la maison.

Michel interrompt sa lecture et se tourne vers son père.

MICHEL

Ouais…

JEAN-GUY

J'veux pas te presser ni rien, mais…

MICHEL

C'est correct. J'voulais t'en parler moi aussi, de tout façon. *(Jean-Guy sourit, s'approche et s'assoit sur le bord du lit. Michel s'appuie au dossier de sa chaise.)* C'est parce que… j'suis pas sûr… J'aurais peut-être un autre projet.

JEAN-GUY

Quel projet?

Michel bute sur les mots:

MICHEL

J'veux juste du temps… un peu de temps pour penser à mon affaire.

Le malaise de Jean-Guy est palpable lorsqu'il sort un bout de papier de sa poche.

JEAN-GUY

En tout cas, Sylvie a fait le calcul… elle a compté le prix de la maison, tous les meubles pis les changements qu'on a faits… elle a coupé ça en quatre… *(Un temps.)* Fait que… ta part, ça revient à deux cent quatre-vingt-seize mille piastres. *(Michel prend le papier.)* C'était ça qu'on avait dit!

Le cadet regarde les chiffres.

MICHEL

Mmmm…

JEAN-GUY

De toute façon, faut que tu restes quelque part! T'es pas ben ici?

Michel replie la feuille et la glisse dans la poche de sa chemise en hochant la tête.

MICHEL *(insistant)*

J'peux-tu y penser?
On sent la déception chez Jean-Guy.

JEAN-GUY

Ouais, ouais… Penses-y.
Michel a retrouvé son regard sombre. Revenant à son ordinateur, il se remet à pitonner. Son dos est plus voûté qu'à l'habitude. Ses dix-huit ans lui pèsent déjà.

EXT. / JOUR	DEVANT UN PETIT CENTRE COMMERCIAL, LAVAL

La voiture de Yves s'arrête devant le salon de coiffure de Sylvie, dans un centre commercial du nord de la ville. La Supra a pris un coup de vieux. Un des *mag wheels* a été remplacé par une roue ordinaire, les chromes sont ternes et la peinture est défraîchie. Portant des verres fumés, Yves descend et lève les yeux vers la marquise. On peut lire : STYLE DE VIE, salon de coiffure. La démarche incertaine, il se dirige vers l'entrée.

INT. / JOUR	SALON DE COIFFURE «STYLE DE VIE»

Yves patiente dans un des fauteuils de l'élégante salle d'attente. Le salon de coiffure de madame Boulay est méconnaissable. Rajeuni et rafraîchi, l'endroit est très agréable. Confortablement installée derrière son comptoir, l'ancienne coiffeuse ne quitte pas Yves des yeux. Caché derrière ses verres fumés, celui-ci est agité. Il se gratte et gigote sans arrêt. À un moment, il tourne les yeux vers elle et demande :

YVES

J'pourrais-tu avoir un verre d'eau?

MADAME BOULAY

Oui, oui. Bien sûr! *(Madame Boulay quitte son comptoir et s'approche de lui.)* Es-tu correct?

YVES *(impatient)*

Oui, oui. Ça va. J'veux juste parler à Sylvie.

Sylvie, qui coiffe une dame d'un certain âge un peu plus loin, se retourne. Pendant que madame Boulay va chercher de l'eau dans la cuisinette, elle s'excuse auprès de sa cliente et s'approche de son frère.

SYLVIE *(à voix basse)*

Qu'est-ce que tu fais ici ?

YVES

Faut que j'te parle ! *(Il a du mal à articuler.)* C'est important.

La cliente de Sylvie les épie. Les miroirs du salon donnent une scène en trompe-l'œil.

SYLVIE *(chuchotant)*

Ça peut pas attendre ? Je travaille !

YVES

C'est parce que… c'est juste à toi que je peux dire ça…

Madame Boulay revient de la cuisinette avec un verre d'eau. Elle et Sylvie échangent un regard complice.

SYLVIE *(à sa cliente)*

Madame Boulay va s'occuper de vous. Ça va ?

La cliente acquiesce en continuant de regarder Yves dans les miroirs. Celui-ci avale le verre d'eau d'un seul trait.

INT. / JOUR — CUISINETTE, SALON DE COIFFURE

La cuisinette est aussi chic et confortable que le salon rénové. Loin des regards, Sylvie a retrouvé son côté maternel.

SYLVIE

Faut que tu te calmes, là. Respire !

Elle lui offre un verre d'eau.

YVES

J'suis plus capable!

SYLVIE *(affectueuse)*

Ça fait combien de temps là, que t'es sur le *party* de même? *(Yves hausse les épaules.)* Va te coucher! Dors un peu! Quand tu vas te réveiller, ça va aller mieux.

YVES

Quand je vais me réveiller, j'vas juste avoir une idée dans la tête. En prendre d'autre… pis encore d'autres… pis encore d'autre…

Sylvie est un tissu d'émotion, maintenant:

SYLVIE

J'vais t'aider…

INT. / JOUR	CHAMBRE DE MICHEL, CHÂTEAU, ÎLE AUX PRUCHES

Posté devant son ordinateur, Michel est hyper concentré. On croit qu'il joue à un jeu mais il n'en est rien. L'écran est rempli de chiffres et de calculs. Contrarié, il enfonce les clefs violemment. La colère l'habite. D'autres chiffres défilent devant lui.

MONIQUE

Hey, Michel! Faut que tu me dises ce qui se passe là, parce que moi…! *(Michel est surpris. Monique est là sur le seuil de la porte. Elle a les poings sur les hanches et ne rigole plus du tout. Il montre l'écran. Elle s'approche.)* C'est quoi, ça?

MICHEL

Le prix que ça me coûte d'avoir dix-huit ans!

Monique ne comprend pas. Elle regarde les chiffres à l'écran puis revient à Michel:

MONIQUE

Ils peuvent pas te forcer à faire des choses que tu veux pas! *(Elle revient à l'écran.)* Surtout pas à ce prix-là!

MICHEL *(désabusé)*

Tu penses?

MONIQUE

Ouais, c'est ça que je pense! Pis tu devrais le penser, toi aussi! Parce qu'autrement, ils vont te faire payer pour toutes leurs niaiseries!

Michel se raidit:

MICHEL

Ils sont pas niaiseux! Ils font ce qu'ils peuvent...

INT. / JOUR	CUISINE, APPARTEMENT DE TI-MI / CUISINE, CHÂTEAU, ÎLE AUX PRUCHES

Le téléphone collé à l'oreille, Ti-Mi panique en fouillant nerveusement dans le tiroir de la commode. Il trouve du papier à rouler, des cartes routières, des gants d'hiver, mais pas ce qu'il cherche.

TI-MI *(au téléphone)*

Voyons, christ! Répondez, quelqu'un!

Il se tourne vers la chambre et y jette un œil. Deux ambulanciers déposent Louise sur une civière. Revenant au tiroir, il trouve enfin sa carte soleil. Quelqu'un répond enfin:

JEAN-GUY *(voix hors champ)*

Oui, allô!

Les deux ambulanciers sortent Louise de la chambre et se dirigent vers l'escalier.

TI-MI

Monsieur Lavigueur! C'est Ti-Mi.

EXT. / JOUR	AUTOUR DE LA PISCINE, CHÂTEAU, ÎLE AUX PRUCHES

Jean-Guy a le téléphone sans fil collé à l'oreille. Debout près de sa voiturette de golf, il est assommé. Ne tenant plus sur ses jambes, le paternel s'assoit dans le petit véhicule et s'appuie lourdement sur le volant.

INT. / JOUR	ENTRÉE DE L'URGENCE, HÔTEL-DIEU

Jean-Guy s'avance dans le hall, accompagné de Sylvie, Michel et Yves. Ce dernier traîne de la patte. Il est « coké » jusqu'aux yeux. Ti-Mi les attend un peu plus loin. Ils n'ont pas le temps de le rejoindre qu'une voix les interpelle :

FRANK LEMIEUX

Monsieur Lavigueur !

Jean-Guy se retourne, cramoisi. Yves bougonne, irritable :

YVES

Qu'est qu'il veut, lui, christ ?!

Sylvie et Michel pressent le pas et entourent Ti-Mi, qui leur indique la direction.

FRANK LEMIEUX

Yves ? Qu'est-ce qui se passe ?

Ti-Mi, Jean-Guy, Sylvie et Michel disparaissent dans un corridor. Yves ne suit pas. Frank Lemieux le rattrape.

INT. / JOUR	CORRIDOR, HÔTEL-DIEU

Jean-Guy, Sylvie, Michel et Ti-Mi courent dans un corridor. Ce dernier leur indique une porte tout au bout du couloir. Yves a toujours du mal à suivre. Lemieux le talonne, maintenant. Le groupe s'arrête devant une porte frappée d'un écriteau : Docteure Simard. Jean-Guy frappe trois coups et entre sans attendre. Une voix féminine retentit aussitôt :

DOCTEURE SIMARD

Hey! C'est pas un moulin, ici! On attend son tour!

Ignorant cette mise en garde, Jean-Guy, Sylvie, Michel et Ti-Mi s'engouffrent dans le petit bureau et referment derrière eux. Yves s'amène de peine et de misère, mais se frappe à une porte close.

6

FRANK LEMIEUX

C'est quoi, les cachotteries? Qu'est-ce qui se passe? *(Plié en deux, Yves reprend son souffle. Lemieux est comme une mouche à merde:)* C'est encore une affaire de *dope*, ça?

Bondissant comme une bête, Yves empoigne le journaliste et le plaque contre le mur.

YVES

Qu'est-ce que tu fais icitte, veux-tu ben me dire?! Qu'est-ce que tu veux, là encore?!

Il lui met son poing à cinq centimètres du nez.

FRANK LEMIEUX *(avec défi)*

Envoye! Envoye! Fesse-moi! *(Yves est sur le point de le faire.)* Ça va être beau ça, dans les journaux demain matin!

Cette fois Yves recule.

INT. / JOUR	BUREAU DE LA DOCTEURE SIMARD, HÔTEL-DIEU

Entouré de ses enfants, Jean-Guy est debout devant le bureau de la docteure Simard. Il balbutie:

JEAN-GUY

C'est pour Louise... ma fille! Il faut que je vous parle...

DOCTEURE SIMARD *(montrant la porte)*

Sortez d'ici!

SYLVIE

Non, non, attendez! S'il vous plaît. On est les…

Jean-Guy s'éclaircit la voix. Sylvie se tait aussitôt.

JEAN-GUY

Si Louise a la même chose que sa mère… elle n'a pas
besoin de se faire harceler en plus!

*La docteure Simard n'est pas insensible à l'émotion de Jean-Guy. Mais elle ne
comprend toujours pas.*

DOCTEURE SIMARD

On va lui donner les meilleurs soins.

JEAN-GUY

Non, non! C'est pas vous. C'est l'autre là, qui est dans le
corridor. Le chien enragé! Il cherche un os!

*Fouillant nerveusement dans son dossier, la docteure Simard cherche à com-
prendre. Puis soudain, elle allume. Levant les yeux vers le paternel, son expression change :*

DOCTEURE SIMARD

Vous êtes, euh… *(Jean-Guy fait signe que oui avant
qu'elle ne termine sa phrase.)* … la famille Lavigueur.

MICHEL

Chaque fois qu'il nous arrive quelque chose… *(Il fait un
geste.)* … c'est écrit grand de même dans les journaux.

SYLVIE

C'est déjà assez difficile comme ça… pour elle!

*La docteure Simard est touchée. Son regard va de Michel à Sylvie, puis à
Jean-Guy.*

DOCTEURE SIMARD

Assoyez-vous, je… *(Elle regarde une nouvelle fois dans le dossier.)* Oui, oui. J'ai vu… des antécédents dans la famille.

JEAN-GUY *(la devançant)*

Ma femme est morte d'une crise cardiaque à 37 ans.
Curieuse, Sylvie cherche à voir dans le dossier :

SYLVIE

Y a nos deux p'tites sœurs, aussi. Elles sont mortes jeunes. Le cœur toutes les deux. *(Dans un murmure.)* Trois ans pis quatre ans.
Jean-Guy est émouvant. Il n'en a que pour sa fille :

JEAN-GUY

Comment a va, Louise ?

DOCTEURE SIMARD *(mesurant ses paroles)*

Votre fille ne va pas très bien, malheureusement. *(Un temps.)* Mais on va tout faire pour la sauver.

| INT. / JOUR | CUISINE, CHÂTEAU, ÎLE AUX PRUCHES |

Colère retenue, visage fermé, Michel lit *Le Quotidien de Montréal*. Un cliché de Louise datant du procès fait la une. Un titre tapageur annonce : *Louise Lavigueur : OVERDOSE !* Michel hoche la tête en déposant le journal. Monique, si joyeuse au début, partage le découragement de son chum.

MICHEL

Ils nous lâcheront pas, on dirait !
Jean-Guy entre dans la cuisine, portant des verres fumés et un costume sombre.

JEAN-GUY

Faudrait y aller… les visites commencent à deux heures.
(Monique s'efforce de sourire. Le paternel aperçoit le jour-
nal sur le comptoir.) J'vas toute t'arrêter ça, moi, les
journaux dans la maison! *(Agité.)* Y en a plus un qui va
entrer icitte! On n'a pas besoin de ça!

Jean-Guy pivote sur ses talons et quitte la cuisine. Abattu, Michel descend de
son tabouret. Monique lui glisse une main sur l'épaule et ils partent à la suite
de Jean-Guy.

EXT. / JOUR   VOITURE DE SYLVIE, LA MAISONNÉE D'OKA

Une voiture s'arrête devant La Maisonnée d'Oka. Dans l'auto, on peut
voir Sylvie examinant l'édifice pour s'assurer que c'est le bon endroit.
Yves tremble. Il est en manque.

YVES

J'suis pas capable!

SYLVIE

Ben oui, t'es capable! *(Elle montre l'édifice.)* Tu entres là,
pis tu demandes Richard. Il t'attend.

YVES

J'te dis que j'suis pas capable!

SYLVIE

Tu seras pas tout seul. Ils vont t'aider! C'est ça qu'ils font
dans la vie, eux autres. *(Il fait signe que non.)* Essaye, au
moins! *(Un temps1)* Si ça marche pas…

Yves se tourne vers elle, le visage en panique. Il continue de trembler.

YVES

Si ça marche pas…?

Sylvie prend son sac, l'ouvre et en tire un billet de cinq dollars.

SYLVIE

Vous avez pas le droit d'avoir de l'argent. Mais prends
ça. *(Émue.)* Si t'es plus capable, téléphone-moi. Je vien-
drai te chercher. *(Yves regarde le billet comme s'il s'agissait
d'une bouée de sauvetage. Il hésite encore.)* Vite! Faut que
j'passe à l'hôpital avant d'aller travailler.

*Yves prend le billet de cinq dollars, attrape la petite valise sur le siège arrière
et descend de la voiture.*

INT. / JOUR	BAR CHIC, CENTRE-VILLE

**Sylvain Gamache s'avance dans le bar. Petites lunettes d'intello, fou-
lard noir autour du cou et imperméable savamment froissé, il dépose
une copie du *Quotidien de Montréal* devant Frank Lemieux sur le
comptoir.**

SYLVAIN GAMACHE

Hey, le grand journaliste, ça t'a pas sonné une cloche
qu'ils l'amènent à l'Hôtel-Dieu… en cardiologie! *(Gamache est vraiment contrarié.)* Les *overdoses*, c'est pas là
qu'on les traite!

FRANK LEMIEUX

Ta nouvelle job, c'est de faire chier le monde? C'est ça?

SYLVAIN GAMACHE

Sangsue! Elle est sur son lit de mort! Pourrais-tu au
moins dire la vérité! *(Lemieux lève le menton, comme s'il
était au-dessus de ce commentaire. Gamache en rajoute:)*
C'est pas du journalisme, c'que tu fais là. C'est de la
nuisance publique! LÂCHE!!! DÉCROCHE!!! Y A
PAS D'EXCUSE POUR C'QUE TU FAIS!!!

FRANK LEMIEUX

O.K., c'est pas une *overdose*! J'me suis trompé. J'vas le
dire dans mon article, demain.

SYLVAIN GAMACHE

On pourrait s'en passer, de celui-là aussi !

FRANK LEMIEUX

Le monde veulent savoir…
Gamache renverse intentionnellement le reste de son verre sur Lemieux.

SYLVAIN GAMACHE *(déloyal)*

Oups ! S'cuse-moi !
Lemieux se recule. Il éponge promptement son veston avec une serviette.

FRANK LEMIEUX

Moi, j'fais juste leur donner c'qu'ils veulent. C'est ça la
game ! Pis tu le sais aussi bien que moi…
Lemieux relève la tête et se rend compte qu'il parle seul. Gamache est parti.

FRANK LEMIEUX *(pour lui-même)*

C'est ça. Sauve-toi !

INT. / JOUR   HALL D'ENTRÉE, CHÂTEAU, ÎLE AUX PRUCHES
Le carillon retentit dans l'entrée. Jean-Guy descend le grand escalier.

JEAN-GUY

J'arrive !
Il ouvre la porte et il se retrouve nez à nez avec Frank Lemieux. Son expression change instantanément.

FRANK LEMIEUX

Monsieur Lavigueur, c'est à propos de votre fille…

JEAN-GUY

Toi, sacre ton camp ! J'veux pas te voir !
Sans autre façon, il lui claque la porte au nez !

Le téléphone sans fil collé à l'oreille, Sylvie coiffe une nouvelle cliente. Celle-ci la regarde d'un drôle d'air dans le miroir.

SYLVIE

Ben oui, p'pa! J'comprends… mais là, j'peux pas. J'suis en plein milieu d'une permanente.

JEAN-GUY *(voix hors champ)*

Mais qu'est-ce que je fais, là? Il est à la porte! Il sonne!

SYLVIE

Tu réponds pas! C'est tout! T'attends qu'il s'en aille!

JEAN-GUY *(voix hors champ)*

Viens donc! Ça va te prendre dix minutes!

SYLVIE *(s'impatientant)*

Là, p'pa, j'en ai plein les bras! Tu le savais, que ça ferait une grosse affaire! Occupe-toi-z-en pas. C'est toute! *(Sylvie croise le regard de madame Boulay. Assise derrière son comptoir, comme d'habitude, elle quitte son poste et vient prendre la relève. Sylvie poursuit sa conversation téléphonique:)* Regarde, p'pa! Combien de fois je t'ai dit de ne pas m'appeler au salon. (À voix basse.) J'ai des clientes. J'peux plus te parler, là. Faut que je te laisse. Bye!

Seul dans la cuisine, Jean-Guy s'accroche au téléphone:

JEAN-GUY

Sylvie! Attends!

Voyant qu'elle a raccroché, il remet lentement le téléphone sans fil sur son socle.

FRANK LEMIEUX

Monsieur Lavigueur…

Jean-Guy se retourne.

JEAN-GUY

J'ai juste deux ou trois petites questions à vous poser.
Lemieux est devant la porte-fenêtre donnant sur le jardin. Seule la mousti-quaire les sépare.

FRANK LEMIEUX

C'est au sujet de votre fille Louise… On voudrait juste savoir ce qu'elle a. *(Jean-Guy le regarde, découragé. Lemieux fait glisser la porte moustiquaire. Plus rien ne les sépare.)* Y a une rumeur qui court. On dit qu'elle pourrait avoir besoin d'une greffe cœur-poumons. C'est-tu vrai, ça? *(Jean-Guy a le visage fermé. Il est sur le point d'exploser.)* On pourrait peut-être vous aider?

JEAN-GUY *(sec)*

Comment?

FRANK LEMIEUX

J'sais pas, moi. *(Les traits de Jean-Guy se détendent quelque peu. Croyant l'avoir amadoué, Lemieux fait glisser un peu plus la porte moustiquaire.)* C'est juste que… il me manque des bouts dans l'histoire. *(Jean-Guy est de nouveau méfiant.)* Louise est malade. Ça, c'est une chose! Pis Yves est en désintoxication à Oka, Ça, c'est un autre chose. C'est ça, hein?

MICHEL

HEY, SI TU SAIS DÉJÀ TOUTE, POURQUOI TU LES POSES, TES MAUDITES QUESTIONS? *(Frank Lemieux sursaute. Michel s'avance dans la cuisine, les yeux sortis de la tête.)* MON PÈRE T'A DIT DE T'EN ALLER! COMPRENDS-TU ÇA?!

Furieux, Michel referme la porte moustiquaire puis ensuite la porte vitrée.

FRANK LEMIEUX
O.K, O.K.! C'est correct! J'm'en vas!!!

INT. / JOUR	SALLE COMMUNE, MAISONNÉE D'OKA

Une douzaine de jeunes hommes du même âge qu'Yves sont assis en rond dans la salle commune de la Maisonnée. L'un d'eux termine son récit quand la scène s'ouvre :

DENIS
… à la fin, avant de venir ici, j'étais rendu que je volais. Je volais ma blonde, je volais mes chums. *(Ému.)* J'ai même volé ma mère pour payer ma *dope*. *(Un temps.)* Elle a soixante-quatorze ans!

Il baisse la tête. Le silence tombe. Très cool, Richard hoche la tête :

RICHARD
J'te remercie, Denis. Merci d'avoir partagé ça avec nous autres. *(Puis il se tourne vers Yves :)* Pis toi, Yves… qu'est-ce que tu penses de l'histoire de Denis?

YVES *(cabotin)*
C'est une maudite bonne histoire!

On s'esclaffe dans la salle. Même Richard réprime un sourire. Il attend que le groupe se calme :

RICHARD
Non, ce que j'veux dire, c'est… qu'est-ce que ça t'a fait? Denis avait une bonne job dans une banque, de l'éducation…

YVES
En tout cas, si je l'avais rencontré, moi, j'lui aurais donné de l'argent! Il aurait pas eu besoin de me voler!

RICHARD

Pis qu'est-ce que ça lui aurait donné, d'après toi?

Cette fois, Yves ne sait trop que répondre. Sourire en coin, il cherche le regard de ses camarades.

YVES

J'le trouve tripant, moi, Denis! Si on était pas ici, j'suis sûr qu'on partirait sur le *party* ensemble! Mais inquiète-toi pas… on reviendrait. Les lits sont confortables ici!

On rit jaune dans le groupe, maintenant.

RICHARD

C'est ça, ta réponse?

YVES

Veux-tu que je dise ce que j'pense… ou ce que t'aimerais entendre?

RICHARD

C'est correct! Tu l'as dit. Mais là, on parle pas de toi. On parle de Denis. *(Il se tourne vers les autres, toujours aussi cool:)* Pensez-vous que ça l'aurait aidé, Denis, de repartir sur le *party*?

Dans le groupe, on fait signe que non. Vexé, Yves se referme.

INT. / NUIT   **CHAMBRE, HÔTEL-DIEU**

Jean-Guy est au chevet de Louise. Elle est sous perfusion. Un tube, introduit dans une de ses narines, l'alimente en oxygène, mais elle n'a pas perdu son air rebelle.

JEAN-GUY

Ils vont te trouver un nouveau cœur! Pis des poumons aussi! On te laissera pas partir comme ça! *(Nerveux.)* Ça se fait ça, astheur… c'est une grosse opération, mais ça marche! *(Les cheveux ébouriffés, Louise regarde son père et sourit.)* Le plus dur, ça va être de trouver le cœur…

c'est pas n'importe lequel qui fait. *(Un temps.)* Mais on va en trouver un, même s'il faut le payer! *(Cette fois, elle soupire comme si cela l'ennuyait ou la fatiguait. Jean-Guy est trop absorbé pour le voir.)* Ils vont te donner une petite machine en attendant. Tu vas porter ça sur toi! Comme ça, tu vas pouvoir sortir d'ici. *(Souriant.)* Aussitôt qu'ils trouvent le cœur, tu reviens et ils t'opèrent!

Louise semble dégoûtée par ce qu'elle entend. Elle murmure d'une voix geignarde:

LOUISE
C'est-tu de l'angine, comme maman?

JEAN-GUY *(sans la regarder)*
Quelque chose de même. Mais ç'a changé! Ça peut se guérir, astheur!

Cette fois, Louise n'a aucune réaction.

JEAN-GUY
C'est pas une p'tite affaire! Faut que t'arrêtes de fumer, de boire… pas de drogue!

LOUISE *(encore plus faiblarde)*
Vivre vieille pour avoir une longue vie plate! Tu trouves que ça me ressemble, ça?

Jean-Guy absorbe sans perdre le sourire. Pendant qu'il cherche ses mots, elle le devance:

LOUISE
Le cœur d'un autre… *(Elle grimace.)* J'pourrais pas!

JEAN-GUY *(désespérant)*
Non, mais attends, là! Tu vois ça tout en noir!

LOUISE *(insistant)*
P'pa! J'veux pas me faire opérer!

Long silence. Jean-Guy en perd tous ses moyens.

JEAN-GUY

Louise! T'as pas encore vingt ans!
Elle ne bronche pas. Déjà on sait qu'elle ne changera pas d'idée.

INT. / NUIT   **CORRIDOR, LA MAISONNÉE D'OKA**

**Yves épie Richard qui travaille dans son bureau. La radio est allumée.
On entend:**

ANNONCEUR DE RADIO-CANADA

… dans un jugement controversé, la Cour d'appel du
Québec vient d'interdire à Chantale Daigle, une jeune
femme enceinte de vingt et une semaines, le droit de se
faire avorter. *(Richard cesse de travailler pour écouter la
suite. Yves en profite pour passer devant la porte. La voix de
l'annonceur:)* … la poursuite soutenait que peu importe
le stade de la grossesse, un enfant a un statut civil.
*Sa valise à la main, Yves s'apprête à pousser la porte vitrée pour sortir,
lorsqu'une voix le fait sursauter:*

RICHARD

Tu t'en vas?

YVES (se retournant)

Euh… ouais, je… j'ai pas d'affaire ici.
Richard est debout dans le corridor, devant son bureau.

RICHARD

Moi, j'pense pas ça, mais… c'est ton choix! *(L'échange
de regard est intense malgré la distance qui les sépare.)* J'te
donne une semaine… pis tu vas être revenu au même
point où t'étais quand t'es arrivé ici!

YVES (relevant le menton)

J'pense pas!

RICHARD *(impassible)*

Tant mieux pour toi!

Yves lui fait un petit signe de tête et sort.

EXT. / NUIT   PISCINE, CHÂTEAU, ÎLE AUX PRUCHES

Michel et Monique ont les deux pieds dans l'eau sur le bord de la piscine. Le cadet est lucide.

MICHEL

Tant que je m'en irai pas d'ici, ça va être de même. Une crise après l'autre…

MONIQUE

Là, faut que tu fasses quelque chose!

MICHEL

J'en peux plus de voir nos problèmes à pleines pages dans les journaux! *(Un temps.)* Pourquoi j'm'enfermerais ici avec eux autres, moi?

MONIQUE

T'es pas obligé.

MICHEL

Facile à dire!

L'anxiété semble habiter Michel en permanence, maintenant.

MONIQUE

Louise est ben partie, elle!

Il baisse les yeux.

MICHEL

C'est pas le temps de lui parler de ça! *(Un temps.)* Ça lui fend le cœur, de voir Louise de même.

MONIQUE

Pis moi, ça me fend le cœur de te voir comme ça!

MICHEL

Tu comprends pas. S'il fallait qu'elle meure, elle aussi!

MONIQUE

T'es un homme, maintenant. Ta vie t'appartient! *(Michel est hérissé. Monique enfonce le clou:)* J'le sais, c'est pas toujours facile de se tenir debout! *(Il papillonne des yeux. Elle précise:)* Mais t'es pas tout seul!

INT. / NUIT   **DÉPANNEUR OKA**

Yves entre dans un dépanneur et repère le téléphone public. Sourire aux lèvres, il se tourne vers la caissière et dépose son cinq dollars sur le comptoir.

YVES

Du change s'il vous plaît.

Pendant que la caissière s'exécute, le regard de Yves tombe sur les journaux empilés devant lui. Les photos de Chantale Daigle et de Jean-Guy Tremblay abondent. Et les titres sont tapageurs. Au-dessus de la photo de la jeune femme, on lit: ELLE VEUT SE FAIRE AVORTER! *Au-dessus de la photo de Tremblay:* IL IRA JUSQU'EN COUR SUPRÊME POUR L'EN EMPÊCHER. *Yves attrape une copie du* Quotidien de Montréal.

LA CAISSIÈRE

Ton change…

La caissière lui tend sa monnaie. Yves la prend distraitement en feuilletant le journal. L'affaire «Chantale Daigle» accapare toute l'attention. Ce n'est qu'en dernière page qu'il trouve un entrefilet titré: NOUVEAU DRAME CHEZ LES LAVIGUEUR. *Sans prendre la peine de le lire, Yves remet le journal sur la tablette et sort.*

EXT. / NUIT — DÉPANNEUR, OKA

Complètement sonné, Yves est assis devant le petit commerce, sur une espèce de banc de parc coincé entre une machine à glace et un téléphone public. Sa valise posée à ses pieds, il regarde droit devant, sous l'éclairage bleuâtre des néons. Le bruit incessant de la circulation plane sur la scène. Yves ne va plus nulle part.

EXT. / NUIT — LA MAISONNÉE D'OKA

L'image est brève. Yves revient à la Maisonnée, sa valise à la main, les épaules affaissées. Il sonne à la porte. La lumière se fait à l'intérieur. Richard s'approche, déverrouille et le laisse entrer. Les deux échangent quelques mots que l'on n'entend pas et s'éloignent. Très vite, les lumières s'éteignent.

INT. / JOUR — CHAMBRE D'HÔPITAL

C'est une scène silencieuse... ou presque. Sylvie est au chevet de Louise. Tout est immobile dans l'image. Un tableau. La malade dort, bien sûr. Et la sœur aînée est perdue dans ses pensées. Louise la surprend en murmurant :

> ### LOUISE
> Tu sais quoi... t'avais raison. *(Sylvie s'approche. Sous l'effet des médicaments, Louise a l'air stone.)* C'est juste les femmes qui meurent dans la famille.

Sylvie en reste interdite. On sent la peur gagner son regard.

INT. / JOUR — CHAMBRE DE MICHEL, CHÂTEAU, ÎLE AUX PRUCHES

Comme des ados, Michel et Monique sont à plat ventre sur le lit. Ils regardent des dépliants de maisons neuves : de jolis bungalows nettement moins cossus que le château.

> ### MONIQUE
> Ce serait pas si cher que ça, tu sais !

Michel fouille dans un dossier marqué des mots : BROSSARD/NOUVEAU DÉVELOPPEMENT. Il s'intéresse à un plan en particulier.

MONIQUE

On aurait une maison à nous autres!

MICHEL

Ouais. Ouais. *(L'œil pointu, Michel regarde les détails du plan.)* Je l'aime, celle-ci. *(Montrant du doigt.)* R'garde! C'est grand quand même.

Il se tourne vers elle. Sur une liste, elle a trouvé le prix du modèle.

MONIQUE

Cent vingt-cinq mille piastres. C'est trois fois moins que ta part du château! *(Michel est enthousiaste.)* J'le sais que ça te tente. Ça se voit! *(Un temps.)* Ton père est pas fou! Il va comprendre.

Michel continue de scruter le plan à la loupe.

INT. / JOUR   PRÈS DE L'AUTO DE JEAN-GUY, CIMETIÈRE

À distance, on peut voir Jean-Guy devant la tombe de sa femme. Il se signe, s'attarde encore un moment puis vient vers nous. Appuyé sur sa rutilante Oldsmobile, l'oncle Souris l'attend.

L'ONCLE SOURIS

De quoi vous avez jasé?

Jean-Guy le regarde, sévère:

JEAN-GUY

Je lui ai expliqué pour Louise. Qu'elle ne veut pas se faire soigner. *(Ces mots interdisent toute réponse. Jean-Guy monte du côté passager. Souris prend le volant, met ses lunettes – qu'il n'utilise que pour conduire – et fait démarrer le moteur.)* Je voulais te remercier. *(Un temps.)* Mais je voulais que Micheline soit pas loin… pour qu'elle l'entende. *(L'oncle Souris éteint le moteur. Il est touché. Jean-Guy le voit bien. Il sort son paquet de cigarettes.)* Tu m'as aidé. Tu m'as vraiment aidé… *(Sourire en coin.)* Pis t'es toujours de bonne humeur, même dans le cimetière!

(L'oncle Souris en est tout reviré.) C'est pour ça qu'on est venus ici. *(Il montre du menton.)* J'lui ai pas vraiment parlé, à Micheline. Est au courant de toute façon.

INT. / JOUR	BAR CHIC, CENTRE-VILLE

Frank Lemieux termine sa bière au bar. Devant lui, Luc Paquette semble complètement mystifié :

LUC PAQUETTE

C'est fort, quand même! Le gars veut empêcher sa blonde de se faire avorter… pis ça va se rendre jusqu'en Cour suprême!

Lemieux est tout à coup excité :

FRANK LEMIEUX

C'est ben plus tordu que ça! J'ai fouillé un peu… trouvé plein d'affaires.

LUC PAQUETTE

Comme?

FRANK LEMIEUX

Il la battait! *(Un temps.)* Un ostie de malade! Sa blonde est enceinte. Il lui sacre une volée!

LUC PAQUETTE

C'est sûr qu'il y a toujours deux côtés à une médaille…

FRANK LEMIEUX

En tout cas, la Cour suprême a rien à faire là-dedans! C'est une affaire de chambre à coucher. *(En initié.)* Pis de toute façon, la fille s'en va se faire avorter aux États-Unis la semaine prochaine.

LUC PAQUETTE

Cou'donc, toi !? Où est-ce que tu prends tout ça ? *(Lemieux est plutôt satisfait de lui. Devant un Paquette médusé, il se lève.)* Pis les Lavigueur, eux autres ?

FRANK LEMIEUX *(du revers de la main)*

On a fait l'tour de cette histoire-là. On passe à autre chose.

INT. / JOUR   SALON DE COIFFURE

Le clinquant salon de coiffure de Sylvie est rempli. La cliente de Sylvie est une écornifleuse. Même le ton de sa voix est désagréable :

MADAME BONIER

C'est-tu vrai, ce qu'ils disent dans le journal ?

SYLVIE

J'sais pas… je les lis plus.

MADAME BONIER

La petite, là… ta sœur, celle qui vous a donné tant de trouble… elle veut pas se faire opérer ?

SYLVIE

Mmm…

MADAME BONIER

Non mais toi, tu dois le savoir ! Il paraît que si y lui mettent pas un nouveau cœur, a va mourir ?! Ils disent que ta mère pis tes deux sœurs sont mortes de ça. J'en reviens pas ! J'savais pas ça !

Sylvie se mord la lèvre mais continue de coiffer la dame, qui la cherche du regard dans le miroir. madame Boulay a tout vu et tout entendu. Elle suit la scène.

MADAME BONIER

C'est-tu effrayant quand même, hein, les chicanes de famille! Les enfants qui font des procès aux parents… pis là, y paraît que ton père lui parle même plus!

SYLVIE *(la coupant)*

Ben non! Il est toujours rendu à l'hôpital avec elle!

MADAME BONIER

Ah oui? Il va la voir à l'hôpital? Pis y a ton frère aussi! Y a pas des problèmes de drogue, lui? *(Sylvie a les yeux humides mais s'efforce de ne pas le montrer. Dans les miroirs, elle croise le regard de madame Boulay.)* Pis là, ils disent que ton père est ruiné! Qu'à force de jeter son argent par les fenêtres, il lui en reste plus. Que même s'il voulait faire soigner la petite aux États-Unis, il aurait pas les moyens…

Sylvie baisse les bras. Cette fois, c'en est trop:

SYLVIE

S'cusez-moi!

Elle se retire. Plutôt que d'aller prendre la relève, madame Boulay suit Sylvie. Madame Bonier reste en plan.

INT. / JOUR   **CUISINETTE, SALON DE COIFFURE**

Sylvie est prostrée devant la petite table de la cuisinette et pleure à chaudes larmes. Madame Boulay l'écoute.

SYLVIE

J'en peux plus! *(Madame Boulay s'approche, s'assoit près d'elle et la prend dans ses bras.)* Elles en ont pas assez de ce qu'elles lisent dans les journaux, elles viennent ici pour en savoir plus… pour voir si elles apprendraient pas d'autres cochonneries!…

MADAME BOULAY

Prends congé cet après-midi. Demain, ça ira mieux. *(Elle lui tapote l'épaule. Avec son sens du devoir, Sylvie résiste. Madame Boulay ajoute :)* C'est correct. J'vais m'occuper de madame Bonier. *(Sylvie hoche la tête en essuyant ses larmes.)* Attends de voir la tête que j'vas lui faire !

EXT. / JOUR   ENTRÉE DU DOMAINE, ÎLE AUX PRUCHES

Des soudeurs sont à installer une imposante clôture de fer à l'entrée du chemin menant au château. Une section d'un portique automatique est déjà montée et des étincelles de soudure volent dans tous les sens. Toujours en taxi, Michel s'amène en compagnie de Monique. Intrigué par ces travaux, il demande au chauffeur de ralentir pour regarder.

INT. / JOUR   SALON, CHÂTEAU, ÎLE AUX PRUCHES

On est sur le visage de Michel. Il est très sûr de lui... ou du moins il en a l'air :

MICHEL

Monique pis moi... on a décidé de se faire construire une maison. Sur la Rive-Sud. On signe le contrat demain. *(Alors qu'on s'attend à une réaction de Jean-Guy, celui-ci reste impassible.)* C'est peut-être pas le bon temps pour te dire ça, mais...

JEAN-GUY *(le coupant)*

Y a pas de bon temps ou de mauvais temps ! *(Étonné par cette réaction, Michel se tourne vers Monique, qui lui fait un petit signe d'encouragement. Il revient à son père, qui le regarde droit dans les yeux.)* Si j'étais à ta place, je ferais la même chose !

MICHEL *(surpris)*

Ah ouais ?

MONIQUE *(ne pouvant se retenir)*

Ah ben là, vous savez pas comment… comment ça nous fait plaisir d'entendre ça!

Jean-Guy regarde Monique… puis revient à Michel:

JEAN-GUY

Si vous pouvez être heureux, j'en demande pas plus, moi.

MICHEL *(balbutiant)*

On va… on a pensé… j'veux dire… *(Il se tourne à nouveau vers Monique:)* … on aimerait peut-être ça avoir un enfant, aussi. On va essayer en tout cas. Tu sais, pour l'élever, ça va être plus facile si on a notre place à nous autres.

Jean-Guy semble parfaitement à l'aise avec ce choix. Michel n'en revient tout simplement pas.

JEAN-GUY

Ah oui… c'est vrai, ça!? *(Se tournant vers Monique.)* Vous voulez un bébé?

MONIQUE *(hochant la tête)*

Ben… peut-être, oui!

JEAN-GUY

Ah ben… c'est bon, ça! C'est bon!!! *(Jean-Guy est tout souriant, maintenant.)* Un p'tit! Vous allez avoir un p'tit? *(Michel relève le menton, regarde son père droit dans les yeux et hoche fièrement la tête.)*

EXT. / JOUR   **DEVANT LA MAISONNÉE D'OKA**

Yves sort du centre de désintoxication accompagné de Richard. Les deux se dirigent vers la voiture de Sylvie. Lorsqu'ils arrivent à la hauteur de celle-ci, Yves laisse tomber sa valise et enlace Richard.

YVES

Salut, *man*… pis merci, hein! Merci!

Richard le serre très fort avant de se dégager.

RICHARD

Pis j'veux pu te voir icitte, toi! Plus jamais!

YVES *(rigolant)*

Inquiète-toi pas!

Ils font un dernier take five *et Yves se glisse dans la voiture.*

EXT. / JOUR	DEVANT LA MAISONNÉE D'OKA

Sylvie écoute la radio alors que Yves monte dans la voiture.

YVES

Salut, 'tite sœur!

SYLVIE *(distraite)*

Ça va?

VOIX D'UNE TRIBUNE TÉLÉPHONIQUE
(voix hors champ)

… là moi, c'que j'comprends pas dans l'histoire de Chantale Daigle, c'est pourquoi ils en parlent encore. C'est rendu en Cour suprême, mais elle l'a même plus, le bébé! Elle s'est fait avorter!

Yves cherche sa sœur du regard.

YVES

C'est quoi l'histoire?

SYLVIE

Ah, rien… *Sylvie ferme le poste comme si elle se sentait coupable d'écouter.)* Ils parlent juste de ça, de ce temps-là. *(Tout à coup souriante.)* Pis toi, comment ça va?

Yves est radieux:

YVES

Ah moi, ça va! *(Content de lui-même.)* Ça va même assez
bien!

INT. / JOUR   CHAMBRE D'HÔPITAL

**Louise a meilleure mine. Elle n'est plus intubée, peut s'asseoir dans
son lit et faire la conversation avec Ti- Mi.**

LOUISE

Elle m'a dit qu'aussitôt que la chambre serait prête à la
maison, j'pourrais partir.

Ti-Mi s'assoit sur le bord du lit, l'air inquiet:

TI-MI

T'es sûre que c'est ça que tu veux faire?

LOUISE

J'me ferai pas opérer! Ça, on revient pas là-dessus! *(Ti-
Mi baisse les yeux sans insister.)* Au château, ça va être
comme une vraie chambre d'hôpital. Il me l'a dit, p'pa.

Il feint de s'enthousiasmer:

TI-MI

J'vais m'occuper de toi!

LOUISE

Hey! Tu sais pas ce qu'elle m'a dit aussi, la doc? *(Ti-Mi
veut savoir.)* Que c'est correct de fumer du *pot.* Elle a
d'autres patients qui en fument. C'est O.K.

TI-MI

Ah ouais?!

*Comme pour la provoquer, il sort un petit sac de pot et du papier à rouler de
la poche de son jeans.*

LOUISE *(ravie)*

Hein ? T'en as emmené ?

Sourire en coin, Ti-Mi avoue :

TI-MI

Elle me l'a dit, à moi aussi ! *(Elle prend l'herbe et le papier, comme si elle voulait rouler un joint. Nerveux, Ti-Mi regarde du côté de la porte :)* Pas ici quand même !?

LOUISE

Pourquoi pas ?

INT. / JOUR	CHAMBRE D'HÔPITAL

Louise finit de rouler le joint. Elle passe sa langue sur le papier, alors que Ti-Mi cherche un briquet dans ses poches. N'en trouvant pas, il se tourne vers sa veste de cuir jetée sur le fauteuil.

TI-MI

Attends ! J'dois en avoir un dans mon *coat*.

Elle se met le joint dans la bouche tandis qu'il cherche du feu dans les poches de sa veste. C'est à ce moment que Jean-Guy entre dans la pièce avec un gros bouquet de fleurs dans les mains.

JEAN-GUY

Allô !

LOUISE *(surprise)*

Ah, p'pa !

Il montre fièrement ses fleurs :

JEAN-GUY

Mes roses ! Elles viennent de mon jardin.

Elle les prend, les regarde et ne sait plus trop que faire avec son joint.

LOUISE *(touchée)*

Y sont belles !

JEAN-GUY *(maladroit)*

J'sais pas pourquoi j't'en ai pas apporté avant. Y en a plein…

Sans plus essayer de le cacher, elle montre le joint à son père :

LOUISE

On allait l'allumer. Mais c'est pas ce que tu penses ! La doc a dit que c'était correct.

TI-MI

Ouais, ouais !

Jean-Guy surprend sa fille en brandissant son briquet sans poser de questions. Ti-Mi regarde la scène, bouche bée. Le paternel se tire une chaise.

JEAN-GUY

Ta chambre est presque finie à la maison. Pis avec Sylvie, on t'a trouvé une garde-malade. Elle va être là à plein temps.

Pendant que Louise tire sur son joint, Ti-Mi prend les fleurs… mais ne sait pas trop où les mettre.

LOUISE

Je l'apprécie vraiment, c'que tu fais pour moi.

JEAN-GUY

C'est normal.

LOUISE

En tout cas, c'est la première fois que tu me donnes des fleurs !

Elle se mord aussitôt la lèvre, comme si elle regrettait ses paroles. Serein, Jean-Guy lui sourit.

JEAN-GUY

Pas la dernière !

Louise est touchée. Mais son émotion se passe de mots.

Sylvain Gamache descend de sa voiture, complètement étonné par ce qu'il voit. Il s'approche de la clôture entourant le château. Elle fait au moins dix pieds de hauteur. Un bourdonnement menaçant en émane. Sur une grosse affiche rouge, on peut lire: ATTENTION! CLÔTURE ÉLECTRIFIÉE. Gamache est devant le portail. De son point de vue, on peut voir la grande maison à distance. Il cherche un bouton d'interphone, une sonnerie quelconque, mais n'en trouve pas. Alors qu'il se dresse sur la pointe des pieds pour essayer de voir, un coup de klaxon le surprend. Les portes s'ouvrent automatiquement. Il a tout juste le temps de s'écarter. Jean-Guy, au volant de sa Ford Taurus, passe à vive allure.

SYLVAIN GAMACHE

Monsieur Lavigueur…!

Le portique se referme et Gamache en est réduit à regarder la scène à distance. La voiture s'arrête devant la porte de la grande maison. Jean-Guy descend et passe à l'intérieur.

Sylvain Gamache finit de rédiger un petit mot sur un bout de papier. Appuyé contre sa voiture, il se relit pour s'assurer que tout est clair. Relevant la tête, il se rend compte que Jean-Guy est là près de la grille. Les deux mains dans les poches, cigarette au bec, il lance avec une assurance qu'on ne lui connaît pas:

JEAN-GUY

Qu'est-ce que tu veux?!

SYLVAIN GAMACHE

Ah… euh… *(Montrant son bout de papier.)* J'étais en train de vous écrire un mot!

JEAN-GUY

Où est-ce que t'étais? *(Cynique.)* Il me semble que ça fait
un boutte qu'on t'a pas vu. *(Piteux, Gamache hausse les
épaules.)* Tu nous as pas manqué, hein! Pas pantoute!

Sylvain Gamache sourit.

SYLVAIN GAMACHE

Je voulais seulement m'excuser, monsieur Lavigueur.
(Un temps.) Pour tout ce qui a été dit. C'est allé trop
loin.

JEAN-GUY

Toutes les menteries, tu veux dire!

SYLVAIN GAMACHE

C'est ça.

Gamache est sincère. Jean-Guy réfléchit un moment:

JEAN-GUY

Tu sais... quand j'ai gagné le million, j'pensais que
c'était ma récompense pour toute la misère que j'avais
mangée dans la vie. *(Il réfléchit avant d'ajouter:)* Mais
dans le fond, c'était juste un dédommagement pour
tout le trouble que ça m'a donné!

*Sylvain Gamache ne trouve rien à répondre. Jean-Guy le salue d'un petit signe
de tête, pivote sur ses talons et s'éloigne.*

INT./JOUR	HALL D'ENTRÉE, CHÂTEAU, ÎLE AUX PRUCHES

Jean-Guy rentre chez lui, traverse le hall d'entrée et s'engage dans le
grand escalier. Des bruits de construction retentissent à l'étage.

INT./JOUR	CORRIDOR, CHAMBRE DE LOUISE, CHÂTEAU

Les coups de marteau se rapprochent. Jean-Guy jette un œil dans la
chambre de Louise, où des ouvriers installent des bonbonnes d'oxygène

et un lit d'hôpital. Le paternel poursuit son chemin, accompagné cette fois d'une musique : c'est l'intro d'une autre chanson de Claude Dubois.

INT. / JOUR	PIÈCE DE RANGEMENT, CHÂTEAU, ÎLE AUX PRUCHES

Jean-Guy entre dans cette mystérieuse pièce de rangement, où on l'a aperçu quelques fois en train de déplacer des meubles. La voix du chanteur s'immisce dans l'image :

> DUBOIS *(chant hors champ)*
> *J'ai souvenir encore d'une rue, d'un quartier*
> *Qui me vit souffrir, grandir par les années*
> *C'est dans un vieux taudis que dix ans de ma vie*
> *J'apprenais à mentir, pourquoi vieillir ?*

Les plans sont serrés. Jean-Guy s'approche du vieux frigo, l'ouvre et prend une bière, qu'il verse dans son éternel verre de Coke. Il s'attarde un moment devant la chaise berçante de Micheline.

> DUBOIS *(chant hors champ)*
> *J'ai souvenir encore d'une vieille maison*
> *Que l'on se partageait chacun à sa façon*
> *Un logement bien chauffé, on a si bien gelé*
> *Les rats dans l'escalier prenaient leur déjeuner.*

Jean-Guy boit une gorgée de bière et porte la main à sa bouche. On comprend qu'il retient ses larmes. Le plan s'élargit. On est dans l'ancien appartement de la rue Logan. Ou plutôt dans une reproduction du logement. Tout y est, concentré dans la même pièce. Le divan, la table de cuisine, le frigo et même le fameux boulier. L'image étonne. On comprend que Jean-Guy a tout reconstitué.

> DUBOIS *(chant hors champ)*
> *J'ai souvenir encore de quatre jeunes garçons*
> *Qui avaient grand plaisir à jouer les fanfarons*

Les garçons de mon âge avaient comme voisinage
Robineux du Viger, putains d'la Saint-Laurent.

Jean-Guy se lève et s'approche de la fenêtre, celle qui dans le logement original donnait sur la cour arrière.

EXT. / JOUR	CHÂTEAU, ÎLE AUX PRUCHES

C'est de l'extérieur maintenant que l'on voit Jean-Guy. Sa bière à la main, il est à la fenêtre de la pièce de rangement. Le paternel est de plus en plus petit dans l'image.

> DUBOIS *(chant hors champ)*
> *J'ai souvenir encore d'une vieille maison*
> *Que l'on dut démolir, rongée par les saisons*
> *Adieu rue Sanguinet, adieu mon coin vitré*
> *Mais ce soir je te laisse un peu de mes pensées.*

Trois cartons se glissent à l'écran :

Louise Lavigueur est décédée de complications cardiaques en 1991, à l'âge de vingt-deux ans.
Après avoir vendu le « château » de l'île aux Pruches, Jean-Guy Lavigueur est retourné vivre dans son quartier, où il est mort d'une crise cardiaque en 2000.
Michel, le cadet de la famille, s'est enlevé la vie en février 2004. Yves et Sylvie vivent toujours à Montréal.

L'équipe des *Lavigueur, la vraie histoire*.
On aura aussi remarqué, à la première page du cahier photo,
Marc S. Grenier et Denis Martel, les producteurs, ainsi que
Sylvain Archambault, le réalisateur.

Table des matières

Cet ouvrage a été composé en Adobe Garamond 11/15
et achevé d'imprimer en septembre 2008 sur les presses de
Quebecor World Saint-Romuald, Canada.

certifié · procédé sans chlore · 100 % post-consommation · archives permanentes · énergie biogaz

Imprimé sur du papier Quebecor Enviro 100 % postconsommation,
traité sans chlore, accrédité Éco-Logo et fait à partir de biogaz.